中学数学教学设计

吴立宝 主编　　张生春 郭 衍 副主编

Instructional Design on Math in Middle School

清华大学出版社

北 京

内 容 简 介

本书突出理论性与实用性相结合的特点,把中学数学教学设计的最新理论成果和实践应用融入书中。本书在中学数学教学设计概述的基础上,从微观、中观与宏观三个视角介绍了中学数学教学设计要素、中学数学微课教学设计、不同课型的中学数学教学设计、中学数学单元教学设计、中学数学专题复习课教学设计等内容。

本书可作为普通高等师范院校数学课程与教学论专业的硕士和学科教学(数学)教育硕士,以及数学与应用数学(师范类)专业的本科生的教材或参考书,也可供中学数学教师、数学教学研究专业人员参考,还可作为中学数学教师的培训教材或研修读本。

图书在版编目(CIP)数据

中学数学教学设计 / 吴立宝主编. —北京:清华大学出版社,2021.8(2025.6 重印)
ISBN 978-7-302-58612-8

Ⅰ.①中… Ⅱ.①吴… Ⅲ.①中学数学课—教学设计 Ⅳ.①G633.602

中国版本图书馆 CIP 数据核字(2021)第 138024 号

责任编辑:施 猛
封面设计:常雪影
版式设计:孔祥峰
责任校对:马遥遥
责任印制:丛怀宇

出版发行:清华大学出版社
       网   址:https://www.tup.com.cn, https://www.wqxuetang.com
       地   址:北京清华大学学研大厦 A 座   邮   编:100084
       社 总 机:010-83470000   邮   购:010-62786544
       投稿与读者服务:010-62776969,c-service@tup.tsinghua.edu.cn
       质 量 反 馈:010-62772015,zhiliang@tup.tsinghua.edu.cn
印 装 者:三河市龙大印装有限公司
经   销:全国新华书店
开   本:185mm×260mm   印   张:13.75   字   数:293 千字
版   次:2021 年 9 月第 1 版   印   次:2025 年 6 月第 6 次印刷
定   价:49.00 元

产品编号:090449-01

凡事预则立，不预则废。教学旨在培养适应个体发展与未来社会发展需要的全面发展的人，是有目的、有计划的活动。教师要实施有效的教学活动，就必须进行统筹计划与安排，这就是教学设计。数学教学设计可以有多种方式，发展到一定阶段有可能演变成"模式"。课堂教学有法，但无定法，贵在得法，同样教学设计有模，但无定模。在进行教学设计时，教师不能唯"模式"是从，更不能唯"单一模式"是从，应该根据授课的内容、对象与课型，选择恰当的教学设计，为成功的课堂教学的实施做好准备。这是教学工作重要组成部分，也是教师教学专业实践能力的体现。

教师的专业能力需要不断提升与革新。教师既要契合社会的审变求新，也要与学生一同成长。随着智能时代的来临，在追溯数学教学设计理论的演化历程中，教师需要深刻认识中学数学教学设计存在的误区、盲点与疑难点，培养对"问题情境"的创设与把握能力，要悟透优秀的一线数学教学实践案例，才能系统地将理论与实践结合起来。为提升职前师范生与一线教师数学教学设计能力提供帮助是本书编写的目的所在。

针对职初教师、数学与应用数学专业师范生的实际需求，本书从微观、中观、宏观三个层面来系统分析、介绍中学数学教学设计的基本原理。微观层面，本书结合数学学科特点和学生学情，综合分析共同要素与随着时代变化而衍生出的新要素，提出一般数学教学设计的几大要素：数学教学内容分析、数学学情分析、数学教学目标设计、数学教学方法选择、数学教学过程设计、数学教学媒体选择、数学课堂检测设计等，并在此基础上阐述了微课教学设计，其部分观点可谓精思而得。中观层面，教学设计是对某一节课的内容进行系统的设计，本书分门别类地探讨了不同课型(如新授课、习题课、复习课等)的教学设计，课型各异，要素呈现与处理方式自然也各有特点，读者可结合相关案例加以思考、总结、规范、创新。宏观层面，数学教学设计是介于课时与课程之间对具有内在关联的知识进行系统的设计，如单元教学设计与专题复习教学设计。本书提出的数学教学设计的要素涵盖范围与传统教学设计差别很大，其设计思路与模型有待读者揣摩与检验。

微课教学设计与课时教学设计都是完成单元教学设计与专题复习教学设计的基础，只有每一个课时的教学设计是有条理的、满足实际需要的，才能使单元与整体的教学设计目标得以实现。本书精选全国各地名优教师的教学设计案例，以理论与实践相结合的方式，遵循微观—中观—宏观的编排顺序，突破传统的一课一课的教学设计模式，用系统论的方法对教材中"具有某种内在关联性"的内容进行分析、重组、整合，使教师既不必拘泥于某一课时的内容而缺乏对整体的把握，又不必面对宏观整体设计下庞大的知识体系而对教学内容的安排无从下手。与以往常见的中学数学教学设计书籍相比，本书有一定的创新，更加契合中学数学课堂教学实际。教师只有掌握知识的"生长点"与"延伸点"，通晓知识结构体系，从系统论的高度去设计微课或单元教学，课程才能更有实效。本书既有教学设计案例，又有反思评析，理论与实践完美结合，更具实操性。如此编排，意在为大家呈现从局部到整体的数学教学设计模式，以帮助读者更好地理解新课程改革对数学教学设计专业素养的客观要求。

本书由天津师范大学吴立宝教授任主编、河北师范大学张生春教授与北京师范大学郭衍副教授任副主编，作者又邀请了华东师范大学出版社培训部主任刘祖希、北京市海淀区教师进修学校刘忠新、重庆市教育科学研究院张晓斌、天津市教育科学研究院刘金英四位老师审阅，这四位老师具有丰富的中学数学教育教学与研究实践经验。经过老师们的合力打造，本书既有理论高度，又能落地实践，值得一读。

我相信本书一定会成为一本很好的教材或参考书，对于普通高等师范院校数学课程与教学论专业的硕士、学科教学(数学)教育硕士、数学与应用数学(师范类)专业的本科生以及中学数学教师、数学教学研究专业人员一定大有帮助。

北京师范大学特聘教授、博士生导师

义务教育数学课程标准修订组组长

2021年2月20日

依风从业数十载，一寄信邮为启航。2020年6月24日，恍如昨日，那天，一封来自清华大学出版社施猛老师的邮件"吴老师您好！我是清华大学出版社编辑，我想策划出版《中学数学教学设计》教材，您愿意编写此书吗？"开启了我们的合作之旅。构思书稿框架，编写样章，出版社选题论证并签订正式出版合同，编写前奏于两个月之内全部完成。正式收到出版合同与收到孩子北京大学录取通知书仅相差两天，可谓双喜临门。

联系业内挚友，组建团队。与清华大学出版社签订正式出版合同后，邀请河北师范大学张生春教授、北京师范大学郭衎副教授共同编写此书。两位欣然受邀，并全力配合，组成了教材核心编写团队，在数学教育领域彰显了"京津冀协同发展"的"国家战略"。我们一起商定教材编写内容，细化书稿目录，分工编写，交叉审校。

时耗四季有三，终成定稿。待书稿初成，已过深冬，跨越了辛丑年农历小年。历时七个多月，我们把对中学数学教学设计的所思、所感、所悟形成文字，与师范院校师生、各类教育工作者交流，助力课堂教学实践与研究。

邀请四地名家，审校保质。在稿子编撰与修订过程中，邀请了华东师范大学出版社刘祖希、北京市海淀区教师进修学校刘忠新、重庆市教育科学研究院张晓斌、天津市教育科学研究院刘金英四位老师审阅。四位名家在本地乃至全国皆有影响力，为书稿质量提供保障。

众所周知，当前市面上有关"中学数学教学设计"的书籍林林总总，各有千秋。本书在学深思明的基础上，阐述数学教学设计理论，并佐以大量典型案例，力求将理论与实践结合起来，使得本书既有理论性，也有实操性。在保留教学设计基本规律的基础上，本书融入时代特色并做出一定创新。初步达成编写意向之时，编者就有设想：分解教学设计的要素，把微课设计与单元教学设计融入进来。在此设想下，编者构思了要素分析、微课设计、不同类型课时教学设计、单元教学设计与专题复习教学设计的大致构架。各章具体内容如下：第一章，概述中学数学教学设计，便于读者整体把握教学设计的核心；第二章，分析数学教学设计的要素：数学教学内容分析、数学学情分析、数学教学目标设计、数学教学方法选择、数学教学过程设计、数学教学媒体选择、数学课堂检测设计；第三章，介绍当下适用面较广的微课设计；第四章，阐述不同类型的课时教学设计，如新授课(概念课、命题课)、习题课、复习课、活动课、问题解决课、试卷讲评课；第五章，分析基于深度学习下的中学数学单元教学设计；第六章，介绍适用于毕业班的中学数学专题复习课教学设计。要素分解，便于微观把握教学设计；要素组合，利于形成教学设计结构，由此形成了微课教学设计、课时教学设计与单元教学设计。这样设计能够更切合高校数学师范生的学习需要和中学数学教师的教学需要，特别是纳入微课、试卷讲评课、专题复习课的教学设计，既有利于教师宏观理解把握，又有利于教师微观精细设计。

全书由吴立宝提出整体设想，编写团队在反复研讨、调研的基础上搭建好框架，分工协作完成。具体分工如下：第一章由吴立宝、高佳琪编写；第二章由吴立宝、巩雅楠、张宇静、刘琦琦、孔颖编写；第三章由吴立宝、宋书宁编写；第四章由郭衍、夏马成编写；第五章由吴立宝、王雨清编写；第六章由张生春编写。此外我的弟子洪梦、李茹茜、江文等均参与了本书的修改、完善。最后将成稿提交华东师范大学出版社刘祖希、北京市海淀区教师进修学校刘忠新、重庆市教育科学研究院张晓斌、天津市教育科学研究院刘金英四位老师审阅。四位专家给予细致修订，提质增色。

饮水思源，感恩之情相伴。首先，感谢我的导师北京师范大学曹一鸣教授，在向导师汇报我有出版和编写《中学数学教学设计》一书的意向时，他欣然答应作序。从本人北上求学到留津工作，乃至后面专业发展，导师都给予我各方面的关心与指导，这也是向导师的一次阶段汇报。其次，感谢河北师范大学张生春教授、北京师范大学郭衍副教授，当我发起邀约，二位各自组建撰写团队，鼎力支持。再次，感谢我的弟子们，为收集资料、分析资料、修改打磨付出了巨大心血，如高佳琪、巩雅楠、宋书宁、王雨清、张宇静、刘琦琦、李静、孔颖等。接着，感谢提供案例的全国名师、骨干教师们，如江苏省常州市张志勇老师、浙江省杭州市易良斌老师等。在编写过程中，我们引用了大量的相关资料与案例，虽然努力注明出处和来源，但遗漏之处，恐难以避免，向各位作者表示衷心感谢。最后，感谢清华大学出版社施猛老师的关心和辛劳付出。我们虽未谋面，只是通过两三封邮件建立联系，签订出版合同，但后续因为编写过程中的种种事宜时常叨扰，均及时收到细致回复，施老师的工作效率之高，令我钦佩。记住并感恩每一个给予我关心、鼓舞、帮助和指导的人！人生的旅途很长，我们并不是孤影单行，而是师长、领导、朋友与弟子们一路并肩。

希望本书能对数学教学有所贡献，能激发读者更深刻的思考。由于水平有限，书中不当之处在所难免，敬请广大读者批评、指正。反馈邮箱：wkservice@vip.163.com。

天津师范大学吴立宝

2021年2月4日

目录

第六章　中学数学专题复习课教学设计 ……………………… 189

第一章 中学数学教学设计概述

第一节 数学教学设计概念

一、设计与教学设计

(一) 设计

《现代汉语词典》中，"设计"指在正式做某项工作之前，根据一定的目的要求，预先制定方法、图样等，近义词有计划、设想、安排[1]。由此可以看出，设计是通过合理的计划，立足现实的设想、周密的安排，对即将要开始的工程进行充分的准备，以使其朝着我们预先期望的方向发展的过程。2011年，设计学演变成高校艺术学领域的一个重要分支，寄希望培养出既有扎实技术又有艺术创新的人才。可见，设计不再停留在程序的、工序的层次，增加了创意的元素，在诸多领域应用，如商业设计、游戏设计、实验设计、建筑设计等。教育作为培养人道德品质、文化学识、多重技能等的根本途径，同样存在设计——教学设计等。

(二) 教学设计

"工欲善其事，必先利其器。"要想成就一堂扎实、充实、丰实、平实、真实的好课，就需要教师提前准备一份高质量的教学设计，以指导课堂教学。20世纪60年代，教学设计在美国兴起。在传播理论、教学理论、系统理论、学习理论四大理论的支持下，教学设计不断发展完善，逐渐成为教育领域不可或缺的一部分。近年来，我国对教学设

---

[1] 中国社会科学院语言研究所词典编辑室. 现代汉语词典[Z]. 7版. 北京：商务印书馆，2014：1153.

计的研究不断成熟，并取得丰硕成果。正是由于教学设计研究的与时俱进，我国课堂教学的计划性、科学性、有效性才能不断提高。

教学设计也称教学系统设计，是研究教学系统、教学过程，制订教学计划的系统方法[1]。教学设计的产生经过了漫长的发展过程，1962年，格拉泽率先提出"教学系统"概念，并对教学系统进行设计。之后，在各种学习理论不断演进中，这个过程逐步演变为"教学设计"一词，并且最终成为一门独立的学科体系。半个多世纪以来，教学设计仍没有一个既定的概念，不同的学者研究的侧重点各有不同，由此给出的教学设计概念也是层出不穷。

国外对教学设计的研究要早于国内，首位将教学设计作为一门独立的学科进行研究的学者是加涅，他指出："教学设计是一个系统化规划教学系统的过程。教学系统本身是对资源和程序做出有利于学习的安排。"[2]同样以系统化过程定义教学设计的还有肯普，以及史密斯、雷根。肯普指出："教学系统设计是运用系统方法分析研究教学过程中的相互联系的各部分的问题和需求，确立解决它们的方法、步骤，然后评价教学成果的系统计划过程。"[3]史密斯、雷根表示："教学设计就是把学习和教学原理转化成对于教学材料、活动、信息资源和评价的规划这一系统的、反思性的过程。"[4]瑞格卢斯将教学系统设计看作"教学科学"，认为："教学设计是一门涉及理解与改进教学过程的学科。任何设计活动的宗旨都是提出达到预期目的最优途径，因此，教学设计主要是关于提出最优教学方法之处方的一门学科，这些最优的教学方法能使学生的知识和技能发生预期的变化。"[5]"第二代教学设计之父"梅瑞尔认为："教学是一门科学，教学设计是建立在这一基础上的技术。"[6]同时，他认为："教学设计将更多地关注于如何为改进学习而做出自己的贡献，以及如何更好地指导教学设计的过程。"[7]帕顿称："教学设计是设计科学大家庭的一员，设计科学各成员的共同特征是用科学原理及应用来满足人的需要，因此，教学设计是对学业业绩问题的解决措施进行策划的过程。"[8]韦斯特等学者则是从认知科学的角度去探讨教学设计，认为教学是以系统的方式去传授知识，是关于技术程序纲要或指南的实施，也指教师的行动、实践或职业活动；而设计

[1] 顾明远. 教育大辞典[M]. 上海：上海教育出版社，1998：718.

[2] 加涅. 教学设计原理[M]. 皮连生，庞维国，译. 5版. 上海：华东师范大学出版社，2007：4-19.

[3] KEMP J E. The Basics of Instructional Design[J]. Journal of Continuing Education In nursing，1992，23(6)：282-284.

[4] 史密斯，雷根. 教学设计[M]. 庞维国，译. 上海：华东师范大学出版社，2008：4.

[5] CHARLES R. Instructional Design: What Is It and Why Is It，Instructional Design Theories and Model: An Overview of Their Current Status[M]. Hillsdale. NJ：Lawraence Erlbraum Aassiates. 1983：23-50.

[6] MERRILL O. First Principles of Instruction [J]. Educational Technology Research and Development，2002，50(3)：43-59.

[7] 梁林梅，李晓华. 美国教学设计的过去、现在与未来：访"第二代教学设计之父"戴维·梅瑞尔博士[J]. 中国电化教育，2009(8)：1-7.

[8] 何克抗，郑永柏，谢幼如. 教学系统设计[M]. 北京：北京师范大学出版社，2002：53-61.

的意思是计划或布局，是指用某种媒介形成某件事情的结构方式[1]。

我国教学设计引入的标志是1987年《外语电化教学》杂志刊登了第一篇有关教学设计的文章，从此教育界开始将目光转移到教学设计的研究上。1994年，由乌美娜编写的《教学设计》指出："教学设计是运用系统方法分析教学问题和确定教学目标，建立解决教学问题的策略方案、试行解决方案、评价试行结果和对方案进行修改的过程。它以优化教学效果为目的，以学习理论、教学理论和传播学为理论基础。"[2]1998年，冯学斌等将教学设计定义为："运用教学技术分析教学问题，确定解决方法和途径，然后评价教学结果的系统计划过程。"[3]张筱兰则认为："教学设计是以教学过程为研究对象，用系统方法分析和研究教学需要，设计解决教学问题的方法和步骤，并对教学效果做出价值判断的计划过程和操作程序。"[4]鲍荣提出："教学设计是一种旨在促进教学活动程序化、精确化和合理化的现代教学技术。"[5]盛群力等将系统教学设计比作教学理论与教学实践联系的"桥梁科学"，强调其不在于采用一种新的教学方法，旨在通过精心创设的教学系统为学习者提供最有利的教学条件，用以解决教学问题，完成教学任务[6]。安嘉翔等从广义与狭义两个角度去理解教学设计，认为："广义的教学设计指的是包括课程总体设计规划以及具体各门课程设计在内的系统设计，此时我们可以称之为教学系统设计；狭义的教学设计指的是某一门课程或某一段课程或某一项培训的设计。"[7]2000年，皮连生指出："教学设计是面向教学系统，解决教学问题的一种特殊的设计活动。它既有设计的一般性质，又必须遵循教学的基本规律。"[8]2002年，何克抗等提出："教学设计主要是运用系统方法，将学习理论与教学理论的原理转换成对教学目标、教学内容、教学方法和教学策略、教学评价等环节进行具体计划、创设有效的教与学的系统过程或程序。"[9]

国内外学者对教学设计的不同阐述，主要是从以下6种角度去理解的：一是从过程的角度研究教学设计，强调其是运用系统的方法或教学技术去分析教学中的问题，确定解决问题的方案，试行策略方案，并对试行的结果进行评价的过程；二是从设计的角度研究教学设计，强调其是对课程和教学中问题进行设计的活动；三是从技术的角度研究教学设计，强调其是促进学生学习活动和教师教学活动顺利有序开展的科学的现代的教学技术；四是从认知科学的角度研究教学设计，强调其是按照计划安排以系统的方式

[1]　李志厚. 国外教学设计研究现状与发展趋势[J]. 国外教育研究，1998(1): 3-5.

[2]　乌美娜. 教学设计[M]. 北京：高等教育出版社，1994: 8-32.

[3]　冯学斌，万勇. 教学设计的理论基础[J]. 电化教育研究，1998(1): 3-5.

[4]　张筱兰. 论教学设计[J]. 电化教育研究，1998(1): 3-5.

[5]　鲍荣. 教学设计理性及其限制[J]. 教育评论，1998(3): 32-34.

[6]　盛群力，刘善存，俞鸣人，等. 简论系统教学设计的十大特色[J]. 课程·教材·教法，1998(5): 3-5.

[7]　安嘉翔，乔立恭. 教学设计中的几个新概念[J]. 电化教育研究，1998(6): 3-5.

[8]　皮连生. 教学设计：心理学的理论与技术[M]. 北京：高等教育出版社，2000: 1.

[9]　何克抗，郑永柏，谢幼如. 教学系统设计[M]. 北京：北京师范大学出版社，2002: 19.

传授知识；五是从领域划分的角度研究教学设计，将其看作提出最优教学方法的一门学科，并且以最优方法促使学生的知识与技能向预期方向发展；六是从所起作用的角度研究教学设计，将其比作教学理论和教学实践联系的"桥梁科学"，期望通过精心创设的教学系统为学习者提供先完成、再完善、最终完美的教学活动。

二、数学教学设计

随着"教学设计"一词在国内教育界的广泛兴起，无数学者把研究重点放在这个新兴事物上，并且在研究过程中逐步将其细化，使其向各个具体学科靠拢。作为数学大国的中国，自教学设计提出后，有关数学教学设计的研究成果便如雨后春笋般涌现。教学设计概念的丰富性同样促成数学教学设计内涵的多样性，近些年不少学者对数学教学设计的定义进行阐述。

吴定华认为："数学教学设计是以数学学习论、数学教学论等理论为基础，运用系统方法分析数学教学问题，确定数学教学目标，设计解决数学教学问题的策略方案、试行方案、评价试行结果和修改方案的过程。"[1]曹一鸣等认为："数学教学设计是针对数学学科特点、具体的教学内容和学生的实际情况，遵循数学教学与学习的基本理论和基本规律，按照课程标准的要求，运用系统的观点和方法整合课程资源、制定教学活动的基本方案，并对所设计的初步方案进行必要的反思、修改和完善。"[2]何小亚在《中学数学教学设计》中指出："数学教学设计是教师根据学生的认知发展水平和课程培养目标，来制定具体教学目标，选择教学内容，设计教学过程各个环节的过程。"[3]孙雪梅指出："数学教学设计是以数学学习论、数学课程论、数学教学论为理论基础，运用系统方法来分析数学教学问题，确定数学教学目标，设计、解决数学教学问题的策略方案、试行方案、评价试行结果和修改方案的过程。"[4]冯国平提出："数学教学设计是教师以数学教育理论为指导，运用系统方法分析数学教学问题，确定教学目标，建立数学教学方案，并对方案进行评价和修改的过程。"[5]翁小勇指出："数学教学设计就是从数学学科自身特点出发，根据不同的教学内容，用系统的方法对课程资源进行有机整合，对教学过程中相互联系的各个部分做出整体安排的一种构想。"[6]虽然学者们对于数学教学设计所给出的定义各不相同，但其本质趋于一致：数学教学设计是以数学学科的教育理论为基础，运用系统方法分析教学目标、方案等，并对方案进行评价、修改的过程。

[1] 吴定华. 数学教学设计[M]. 上海：华东师范大学出版社，2000：1.

[2] 曹一鸣，张生春. 数学教学论[M]. 北京：北京师范大学出版社，2010：86.

[3] 何小亚. 中学数学教学设计[M]. 北京：科学出版社，2012：4-5.

[4] 孙雪梅. 数学教学设计[M]. 哈尔滨：哈尔滨工业大学出版社，2014：1-2.

[5] 冯国平. 中学数学教学设计[M]. 成都：西南交通大学出版社，2015：9.

[6] 翁小勇. 中学数学教学技能训练研究[M]. 成都：西南交通大学出版社，2015：32.

数学教学设计可大致分为数学课程教学设计和数学课堂教学设计，本书主要探讨数学课堂教学设计，以提高数学课堂教学有效性。现代社会对教育教学的关注度不断提高，对数学教学设计的研究走向了更加细化的发展阶段，课堂教学设计的类型也向多样化转变，有针对不同课型的教学设计，有针对某个专题、某个单元进行的教学设计，以及随着科学技术的迅猛发展而产生的微课教学设计等。

三、数学教学设计与数学学习设计的联系与区别

课堂不是教师的一言堂，教学也不只是教师的独角戏，课堂教学需要教师的"教"与学生的"学"互相交融、共同组织完成。进行教学设计虽然是为了使学生在单位时间内获得更多的知识、更高的能力、更好的发展，但是教学设计是教师教学的手段，是教师根据学习内容、学生情况有计划地组织安排教学的活动，强调的还是教师的"教"的活动。

21世纪初，我国基础教育课程改革开展得如火如荼，这次改革重点提出要转变学生的学习方式，自主、合作、探究等充分发挥学生主体地位的学习方式从而被广泛推崇，也衍生出强调学生的"学"的活动设计——学习设计。学习设计以"为学生的学而教"为基础，以学习目标为指南，在考虑学生学习水平的情况下，专门为学生制订学习计划、设计学习方法，最终完成学习任务。

从教学实践的角度，可以将数学学习设计界定为：数学学习设计是为有效开展数学学习活动，在遵循数学学习活动的基本规律的前提下，对学习目标、内容、过程，学法指导，学习评价等要素进行系统规划，制定学习者主动有效地参与数学学习活动的方案，并将学习活动中生成的学习资源有机纳入其中的过程[1]。数学学习设计就是以数学学科的学习理论为基础，运用系统的方法去分析学习对象、学习需求、学习目标、学习媒体、学习方式、学习评价等学习要素，根据分析结果制订学习活动方案，并对方案进行不断调整修改的过程。数学学习设计与数学教学设计作为教师顺利完成教育教学的有效手段，两者自然存在联系与区别。

首先谈一下两者的联系：学习设计属于教学设计的范畴。数学教学设计解释了"教什么""怎么教""教得怎样"这三个问题，更加重视教学内容、教学方式、教学评价的选择，侧重于教学过程中教师"教"的行为；数学学习设计则解释了"学什么""怎么学""学得怎样"的问题，更加重视学习内容、学习方式、学习评价的选择，侧重于教学过程中学生的"学"。虽然两者的侧重点各有不同，但最终目的都是促进学生学习。国外对学习设计的研究早于我国，虽然国外学者强调学习设计是从学习者角度来设计的教学过程，但也指出，学习设计在本质上仍是一种教学设计，只不过是一种新型

[1] 王新民. 数学学习设计概论[M]. 北京：高等教育出版社，2018：27-28.

的教学设计方法[1]。严先元在《学习设计与学习方式》一书中提出，学习设计是"为学习"的设计、"对学习"的设计、"促学习"的设计，但也是把学习设计看作一种以学生学为线索的教学设计。

其次，两者在目标设计、内容设计、策略设计这三方面存在一些区别。《数学学习设计概论》中指出：第一，在目标设计上，教学设计通常的表述形式有"使学生……""培养学生……"，描述的是一段教学活动后取得的教学效果，它是一种行为主体为教师的结果性目标；学习设计通常的表述形式有"能举例说明……的含义""会利用公式计算……"，重点描述的是教学中逐步掌握的知识技能，它是一种行为主体为学生的过程性目标。第二，在内容设计上，教学设计的内容主要指"教什么""怎么教""教得怎样"，是对教师教的系统安排；学习设计的内容主要指"学什么""怎么学""学得怎样"，是对学生学的系统安排。第三，在策略设计上，教学设计的策略是教师有目的的行为，主要包括陈述策略、指导策略、展示策略、提问策略、反馈策略、管理策略、观察策略、倾听策略、反思策略、评价策略；学习设计的策略是学习者有效学习的途径，主要包括学习准备策略、阅读策略、提出问题策略、梳理知识策略、反思评价策略[2]。

以教学目标的确定为例，传统的教学目标的主体是教师，教师的行为不是教学目标加以描述的对象，但是"教"的终极目的还是"学"，学生的"学会"才是重点。学习设计则是将学生看作设计中的主体，在设定教学目标时是以学生为中心，对学生的行为进行描述，这一观念更加贴合新课改的思想，这也是教学设计中设定教学目标时需要即时转变的观念。探究学习设计与教学设计间的关系不仅为我们深入研究数学教学设计提供了不同的视角，同时有助于我们优化数学教学设计。研究学习设计给我们的启示是：我们在设计教学时要从学生出发，在教学设计的各个环节中注重学生的主体地位，将"以学生为本"的理念贯穿整个教学活动。

四、数学教学设计的特点

(一) 系统性

系统性是指一个层次分明的整体，不同维度的指标处于不同层级，形成一定的秩序，同层级指标之间、指标层与指标层之间具有清晰的逻辑关系。数学教学设计便具有系统性。首先，教学设计具有系统性。教学设计本身就是一个步骤分明的整体，是一个系统化的过程，是为达成教学目标而对教学过程和教学中的要素进行的系统性规划。其

[1] 吴军其，刘玉梅. 学习设计：一种新型的教学设计理念[J]. 电化教育研究，2009(12)：80-83.

[2] 王新民. 数学学习设计概论[M]. 北京：高等教育出版社，2018：34-42.

次，数学知识具有系统性。数学学习是培养人的逻辑思维的重要途径，无论是数学新旧知识间的纵向联系，还是相关知识间的横向联系，数学知识本身就隐含着内在的逻辑联系，所以在进行数学学习时要重视知识系统的建立。最后，数学教学具有系统性。数学教学的系统性原则指明教学要循序、系统、连贯地进行，既利于学生对知识的识记，也能保证学生获得更加系统的知识，形成对知识的整体性教学。数学教学设计包含多个要素，这是系统正常运行的前提，这些要素间并非完全独立，一个要素的改变必然引起另一个要素发生动态性变化，教学设计是由各个必需要素共同构成的，系统内要素之间相互依存、相互制约、相互作用，形成了一个相互关联的整体。

(二) 严谨性

数学逻辑的严格性与结论的准确性使得严谨性成为数学学科的基本特征之一。数学教学设计的整体过程也具有严谨性。首先，分析教学内容时要严谨地分析每一个知识点的设计是否正确，是否符合学生认知发展规律和数学知识内部逻辑结构，是否有利于发展学生的逻辑思维能力，力求在保证学生理解的基础上逐步提高学生的思维能力。其次，设置教学目标时要缜密地考虑此阶段学生的认知发展特点，掌握学生的最近发展区，为顺利开展高效教学打下坚实基础。最后，教学过程是教学设计的核心主体部分，是连贯课堂教学环节的呈现，每一个环节都要经过周密的安排，以使得下一个环节的呈现更加自然，更加可接受，否则任意一处的疏漏都会导致学生的学习轨迹发生变化，最终难以达成预先设置的教学目标。

(三) 可操作性

可操作性是根据具体的行为特征对变量的操作进行描述，将抽象的概念、隐形的内容转换成可观测、可检验的项目，可操作性也是检验教学设计是否有意义的前提条件。数学教学设计是针对某一个数学内容进行教学的计划，而数学教学中的对象往往是极其抽象的，难以直观感受和精确把握，这就需要通过数学教学设计将抽象的内容直观化、具体化，转变成具有可操作性的对象呈现给学生。因此，要保证学生在结束某一学习内容时能够在知识上有所收获，在技能上有所提高，就要保证教学设计具有比较强的可操作性，就要保证教学计划是行得通、做得到的。可操作性具有可观测、可检验、可重复等特征，即在教师完成设计后可根据教学设计完成所有环节，同时教师也可以审视整个教学过程，对教学过程的每一个环节进行评价。

(四) 生成性

教学设计是对课堂教学的计划，是教师提前对教学内容、教学过程，甚至对学生在课堂中的疑问进行预设。在以前，教学设计一直被认定是一种线性的模式，每一个要素一经固化便无法更改。可实际情况是，学生是独立于教师意志之外的个体，具有独立的思维，课堂也是一个随时会发生突发情况的场所。更重要的是，数学作为一门复杂的难于理解的学科，学生对数学知识学习的过程也是动态的，因此数学教学设计应该是一个动态的、发展的概念，这也就需要我们认识到数学教学设计的生成性，对其进行延伸。面对学生具体的、真实的情况，教师要利用自身的教学机智即时调整教学计划的内容，促进学生进行有效数学学习。这种生成性的教学观念为课堂教学设计拓宽了视野，使得我们真正实践教学时能够重新审视教学设计的要素。

(五) 过程性

教学设计是一个设计教学的过程，过程性也是教学遵循的原则之一。新课程改革强调教学要从"重结论轻过程"转向"重结论更重过程"。以往的数学教学过于重视结果，对知识学习的理解仅停留在识记层面，使得学生对数学概念、性质认识不清。数学学习不是简单的知识积累，而是要让学生经历学习知识的过程，在信息加工能力、知识迁移能力、认知能力不断提高的过程中学习数学，学会数学。在数学教学中，教师要注重对知识的产生及发展过程的设计，让学生了解每个知识点的形成过程，提高学习数学的兴趣；注重公式的推导过程，让学生掌握其中隐性的数学思维方法，从而逐步提高学生数学能力，使其感悟到数学魅力。

(六) 层次性

首先，数学教学内容的实施具有层次性，这就需要对知识要素进行分级处理。数学知识设计可以分为三个不同的层级：数学概念的理解、数学经验的吸收、数学思维的培育。在进行数学教学设计时，要保证根据内容层级进行层次性设计，加强对知识要素的分级处理。其次，教学对象具有层次性，对学情的分析要进行分阶段推进，这是因为学生的思维是由低级向高级进阶的，学生的理解符号过程是从单一走向综合的，学生的体验过程是由感性转为理性的，学生的实践是从行为的积累转变为思维上的质变的。最后，教学方法具有层次性，例如，采用情境教学法时，教师需要从整体教学情境来设计，不断丰富情境要素，逐层完善阶段设计[1]。并且，数学学习本身就是从未知到已知，从简单到复杂，从具体到抽象，是在发展中逐步深化、层层递进的过程。

⊕ 第二节　数学教学设计的理论基础

理论来源于实践的经验总结，又反过来指导实践。只有在理论的指导下，教学设计

---

[1] 刘俊甫. 内容、对象与方法：初中数学教学层次化设计研究[J]. 教育理论与实践，2020(26)：53-55.

才能条理化、严谨化、科学化，才能为教学奠定稳定的基础。教学设计自产生以来便不断发展完善，在发展过程中，传播理论、教学理论、系统理论、学习理论成为教学设计的重要理论支撑，对教学设计产生了重大影响。

一、传播理论

教学过程本身就是一种信息传播活动，是由教师通过有效的渠道将知识、技能、思想等信息传达给受教育者或者教育对象的活动。学者在传播理论的基础之上，提出了几种教育传播模式：拉斯韦尔提出的"5W"传播过程模式(见图1-1)，为确定教学设计过程要素提供了方向；施拉姆提出的循环和互动传播模式(见图1-2)与"5W"传播模式明显不同，将传播的双方都作为传播行为的主体，在一定程度上体现了教学的双向性；贝罗提出的SMCR模式(见图1-3)说明了影响信源、接收者和信息实现其传播功能的条件，同时说明信息传播可以通过不同的方式和渠道，而最终传播效果不是由传播过程中某一部分单独决定的，而是由组成传播过程的信源、信息、通道和接受者，以及它们之间的关系共同决定的；传播过程中的每一个部分又受其自身的制约。

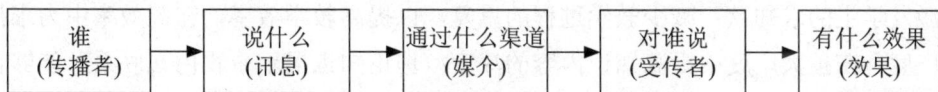

图1-1　拉斯韦尔的"5W"传播过程模式

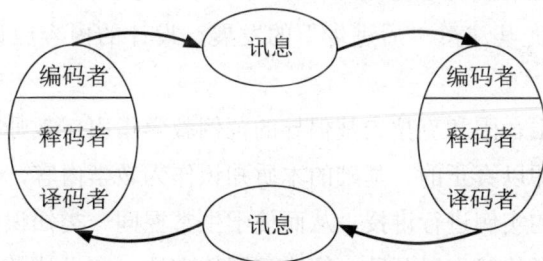

图1-2　施拉姆的循环和互动传播模式

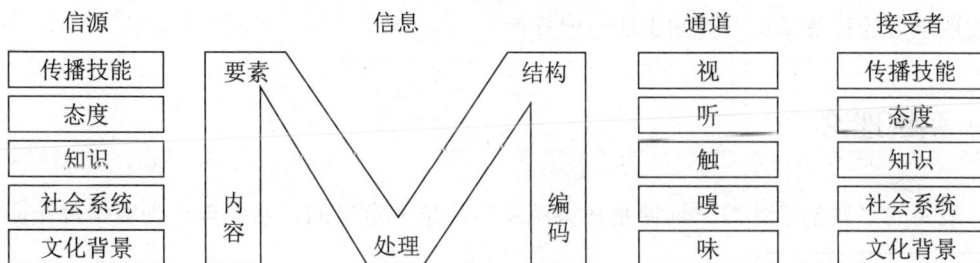

图1-3　贝罗的SMCR模式

教育传播理论发展至今，已不仅仅起到增添教学设计要素和说明要素间关系的作用，随着信息化时代的到来，以传播学理论为基础的教育技术不断更新，现代教育技术影响并拓展了教学设计的形态。信息设计时代，计算机与多媒体的融入使教学设计由以教学内容为重点转向以教学内容的形式为重点，进而促进了"以学习者为中心"的教与学的活动。计算机等信息技术手段为情境创设、交流协商和反馈评价环节也提供了支撑[1]。信息技术对学生的学习环境起着不容小觑的作用，这与学习环境的创建有关。信息技术和媒体的成功运用使学生找到进入某个环境的缩小环境所呈现内容与他们自身的知识和经验之间差距的方法，此时可以把信息通信技术的使用理解为一个"问题解决工具"[2]。

二、教学理论

教学设计作为一门对教学过程进行设计的学科，必然需要教学理论作为支撑。在维果斯基提出"最近发展区"理论之下，赞可夫提出发展性教学的五项基本原则：以高难度进行教学的原则；以高速度进行教学的原则；理论知识起指导作用的原则；使学生理解学习过程的原则；使全体学生包括"后进生"都得到发展的原则。参考五项基本原则设定的教学设计的准则包括以下内容：保证教学过程、教学内容的学习难度要适中，能够激发学生的求知欲；减少教学过程的重复，以提高教学效率，在高效率中力求拓宽知识广度，在扩大广度中提高知识内容的深度；理论知识揭示事物内在联系，能够合理地指导教学设计过程，把握事物的本质规律，有效地完成知识的迁移，促进学生一般发展；在教学过程中注意培养学生学会学习，引导学生掌握知识学习的途径；教学设计面向的是全体学生，尤其注意"后进生"的发展，设计的内容应该适合大多数学生的水平。

德国教育家瓦·根舍因和克拉夫基倡导的范例教学指出，教师在教学中应选取基本的概念和科学规律，即以真正的、基础的本质知识作为教学内容，然后在一组特定的知识中选出具有代表性的实例进行讲授，从而使学生掌握同一类知识的一般规律，学会举一反三，获得独立思考的能力以及独立解决问题的方法。在设计教学的过程中，教师要选择合适的范例使学生掌握基本的原理、规律、方法、态度等，促使学生通过范例的作用实现学习迁移及掌握一类知识的一般规律。

三、系统理论

最初的"教学设计"一词便是在系统观的视角下定义的，系统理论为教学设计提供

[1] 郑旭东，王美，尹佳，等. 教学设计的理论、模型与技术：《教育传播与技术研究手册(第四版)》基础部分述评之一[J]. 远程教育杂志，2016(6)：63-69.
[2] 徐世猛. 国际教学设计领域在关注什么：《教学设计中课程、规划和进程的国际观》深度解读[J]. 现代远程教育研究，2012(2)：33-37.

了科学支撑。系统论的创始人贝朗塔菲把"系统"定义为相互作用的诸要素的复合体，强调元素之间的相互作用以及系统对元素的整合作用。在系统论的观点下，教学是一个由多要素组成的复杂系统，通过优化教学中的各个要素来达到整体教学最优化的过程。研究少数的可控制要素，并根据它们之间产生的关系，来说明研究对象的性质和运动规律，是科学技术所采用的常规方法。而基于这种思路的教学设计，便把各种各样的要素基于一定的法则和原理加以组合，试图将教学构成一个完整的系统。

系统论教学设计将教学过程看成一个完整的系统，在教学前对要素进行设计，并在实施教学的过程中按照预设的步骤进行。从既定的目标出发，系统论教学设计是为了正确地传递已知的知识和知识的体系。把已知的知识设定为目标，为了达到这个目标而进行教学设计，恰好验证系统论教学设计的"预先计划性"的特征。向着既定的目标进行教学，是因为必须按照计划分配刺激的内容，产生特定的反应，而不希望引起其他无关反应。作为主体是人类的活动，教学过程中不可能只出现一种反应，这就需要教师预测各种各样的反应，并且在教学过程中捕捉到这些反应[1]。系统论具有三个要点：系统的整体性、系统的有机关联性和系统的动态性。这指导教师整体把握数学教学设计流程，把教学当作一个不可分割的整体，明晓教学设计间要素关系，认识到教学活动中学生的学习、能力、情感，以及教学流程始终处于活动变化中，提前进行预设，提高教学效率。

四、学习理论

学习理论作为揭示人类学习活动本质、总结人类学习规律的一门学科，同样为教学设计的发展奠定了基础。联结派学习理论将学习视为刺激与反应间的联结，从而使研究者明确：在进行教学设计时，要考虑到在教学过程中适时适当地给予学生刺激，促进学生学习的发生。斯金纳提出程序教学法，其中积极反应、小的步子、即时反馈、自定步调、最低的错误率5个原则对于教学设计的过程同样适用。认知学派学习理论则认为学习是主动地获取刺激并对外界的信息进行选择性加工的过程，将学生的学习看成整体的、系统的过程，为数学教学设计把握知识间关联、循序渐进的安排教学内容提供了理论基础。建构主义学习理论则指出，学习应该是引导学生从原有经验出发，自主构建知识的过程。在对教学进行设计的过程中，教师要掌握学生的认知起点，根据学生的特点安排教学计划，关注教学过程中的情境创设，认同学生在学习过程中的主体地位，鼓励学生通过合作探究的方式获得新知。下面重点介绍学习进阶理论和深度学习理论。

---

[1]　李芒. 从系统论到关系论：论信息社会教学设计理论的新发展[J]. 电化教育研究，2001(2)：3-8.

(一) 学习进阶理论

1. 学习进阶的定义及内涵

"学习进阶"是2005年美国国家研究委员会在《国家科学评价体系》中首次提出的，认为其"是促进课程标准、课堂教学与考试评价三者一致性的有效工具"[1]。对于学习进阶的表述至今没有一个统一的界定，根据对国内外研究的综述，笔者归纳了发现对于学习进阶的含义有4种普遍认同的说法。第1种是过程说，桑格(Songer)等学者认为"学习进阶是学生对学习主题思考、推理和探究的过程"[2]。第2种是假设论，萨琳娜(Salinas)认为学习进阶是以实证为基础的，可通过检验的假说，检验学生对于核心概念等学习过程是否能符合相关的实证研究的结论。第3种是方法说，史密斯(Smith)等认为"学生学习核心概念时的思维是逐步深入发展的，学习进阶就是一种能够描述学生思维发展的方法"[3]。第4种是序列说，阿隆佐(Alonzo)与斯蒂朵(Steedle)将学习进阶定义为"学生对某一概念理解的有序描述"[4]。

大部分学者引用了2007年美国国家研究委员会对学习进阶的核心界定，把学习进阶定义为"对学生在一个时间跨度内学习和探究某一主题时，依次进阶、逐级深化的思维方式的描述"[5]。这个定义融合了过程说和序列说，认为学习进阶是针对一个核心概念的、循序渐进的、有一定顺序的过程。根据学习进阶的各种定义，学习进阶扩展出多种内涵：学习进阶是一个以核心概念、主题为主线，能够使学生建立关于核心概念的系统；学习进阶认为学生的思维是不断发展、不断深入的，要根据本阶段学生的思维特点进行进阶的设定；学习进阶并非只存在根据学生的经验设置的起点和根据社会期望或者课程内容要求设置的终点，还包括多个中间水平。自2008年以来，美国国家科学教育研究学会大会每年都会开展以"学习进阶"为专题的报告[6]。

2. 学习进阶的要素

据教育者研究发现，学习进阶主要由5个要素构成。

---

[1] 张颖之. 理科课程设计新理念："学习进阶"的本质、要素与理论溯源[J]. 课程・教材・教法，2016(6)：115-120.

[2] SONGER N B，KELCEY B，GOTWALS A W. How and When Does Complex Reasoning Occur？ Empirically Driven Development of a Learning Progression Focused on Complex Reasoning about Biodiversity[J]. Journal of Research in Science Teaching，2009：610-631.

[3] SMITH C L，WISER M，ANDERSON C W，et.al. Implication of research on children's learning for standards and assessment：a proposed learning progression for matter and the atomic molecular theory[J]. Measurement：Interdisciplinary Research and Perspectives，2006：1-4.

[4] ALONZO A，STEEDLE J. Developing and Assessing a Force and Motion Learning Progression[J]. Science Education，2009，93(3)：389-421.

[5] 姚建欣，郭玉英. 为学生认知发展建模：学习进阶十年研究回顾及展望[J]. 教育学报，2014(5)：35-42.

[6] 皇甫倩，常珊珊，王后雄. 美国学习进阶的研究进展及启示[J]. 外国中小学教育，2015(8)：53-59，52.

(1) 进阶终点，也称为学习目标，此时学生到达学习核心概念后的最高水平。学习终极目标一般根据学科的目标来设定，是进入下一层次教育的条件，也是社会所期望达到的水平。

(2) 进阶变量，也称为进阶维度，指学习某个核心概念所能达到的维度，通过追踪进阶变量可以了解学习过程中的阶段性变化和整个学习过程。

(3) 成就水平，即在学习起点与终点间存在的中间水平。学习核心概念的过程并非一蹴而就的，要经历中间步骤，通过层层递进，逐渐深化概念。

(4) 预期表现。对学生处于各个水平的表现做出预设，通过预设的表现判断学生所处的成就水平，同时根据学生的实际表现对学生进行有参照性的评价。

(5) 测评工具。利用测评工具，根据预期表现测量评价学生对核心概念的掌握情况。

学习进阶理论不仅与数学教学设计的理念不谋而合，也为数学教学设计提供了新的视角，有显著的指导意义。数学教育者提出的"学习轨迹"理论指出，在数学知识学习过程中应该有明确的学习路线，并沿着此路线组织学习。数学教学设计中知识的学习轨迹都是由浅入深、由易到难或是由具体到抽象的。数学教学设计是围绕一个单元内容或是一个主题来设计的，而学习进阶理论明确指出，教学设计不仅要锚定起点与终点，也要重视中间的多个水平。这就要求教师在进行整体内容设计时不仅要关注到单元内容、主题起始，也要关注教学过程中学生的层次水平，并进行即时评价。例如，图1-4是学习进阶视域下的"函数概念"教学设计流程，要求教师明确函数概念教学时的起点与终点，明晰学生处于不同的进阶维度和层次水平，并进行阶段性评价，力求更好地把握函数主线进行教学。

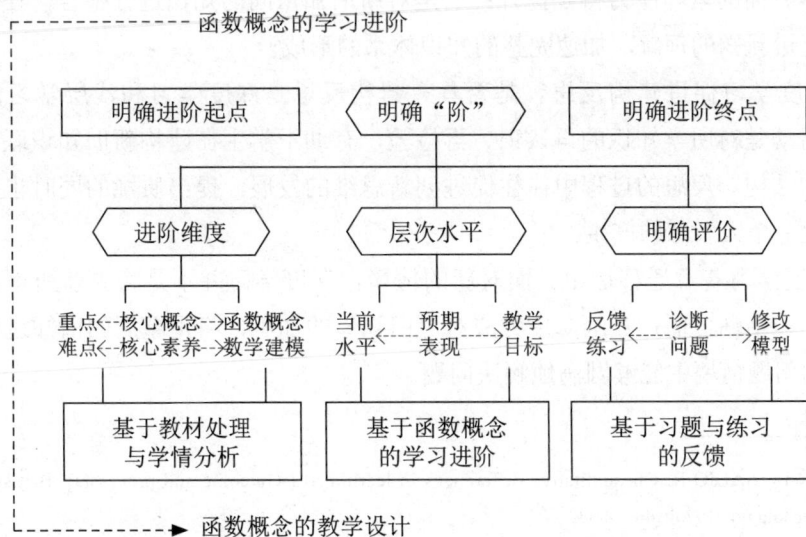

图1-4　学习进阶视域下的"函数概念"教学设计流程[1]

---

[1]　张妍. 中学数学函数概念的学习进阶研究[D]. 天津：天津师范大学，2020：49-56.

(二) 深度学习理论

1. 深度学习的定义

"深度学习"一词最早是1976年由美国学者费伦斯·马顿(Ference Marton)和罗杰·萨尔乔(Roger Saljo)在著作*On Qualitative Differences in Learning: I-Outcome and Process*(《学习的本质区别:结果和过程》)中提出的,其依据学习者获取信息与加工信息方式的不同,将加工水平分为浅层水平和深度学习,进而提出了浅层学习和深层学习的概念[1]。在此之后,比格斯、比蒂、布兰斯福德等人先后开展了深度学习的研究。

我国对深度学习研究的起步尚晚。2005年,何玲、黎加厚在《促进学生深度学习》中首次将"深度学习"一词引进中国,此后对深度学习的研究蓬勃涌现,学者普遍认可该文给出的深度学习的概念:"深度学习是指在理解学习的基础上,学习者能够批判性地学习新的思想和事实,并将它们融入原有的认知结构中,能够在众多思想间进行联系,并能够将已有的知识迁移到新的情境中,做出决策和解决问题的学习。"[2]

2. 深度学习的基本特征

结合《深度学习的内涵及认知理论基础探析》[3]与《促进深度学习的信息化教学设计的策略研究》[4]对深度学习特征的分析,我们认为深度学习具有5个基本特征。

(1) 深度学习注重批判理解。深度学习不是简单被动地接受知识的过程,而是学生以理解的基础,站在更高的角度对知识进行批判性的学习。学生只有在批判性思维的基础上才能积极参与到学习和思考的过程中来,才能进行有意义的学习。

(2) 深度学习强调信息整合。此处的信息整合包括多方面的整合:一是对多学科的信息进行系统性整合,使不同学科知识间互相补充,从而使学生在学习过程中的视域更加开阔,多方面的素养能力得到提升;二是对新旧知识间的知识进行整合,在回顾旧知的过程中促进新知的理解,加速完整的知识体系的形成。

(3) 深度学习促进建构反思。是否具有建构反思是深度学习和浅层学习的本质区别。反思活动是对所学知识的再认识、再检验,有助于学生在建构新旧知识联系时及时地调整认知结构。反思的过程中往往促进创新思维的发展,提出质疑的同时也能重构知识结构,促进个人智慧的产生。

(4) 深度学习着意迁移运用。面对新的情境,深度学习并不是将先前所得到的经验简单地复制、粘贴,而是在脑海中完成对"旧知"的加工,将重整后的旧知进行迁移,使其在新的问题情境中能够圆满地解决问题。

[1] MARTON F, SALJO R. On qualitative differences in learning: I-Outcome and process[J]. British Journal of Educational Psychology, 1976, 46: 4-11.

[2] 何玲,黎加厚. 促进学生深度学习[J]. 现代教学, 2005(5): 29-30.

[3] 张浩,吴秀娟. 深度学习的内涵及认知理论基础探析[J]. 中国电化教育, 2012(10): 7-11, 21.

[4] 杜娟,李兆君,郭丽文. 促进深度学习的信息化教学设计的策略研究[J]. 电化教育研究, 2013(10): 14-20.

(5) 深度学习面向问题解决。在经历深度学习后，学生不仅可以解决简单的问题，还可以解决一些具有挑战性的、没有遇到的复杂问题。

除了上述5个基本特征，还有学者提出深度学习的3个"深度"：认知的深度、参与的深度、结果的深度，以促使学生在学习过程中达到三"高"：高认知、高投入、高产出[1]。这体现为以下几点：一是深度学习是对知识进行批判性理解，进行多类信息整合的过程，体现了高阶思维的运用，需要学生不断分析、评价、综合运用已有的知识经验，促使自己获得更高的认知；二是深度学习是学生将过去习得的内容迁移运用到新情境，自我反思的过程，在此期间学生需要以积极的情感态度和坚定的信念主动地参与到学习活动中来，促使自己进行更高的投入；三是深度学习是学习质量不断提升从而完成问题解决的过程，学生在学习中知识不断积累，能力不断发展，最终获得更高的产出。

深度学习理论为数学教学设计指明了有效的路径，使现代教学朝着高质量、高效率的方向前进。数学知识点的过多、过细导致知识内容零散，学生对于知识内容的学习仅停留在表层，而深度学习理论强调要在理解的基础上进行有意义的学习，这就要求教师在设计教学时注重知识的迁移，引导学生回顾"旧知"，从而促进学生对"新知"的理解，或者通过对其他学科知识的融合达到多角度认识新知。知识只有在思维的作用下才能被理解运用，所以在设计教学的过程中，不能仅重视知识的传授，还要重视对学生高阶思维的培养，而这也是时代对人才素质提出的新要求。学习的终极目标并不是学过多少知识，而是将知识内化，以便学生创新性地解决复杂的现实问题。在教学活动中，教师要懂得设置问题情境，让学生运用"新知"解决问题，同时激发学生的创新思维。不少教师把讲台当成自己一个人的舞台，而学生的课堂回应并不多。在设计教学时，教师要重视学生的主体地位，让学生积极主动地参与到学习活动中，在兴趣与积极状态的共同作用下进行有效学习、深度学习。

1995年，西尔斯曾提到一个观点，教学设计理论基础的多元化开放已成为趋势，否则教学设计将不能发展，但同时也不能否定已有的教学设计模式，应考虑如何结合新的观念。教学设计的四大理论是其根基，任何一份成功的教学设计必然是在此基础上进行的。同时，教学在不断优化中，教学设计的理论必然要随着时代的变迁而继续创新，在发展过程中逐渐衍变出的一些新兴的教育理论也在指导着教学设计，使教学设计的理论更加成熟，教学的效果不断提高。

◎ 第三节　教学设计模式

我们将某种事物的标准形式或使人可以照着做的标准样式称为模式[2]。作为教学活

---

[1] 郑东辉. 促进深度学习的课堂评价：内涵与路径[J]. 课程·教材·教法，2019(2)：59-65.

[2] 中国社会科学院语言研究所词典编辑室. 现代汉语词典[Z]. 第7版. 北京：商务印书馆，2016：919.

动中系统化特征极为明显的教学设计，自然也存在着一定的模式。《教育大辞典》指出，教学设计模式是运用系统方法对不同教学系统进行教学设计的各种标准化形式[1]。教学设计模式是在教学系统设计的实践当中逐渐形成的，是再现教学系统设计现实的一种理论性的简化形式，是一种系统化、规范化地分析、把握、规划和安排教学活动的方法体系和步骤方案。它是一类可操作的，用于分析、确定、建立和评价教学活动的，具有方法性质的工作体系[2]。由于教学设计中涉及不同的理论基础，不同研究人员对教学设计有不同理解，对教学背景(学习者的认知发展水平、学习环境、学习习惯以及知识的内在联系等)，参与设计的人员(教师、媒体专家、教育专家等)，课程范围(课堂设计、课程设计等)等存在认知差异，产生了不同种类的教学设计模式。

一、传统教学设计模式

虽然研究者在不断地提出新的教学设计模式，但是一些传统的教学设计模式为新模式改进、开发提供了坚实的基础。教育史上典型的教学设计模式有以下几种。

(一) 肯普教学设计模式

肯普在1977年提出的教学设计模式，被称为"第一代以教为主的教学设计模式"。肯普最初建立的教学设计模式是利用线条将各个要素顺时针连接起来，但是在后来的实践中，他发现教师在教学过程中所面临的教学问题以及实际情况并不是按照他所设计的顺序进行的，他开始多次修改、逐渐完善这个模式。1985年，他提出了"椭圆结构模式"(见图1-5)。

该模式包括十要素：①确定学习需要和学习目的，为此应先了解教学条件(包括优先条件与限制条件)；②选择课题与任务；③分析学习者特征；④分析学科内容；⑤阐明教学目标；⑥实施教学活动；⑦利用教学资源；⑧提供辅助性服务；⑨进行教学评价；⑩预测学生的准备情况。肯普的教学设计模式有4个基本要素：学习者特征、学习目标、教学策略和教学评价，并且他认为任何教学设计过程都离不开这4个要素。肯普的教学设计模式改变了线条的线性连接方式，采用环形方式来表示教学设计的过程，从而显示各个环节之间的相互联系和相互交叉。在肯普教学设计模式中，学习需要和学习目的处于中心位置，表明了两者既是教学设计中的重头戏，也是教学设计的出发点，其他的各个环节都要围绕此进行设计；教学设计的各个环节有序连接，表明教学设计是非常灵活的；"形成性评价""总结性评价"与"修改"占据整个外侧圈，说明评价与修改是贯穿于整个教学设计之中的。

---

[1] 顾明远. 教育大辞典[M]. 上海：上海教育出版社，1998：718.

[2] 李康. 模式、教学模式与教学设计模式[J]. 电大教学，2001(03)：1-5.

该模式有以下几个特点：①强调了十要素间的相互联系与相互作用，一个要素采取的决策会影响其他要素的决策；②要素之间没有线条连接，表明在某些情况下也可以不考虑某一要素；③学习需要和学习目的这个要素在这个环境结构的中心，说明两者是教学设计的依据与归宿，各要素都要围绕它们来进行设计；④教学设计是一个连续过程，评价和修改作为一个持续的活动与其他要素相联系；⑤教学设计是一个灵活的过程，可以按照实际情况从任何地方开始，并可以按任何顺序进行[1]。

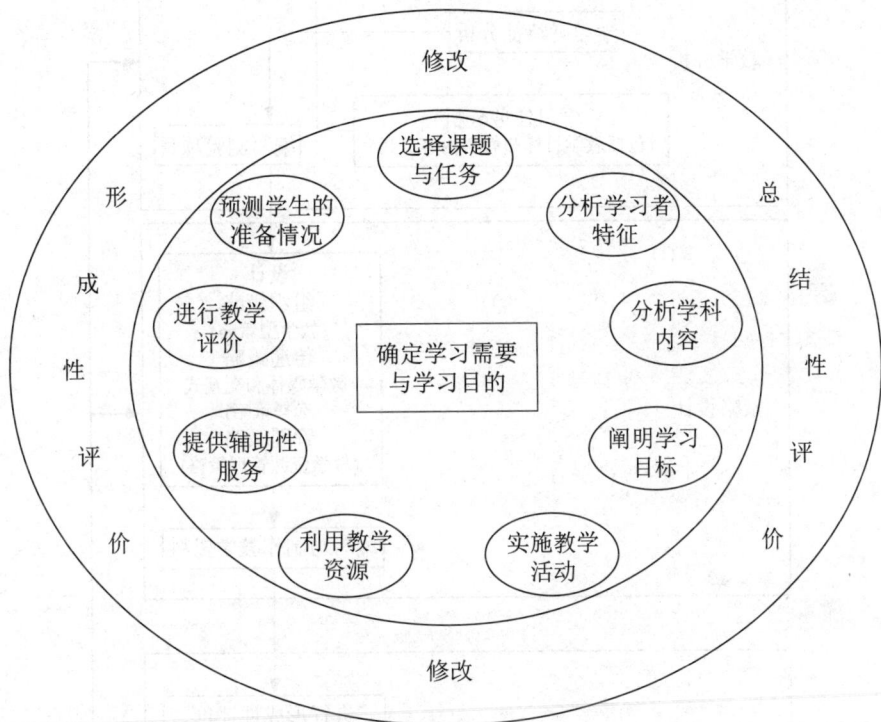

图1-5　肯普教学设计模式——椭圆结构模式

(二) 史密斯-雷根教学设计模式

史密斯-雷根教学设计模式(见图1-6)以认知主义为基础，认为教学设计者主要从事三项活动：分析、策略开发、评价。该模式以迪克和凯瑞等人提出的教学设计模式为基础，是进行教学设计的通用模型。它首次指出，要充分分析学习者的各种特征，重视对教学策略的设计。该模式下的教学设计开始从以"教"为中心转向以"学"为中心。

史密斯-雷根教学设计模式中包含着其他教学设计模式中不常见的几个特征：情境分析、测验开发的排序，以及在形成性评价阶段的修改环节。更重要的是，该模式具有明显的序列性，按照模式中显示的每一个活动，我们可以按照特定的线性顺序去列出某

[1]　方均斌，蒋志萍. 数学教学设计与案例分析[M]. 杭州：浙江大学出版社，2012：32.

一项具体的教学活动。同时，该模式也指出不论有经验的教学设计者还是无经验的教学设计者，都可以按照这种线性的方式进行教学设计，只是在设计过程中，设计者要懂得灵活变通，按照实际情况修改教学设计顺序，有时可能会对某一特定阶段的设计步骤进行多次研磨。

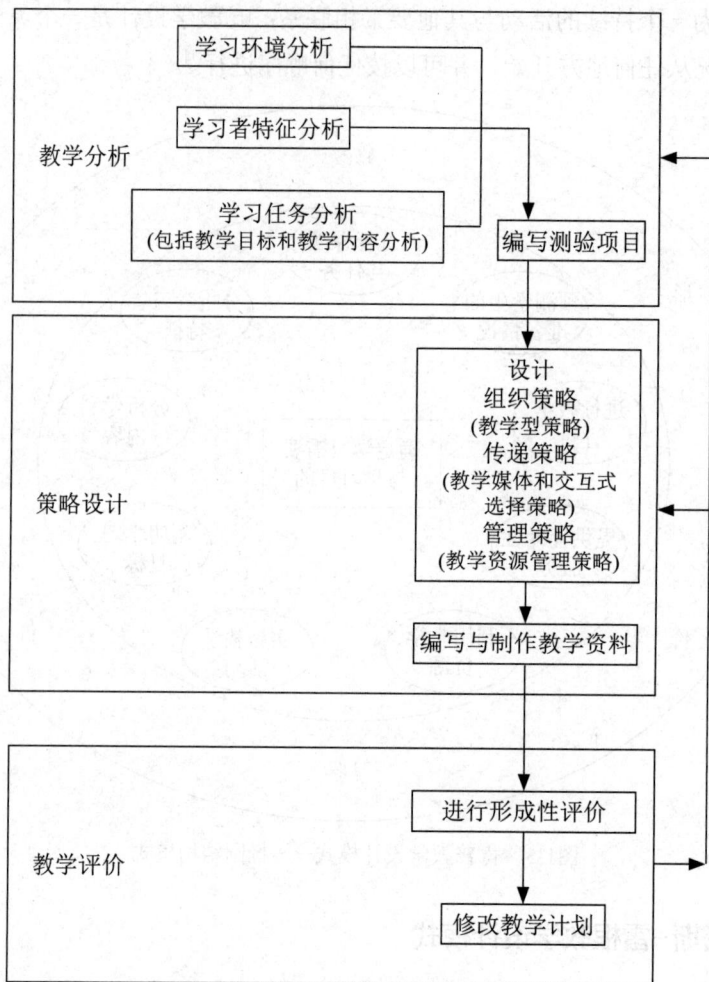

图1-6　史密斯-雷根教学设计模式

(三) 建构主义教学设计模式

建构主义是学习理论由行为主义到认知主义以后的新发展，但建构主义理论基础上的学习理论与行为主义理论基础上的教学设计的模式有很大的差别，它将重点转向了主观主义的哲学领域，认为每个人对世界的理解和认识都是以自己的经验为基础的，存在强烈的主观色彩。虽然教学设计基于客观主义，追求可显、可控的学习效果，但是建构

主义对一些复杂的学习领域、高级学习目标的教学设计还是比较适合的，它可以以一种
"新的心理集"的方式引进教学设计领域，可弥补传统教学设计过分分离与简化教学内
容的局限[1]。建构主义理论指导下的教学设计模式与之前教学设计模式最大的不同就是
强调以学生的"学"为中心，认为教学过程中要充分发挥学习者的主动性与积极性。基
于建构主义的教学设计模式如图1-7所示。

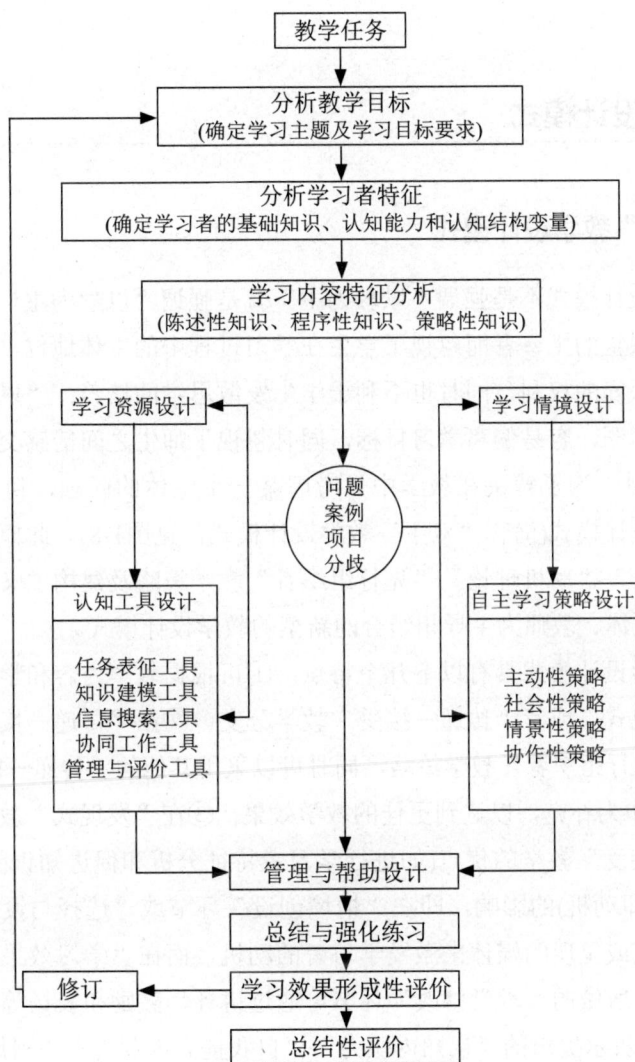

图1-7 基于建构主义的教学设计模式

　　基于建构主义的教学设计模式有以下几个特征：①以问题驱动为核心，这个问题
可以是项目、案例或实际生活中的矛盾；②强调以学生为中心，利用各种教学因素诱发
学习者的问题并刺激其学习这个活动或者确认某一问题，使学习者迅速地将该问题作为

[1] 余胜泉，杨晓娟，何克抗.基于建构主义的教学设计模式[J].电化教育研究，2000(12)：7-13.

自己的问题而接纳；③这个问题必须在真实的情境中展开，必须是一项真实的任务；④强调学习任务的复杂性；⑤强调协作学习的重要性，并且要求学习环境能支持协作学习；⑥强调非量化的整体评价，反对过分细化的标准参照评价；⑦要求教师在设计学习任务时将学习环境展开，提供必要的学习资源、认知工具和帮助等内容，以反映学习环境的复杂性，在学习发生后，学习者必须在这一环境中活动；⑧设计多种自主学习策略[1-2]。

二、现代教学设计模式

(一)"双主"教学设计模式

传统的教学设计模式不是强调"以教为主"就是强调"以学为主"。"以教为主"导致了教师成为课堂的主宰者而忽视了学生在学习过程中的主体地位，剥夺了学生进行自主学习、自主探究的权利，同时也不利于学生发散思维的培养；"以学为主"导致了教师主导地位的削弱，容易偏离学习目标，同时忽视了师生之间情感交流与情感因素在学习过程中的作用。为了解决在教学中只考虑某一个主体的问题，何克抗提出了"主导一主体"教学设计模式(简称"双主"教学设计模式，见图1-8)。此模式是在奥苏贝尔"有意义学习理论""动机理论""先行组织者"教学策略及建构主义学习理论指导下提出的以学生为主体、教师为主导相结合的新型的教学设计模式。

"双主"教学设计模式具有以下几个特点：①可根据教学内容和学生的认知情况灵活自由选择"发现式"或者"传递一接受"教学分支；②在"传递一接受"教学过程中基本采用的是"先行组织者"教学策略，同时可以采用其他的"传递一接受"策略(甚至是自主学习策略)作为补充，以达到更佳的教学效果；③在"发现式"教学过程中可以充分吸收"传递一接受"教学的优点(如进行学习者特征分析和促进知识的迁移等)；④便于考虑情感因素(即动机)的影响，即在"情境创设"环节或"选择与设计教学媒体"环节通过创设的情境或呈现的媒体来激发学习者的动机，而在"学习效果评价"环节或根据形成性评价结果所做的"教学修改"环节可通过讲评、鼓励和表扬等手段促进学习者3种内驱力(由奥苏贝尔提出的"认知内驱力""自我提高内驱力""附属内驱力")的形成与发展(视学习者的年龄与个性特征决定内驱力的种类)[3]。

[1] 方均斌，蒋志萍.数学教学设计与案例分析[M].杭州：浙江大学出版社，2012：3.

[2] 余胜泉，杨晓娟，何克抗.基于建构主义的教学设计模式[J].电化教育研究，2000(12)：7-13.

[3] 何克抗，郑永柏，谢幼如.教学系统设计[M].北京：北京师范大学出版社，2002：237-240.

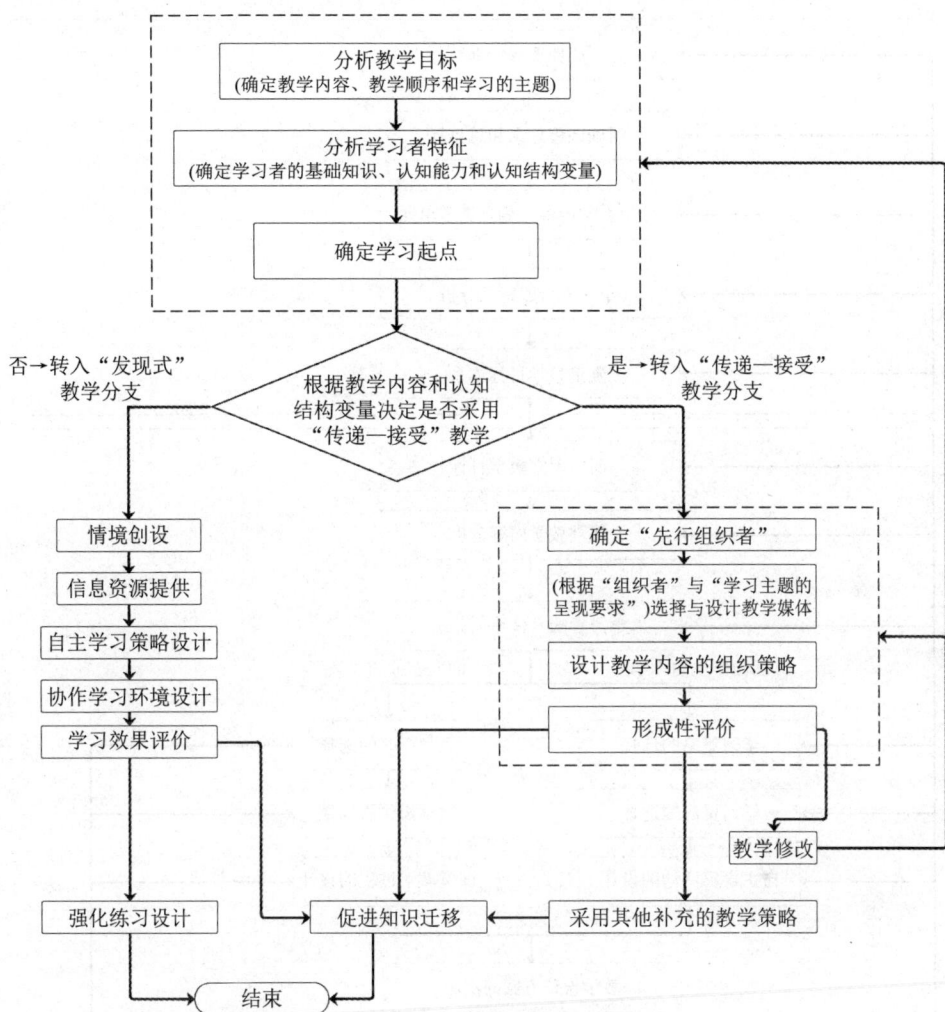

图1-8　"双主"教学设计模式

(二) 信息化教学设计模式

信息技术已经融入现代课堂，为课堂教学提供了新的观念和更多的便利。信息化教学不仅仅是在传统教学的基础上对教学媒体和手段的改变，也是以现代信息技术为基础的整体的教学体系的一系列的改革和变化。信息化教学设计是由黎加厚教授提出的。信息化教学设计是运用系统方法，促进"以学为中心"的学习方式的转变，充分、恰当地利用现代信息技术和信息资源，科学地安排教学过程的各个环节和要素，以实现教学过程的优化，简称"信息化教学设计"。根据信息化教学设计的概念和原则要求，李红在参考李龙的教学过程设计的程序图形式的基础上开发了信息化教学设计模式(如图1-9)[1]。

---

[1]　李红. 面向基础教育新课程的信息化教学设计模式[J]. 中国电化教育，2007(8)：71-74.

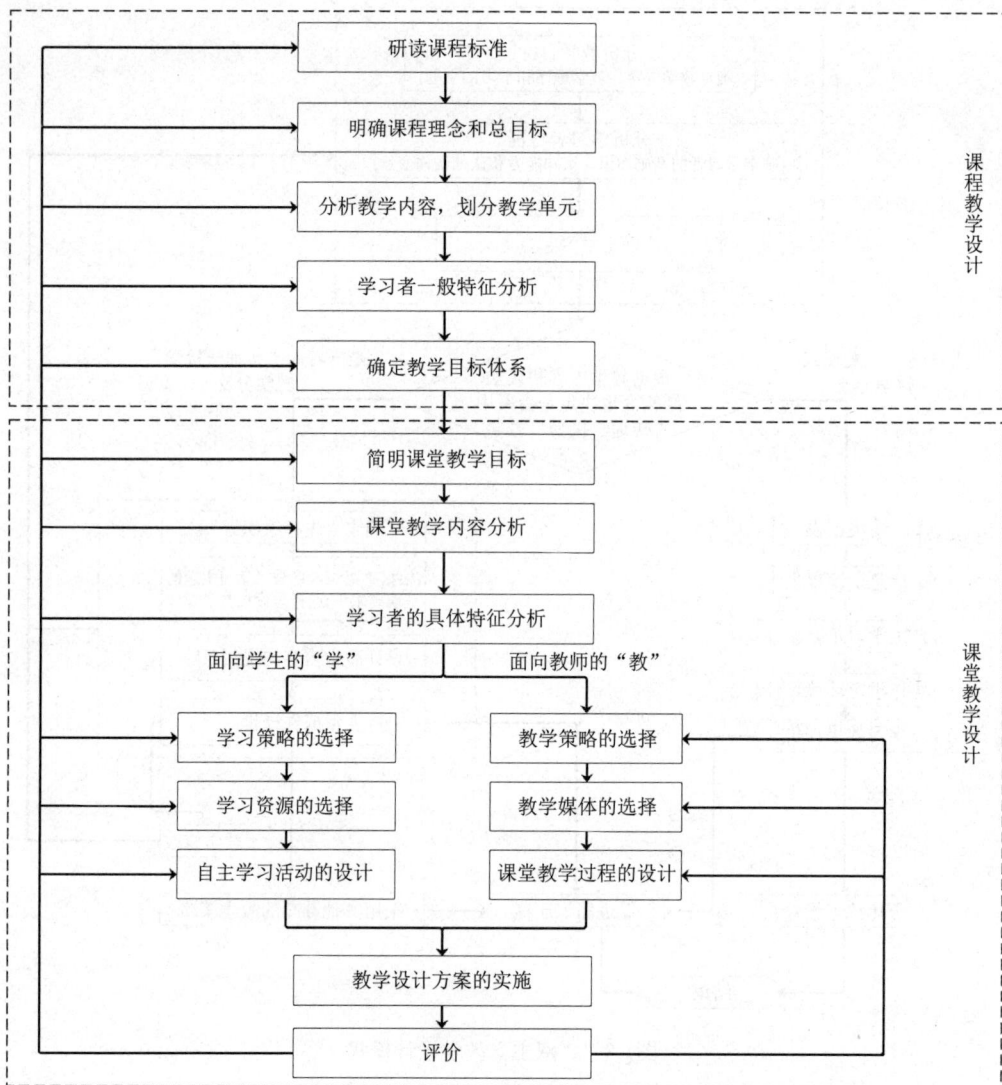

图1-9 信息化教学设计模式

该模式不仅包含具体的课堂教学设计过程，也包含在学期初、教学前对整个课程进行宏观的规划过程。很多人对于信息化教学可能存在误解，认为这种模式只是教学时应用多媒体课件，或是将信息技术与课堂教学简单叠加、整合，流于表面和形式。而我们以该模式为例，分析一下信息化教学设计的特点、优势。

(1) 学习者的具体特征指的是会影响本节课教学效果的与学习者相关的因素，在其他的教学设计模式中，学习者的具体特征主要包含对认知水平、兴趣、爱好等的分析，而在该模式下学习者的具体特征还包括对学生信息素养的评估，具体包括具有的信息与信息技术的基本知识和基本技能，运用信息技术进行学习、合作、交流和解决问题的能力，以及信息的意识和社会伦理道德问题。也就是说，信息素养包括的内容是信息意识、信息知识、信息能力、信息道德。

(2) 该模式下的教学媒体是教学过程中可以使用的媒介或者工具。现代教学媒体是由两个相互联系的要素构成：一是硬件或现代教学设备，即用以储存和传递教学信息的多种教学机器，如幻灯机、投影仪、录音机、电影放映机、电视机、录像机、电子计算机、iPad等；二是软件，又称教材，即录制或承载了教学信息的各种影片、录像带、软盘等。利用教学媒体有利于优化教学，提高教学的效率，探索不同的教学模式。

(3) 学习资源指支持学生学习的工具、材料、设备等。该模式学习资源的选择已经不局限于传统教科书上的内容，网络教育社区、校园网等各种学习平台便可以共享各种学习资源。

(三) 教学设计一般模式

美国研究者安德鲁斯和古德逊根据教学设计模式的特点进行分类，将教学设计模式分为整体型模式、任务定向型模式、处方型模式；美国研究者加斯塔夫斯林根据模式间相容关系进行分类，将教学设计模式分为以课堂为中心的模式、以教学产品为中心的模式、以系统为中心的模式、以组织为中心的模式；根据表述方式，教学设计模式又可分为概念化模式、程序化模式、数学化模式和处方化模式。其实，教学设计还有多种不同的模式，教学设计的一般模式如图1-10所示。

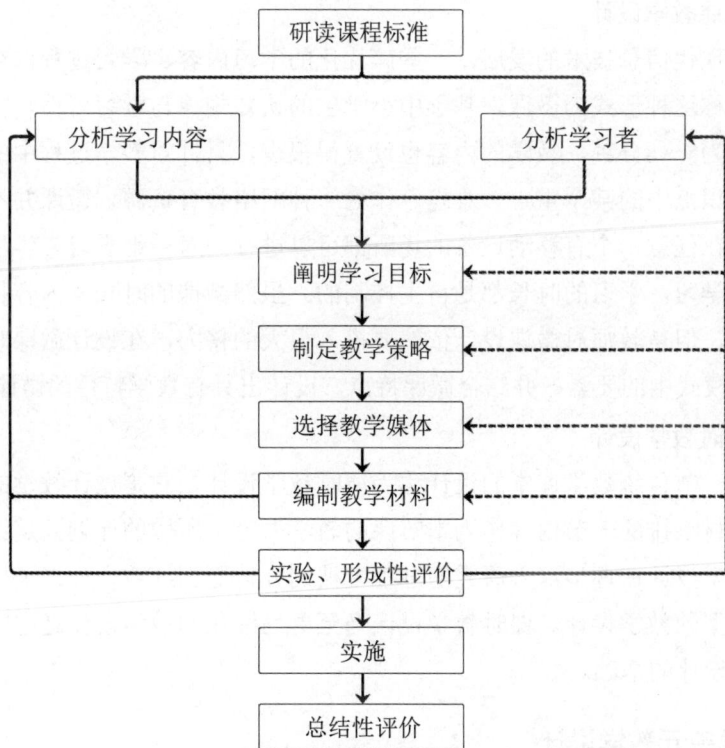

图1-10　教学设计一般模式[1]

[1]　顾明远. 教育大辞典[M]. 上海：上海教育出版社，1998：719.

三、数学教学设计模式

教师在进行数学教学设计时，可自由选择多种模式，而教学设计模式发展到一定阶段有可能演变成"定势"。教师在进行教学设计时不能唯"模式"是从，更不能唯"单一模式"是从，应该根据授课的内容，根据不同的课型选择合适的教学设计模式。基于以上教学设计模式的研究，我们结合数学学科特点和学生的学情，并将共同要素与随着时代变化而衍生出的要素进行提取，得到一般数学教学设计的几大要素：学生学情分析、数学教学内容、数学教学目标、数学教学方法、数学教学活动、数学教学媒体、数学教学评价等。

基于数学教学设计对象差异，我们将数学教学设计分为微观、中观、宏观三个层面。微观数学教学设计是对某个知识点或是某一节课的内容进行系统的设计，如微课教学设计；中观数学教学设计是对具有内在关联的知识进行系统的设计，这种设计介于课时与课程之间，如单元教学设计；宏观教学设计是对某一本教材或是某一个学段的知识进行系统的设计，如整体性教学设计。

(一) 数学微课与课时教学设计

1. 数学微课教学设计

正是由于现代信息技术的发展，一些碎片化的学习内容、学习过程以视频等载体呈现，我们通常称这种形式为微课。基于中小学生的认知规律与学习习惯，微课的时长很短，一般设定为5~8分钟，教学的内容也设置得很少，只针对教学过程中的某一个知识点，甚至是知识点中的某个重点、难点。作为一种网络教育资源，微课并不要求学生坐在教室，学生在任意一个有移动设备的场所都可以进行一对一地学习。学生是否进行学习，何时开始学习，学习的时长都是自主控制的。虽然微课的时长、内容相比传统课堂来说既短又少，但是教师对微课设计依然要投入很大的精力，在设计微课时要充分考虑数学教学设计模式中的要素，并结合微课特点，设计出具有数学特色的微课教学。

2. 数学课时教学设计

我们把对一节传统数学课堂的设计称为课时教学设计，它是设计教学的一个基本单位，一般把教材编排的一节内容作为本节课的教学内容，所做的计划只是针对本节课的内容。课时教学设计在逐步深入研究的过程中被划分得更加细致，分为了概念、命题、习题等不同课型的教学设计。课时教学设计乃至更为细化的教学设计是完成单元教学设计与整体教学设计的基础。

(二) 数学单元教学设计

单元教学是19世纪末欧美新教育运动的产物，20世纪80年代末才引起人们的关注。

单元教学主张学习内容的完整性，用系统论的方法对教材中"具有某种内在关联性"的内容进行分析、重组、整合，形成"大单元"，而不是将教材割裂为一课一课的形式[1]。与数学课时教学设计相比，数学单元教学设计更具有弹性，既不必拘泥于某一课时的内容而缺乏对整体性的把握，又不必面对宏观整体设计下庞大的知识体系而对教学内容的安排无从下手，成为值得提倡的教学模式，在结合倪昌国[2]提出的单元教学目标的整体性、知识的系统性、训练的序列性等特征后，单元教学设计的系统性特征显得尤为突出。在确定单元的主题基础上，按照"整体设计—依序实施—整体评价"的实施流程，系统合理地整合教学内容、设定教学目标、安排教学活动流程，最终实现对单元的系统整体性评价。

(三) 数学整体教学设计

"整体论"是1926年由政治家斯穆茨首次提出的。随着该理论的不断演化和发展，贝塔朗菲的系统论作为一般方法论影响全球，之后整体性教学理念也被教育界提出。何小亚指出，建构良好的认知结构需要注意整体性教学，"把新知识纳入原有的观念系统进行整体考虑，使新知识与原有的相关知识相联系，并把这些有联系的知识点重新组织为一个大的知识组块，既有利于知识的保持，又有利于知识的检索与应用"[3]。整体性教学设计不仅强调对整个单元进行设计，也强调对具有纵向关联的单元或是具有相同数学思想方法、相似教学经验的模块进行关联思考和整体设计。在整体教学设计下，学生可以将自己习得的经验、问题研究的思路进行迁移，进而辅助完成后续的学习。此时，教学设计的视野不再停留于某个知识点、某节课、某个单元，而是拓展到整本数学教材，甚至是整个学段。整体性数学教学设计对教师的要求很高，需要教师掌握知识的"生长点"与"延伸点"，通晓结构知识体系，站在系统论的高度来完成教学。

---

[1] 吕世虎，吴振英，杨婷，等. 单元教学设计及其对促进数学教师专业发展的作用[J]. 数学教育学报，2016(5)：16-21.

[2] 倪昌国. 关于单元教学的回顾和思考：兼谈单元教学和"点面法"[J]. 江苏教育学院学报(社会科学版)，1997(1)：103-104.

[3] 何小亚. 建构良好的数学认知结构的教学策略[J]. 数学教育学报，2002(1)：24-27+85.

第二章 | 中学数学教学设计的要素

课堂教学设计全称为"课堂系统教学设计"，学者李昌官在其出版的《高中数学研究型教学》一书中，基于对迪克-凯里模型、肯普模型、史密斯-雷根模型、马杰模型、罗森堡ADDIE模型等经典教学设计模式的分析与反思，构建了整体上由前期分析、中期开发、后期评估三部分组成的教学设计模式，简称"ADE设计模型"[1]，为教师如何进行教学设计和课堂教学提供了行之有效、可供借鉴的技术路线图和强有力的技术支撑，对培养学科核心素养的教改实践具有很强的示范性、引领性和指导性。

结合已有教学设计流程的研究成果，数学教学设计主要由教学内容分析、学情分析、教学目标设计、教学方法选择、教学过程设计、教学媒体选择、课堂检测设计7个要素构成，如图2-1所示。这7个要素体现了教材分析与教学设计的4条基本逻辑线，即知识逻辑线、教学逻辑线、学习逻辑线、认知逻辑线，分别解决"学什么""如何教""如何学""学得怎么样"4个基本问题，具体地解决以下7个核心问题：确定知识体系和教材重点、教学思路与方法、资源利用、学习难点、学习活动、目标定位、目标达成7项教学设计的核心要点[2]。教材分析者将亲历教材内容从静态形式激活到动态形式，而后又沉淀为静态形式的过程，实现教材话语体系经过教师话语体系最终转化为学生话语体系的递进过程。数学教学设计各要素既"各尽其能"，又相互关联、相互作用，是一个有机动态系统。下面简要概括这7个要素在整个教学设计中的作用。

(1) 教学内容分析，即遵从一定的学科知识体系，按照知识逻辑线，剖析教材内容的知识结构和逻辑关联，把握学科知识的本质内涵。实际操作时，一般从宏观角度，确定研究内容在教材体系中的地位与作用，联系相关的前后章节内容确定研究内容所需的基础知识和方法，明确对后续学习的具体作用，继而微观剖析各知识组块的主体部分，

---

[1] 李昌官. 高中数学研究型教学[M]. 上海：华东师范大学出版社，2019：62-63.

[2] 潘超，吴立宝. 教材分析的四条基本逻辑线：以人教版"单调性与最大(小)值"为例[J]. 中小学教师培训，2019(3)：51-56.

形成网络结构图，判断基本、核心的教学重点，并为确定教学难点奠定基础。

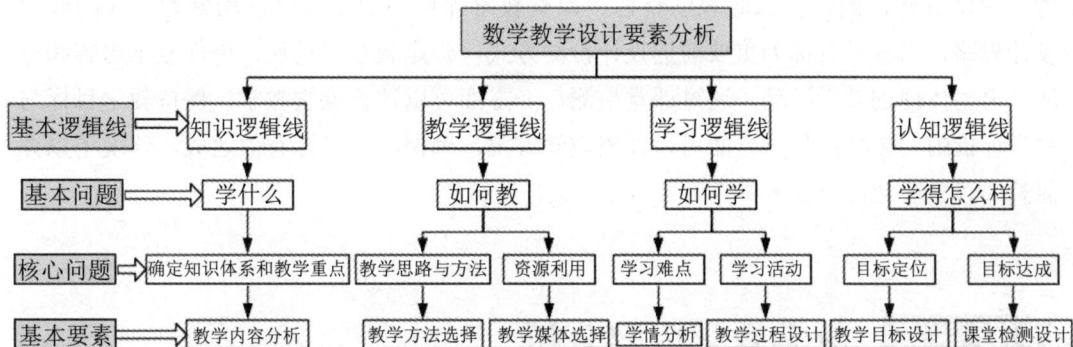

图2-1 数学教学设计要素分析

(2) 学情分析，即按照学习逻辑线，在确定教材知识体系和教学重点基础上，从学生学的视角剖析不易理解的知识或不易掌握的技能技巧，结合新内容与学生已有的认知水平、认知障碍、认知风格、认知差异间存在的落差情况，确定教学难点，为后续教学目标设计与方法、媒体等选择提供依据。

(3) 教学目标设计，即按照认知逻辑线，对"学生应该在认知上有怎样的目标定位，以及通过什么方式来达成目标，并在此过程中有怎样的情感体验"这些问题进行预设，结合课程目标和教材着力体现的认知目标来剖析，进而深入分析教材在学生知识、技能、过程、方法、情感、态度、价值观等目标点，再完整、有层次、具体地表述教学目标，为后面的教学流程设计树立方向标。

(4) 教学方法选择，按照教学逻辑线，分析教学思路，从教师视角剖析教学内容与教师行为，即围绕教材重点梳理出教学概念或命题的引入、定义(证明)、辨析、应用等主要教学结构，为教学环节安排和教学方法选择奠定基础。在此基础上分析教学方法，确定采用具体的手段和行为要素，将教学内容串联起来，为后续学习活动和学法指导做铺垫。

(5) 教学过程设计，即结合学生学习的顺序、知识内容的顺序、教学活动的顺序精心安排教学过程，在确定学习难点基础上，通过情境探究、小组合作等学习活动的环节设计，搭建合适的进阶，最大化消减学习难点，并在这个过程中及时检测学习任务目标的达成情况。

(6) 教学媒体选择。当前教育信息化条件蓬勃发展，按照教学逻辑线，在确定教学方法后，首先应结合教学目标、教学内容、教学方法等特点切实搭配教学媒体，扬长避短，使各要素组合最优化，发挥教学媒体更大的潜能；其次要考虑学情因素，适应学生的能力基础、知识基础、智力水平、认知风格等，避免操作手法过于复杂，尽可能促进学生深层次思维活动的进行；最后要考虑教学管理及教师技术方面的因素，注意把握使用时机，综合选择与使用，以达到提高教学有效性的目的。

(7) 课堂检测设计，即按照认知逻辑线，分析目标达成，为教学实施提供有力参考。课堂目标检测是将课时教学目标、课堂教学评价与课堂教学活动融为一体的教学设计思路，以教学目标为重要前提设计检测方式，确定教学活动后，审视教学内容和方法，再整体规划教学活动。通过课堂检测，一方面可以评价课堂教学，保持教学目标与教学评价的一致性；另一方面可以调整教学方案，确保教学目标有效达成，体现了以评促教的教学理念。

⊕第一节　数学教学内容分析

在进行教学内容分析前，首先应明确教学内容的内涵。广义的教学内容是指："关于人类生产、生活和发展所传授的知识和经验的总和。"[1]狭义的教学内容是指："教学过程中为实现教学目的而规定的，要求学生系统学习的知识、技能和行为的总和。"[2]

教学内容分析即围绕着总的教学目标，确定学习内容的广度和深度，揭示学习内容各部分之间联系的过程。教学内容分析既与"学什么"有关，也与"如何学"有关，通过分析明确各部分之间的联系，为教学顺序的安排奠定基础。

教学内容分析是教师备课的重要内容，它关系到后续的教学设计、课堂组织与实施，更关系到教学过程中教学目标的实现、教育目的的达成。教学内容分析是教师进行教学设计、制订教学计划的基础，是备好课、上好课和达到预期的教学目标的前提和关键，对顺利完成教学任务具有十分重要的意义。具体而言，教学内容分析有如下作用：①明确课程标准要求和知识体系；②厘清教材的编排结构；③便于教师协调各局部材料之间的关系，发挥教材的整体功能；④为教师选择教学方法、撰写教学设计提供可靠依据[3]。

教学内容分析要基于学生发展和学校社会背景来进行，这样才可以把握教学设计的逻辑方向。教材分析研究既是教师教学工作的重要内容，又是教师进行教学研究的主要方法，充分体现出教师的教学能力和创造性劳动。所以，教学分析的过程就是教师不断提高业务素质和加深对教育理论理解的过程，对提高教学质量、教师自身素质都具有十分重要的作用。

---

[1] 盛群力. 试论系统设计教学中的备课程序[J]. 教育研究，2001(5)：61-71.

[2] 迟艳杰. 教学论[M]. 北京：高等教育出版社，2009：140-141.

[3] 叶立军. 中学数学教学设计[M]. 北京：高等教育出版社；2015：75.

一、数学教学内容分析的主要内容

教学内容分析要在研究课程标准总要求与教材内容的基础上，结合学生学习的实际情况来进行，力求在准确理解内容的基础上，做到教学的准、精、活、简。数学教学内容分析框架，如表2-1所示。通过分析教学内容的结构、功能、背景、素材，以及学习类型与任务几个维度，教师能够准确把握教学重点，精细规划教学目标，灵活选取背景素材，简洁运用教学方法。

通过结构分析，明确教学内容的呈现方式、知识结构、思想方法；通过背景分析，明确教学内容在整个学科中的地位和作用，明确教学内容与其他知识的联系，帮助教师整体把握教材；通过功能分析，明确教学内容的学习价值；通过素材分析，确定教学内容的核心，了解呈现承载教学内容的感性材料的必要性和合理性，明确例题、习题中隐含的教学内容；通过学习类型和任务分析，明确教学内容的学习结果类型、学习形式类型、学生的先决技能，确定教学目标、教学重难点以及教学序列，并在此基础上帮助教师进行教学设计。

表2-1　数学教学内容分析框架

维度		具体内容
结构分析	宏观把握课程结构	如把握课标对高中学段必修课程、选择性必修课程和选修课程的划分，明晰各类课程对学生数学学习的定位与要求；初高中学段数学教学的基本理念、课程的性质等
	中观把握教材内容主线	如把握课程标准对初高中学段课程内容设置的几条主线，厘清各主线间的联系及功能区别
	微观把握教材知识点	把握大到主题或单元，小至课时所涉及的数学知识结构(主次、顺序、关联)、蕴含的数学思想方法及知识建构所需的数学思想方法[1]
背景分析		数学知识的发生、发展过程(知识本质)；与数学内部或其他学科知识的联系；在实际生活、生产和科学技术中的应用
功能分析		理解教材编写意图，明确这一部分数学内容在整个数学教学内容中的地位和知识间的关联，以及对培养和提高学生数学能力所具有的功能和价值(包括智力价值、思想教育价值、应用价值)，着重弄清其在发展学生数学学科核心素养的功能
素材分析		教辅书等感性材料的配备(引入方式、适用范围、蕴含的价值等)；例题和习题的设置(类型、数量、位置、顺序、难度、使用方式、功能等)[2]
学习类型与任务分析	学习内容类型分析	数学事实、数学概念、数学原理、数学问题解决、数学思想方法、数学技能、数学认知策略和态度
	学习形式类型分析	数学概念和原理的学习分为上位学习、下位学习、并列学习
	学习任务分析	起点能力转化为终点能力所需的先决技能及其详细剖析的过程

---

[1] 吴立宝，曹一鸣.中学数学教材的分析策略[J].中国教育学刊，2014(1)：60-64.

[2] 熊惠民.中学数学教学设计与案例研究[M].北京：科学出版社，2014：20-25.

二、数学教学内容分析的基本要求

(一) 科学、准确地研读知识方法

教学内容分析要依据数学课程标准和教材，同时还需要参阅配套的教学参考书。教师在研读教材的知识体系与逻辑关系时，要真正掌握数学概念发生发展的来龙去脉，首先应明晰其定义的方法、适用范围、分类原则等；其次要透彻理解公理、定理、推论、法则等使用条件与应用形式；最后要认真琢磨数学知识形成过程中的研究方法，为后续教学设计与活动开展提供科学依据。

(二) 系统研究教材内容结构

教学内容分析要结合学生思维发展的最近发展区和知识逻辑关系，建立系统的知识结构体系。微观上，建立教学板块知识点之间的联结；中观上，进行纵向知识主线梳理；宏观上，横向对比不同学科、地区、编者、出版源的教材内容，实现知识的网络化建构，切忌完全盲从或彻底反叛教材的极端做法。教师要学会以系统大局角度分析教材，尤其关注教材的变化和特点，更有效地理解编者意图，有策略地整合相关可利用的素材，进而实现对教材的二次开发。

(三) 思想价值贯彻教学过程

数学教材的思想性寓于教材内容的各个角落，教师要注意总结提炼出来，并在教学设计与实施中恰当介绍、渗透、贯彻于具体知识建构中，以促进发展学生数学思维品质任务的达成，同时也要结合社会思想价值动向。例如将社会主义核心价值观融入数学教学内容，使得学生在微观的数学课堂中得到宏观价值渗透，实现全面、完备的育人教学。

(四) 创新思维处理教学资源

教师在教材分析时应该借助自身具备的专业素养与知识储备，创造性地使用、重组、处理教材内容与其他教学辅助资料，体现独特的个人风格与特征，最大化地为学生自由思考和开拓思维提供空间与保障，培养学生积极主动的学习态度和良好的思维品质，促进育人价值的生成。

三、数学教学内容分析存在的问题及改进策略

(一) 结构分析混乱不清，整体把控不到位

围于教材编写的限制带来教学内容的分散性和教学课时的限制带来教学过程的间断性，数学教学中一直存在"数学知识的整体把握和局部认识之间的矛盾"。新课程倡导自主、合作、探究学习，但不少教师因过度强调"开放"而陷入"完全放开"，导致课堂教学缺少"核心主线"，学生学到的是一些零散的、缺乏有序组织的知识，教师忘记引领学生对知识进行整体认识，影响学生形成良好的数学认知结构。综上所述，在新课程背景下，教师在教学设计时仍需注重教学内容的结构化组织，注意各章节、各单元或同一课时中教学内容之间的相互联系，加强学习领域、模块或主题之间的整合，进行固点、串线、组面，帮助学生形成良好的认知结构。

针对这一问题，教师不应只是把握当下某一课时的教学内容，还应对所有教学内容进行整体全面分析，更要了解在整个学段中该教学内容要教到何种程度、学生应该掌握到何种程度才能利于下一段内容的学习，更要深刻分析在学生整个数学学习中该教学内容占有怎样的地位和作用，将教学内容的各要素进行整体的结构分析，梳理出主线，将整体大局观渗透到教学设计中，这样学生才能全面地看待数学知识学习，深刻领悟知识之间的联系，其对知识结构的认识也会更加深刻、全面。

(二) 功能分析定位不准，育人价值挖掘不够

教师对内容所反映的数学思想和方法理解深度不够，特别是其教学的站位不高、思想性不强，这会导致教学设计过程中渗透的数学育人价值浅显。教师只是单纯地教授知识，而忽略了数学思想方法的指导点拨，无法深刻达到真正的育人目的。同时，教师不仅是意识上对教材分析的忽略，更有方法上的缺失。这表现为教师不知道如何分析教学内容，缺乏解析内容及分析挖掘育人价值的必要方法。

针对育人价值的挖掘，教师可以从智力价值、思想教育价值、应用价值三方面进行全面系统的解析。数学的智力价值是指数学思维品质的培养、数学思想方法的训练、数学能力的提高等；数学的思想教育价值是个性品质培养、人格精神塑造、世界观形成等；数学的应用价值是指数学知识在生活、生产实践和科学技术中的应用价值。这些价值都隐含在教学内容之中，是潜在的因素。教师需要掌握以上几点育人价值的分析维度，有意识、有方向、有方法地挖掘数学教学内容的育人价值。

(三) 素材分析照本宣科，对教材内容处理不灵活

在实际教学中，教师"教教材"的现象比较严重，教材上有什么就教什么，教材怎么写就怎么教[1]。换个角度来说，教师在教学内容分析时只分析了教材上的内容，未对有关教学内容进行其他方面的延伸拓展，或未对不同的教材开展对比研究，未能深刻剖析有关教学内容的各方面材料。例如，教师在分析教学内容的感性材料时，除了考虑一节课的引入要素(分析怎样引入更精准、更易于学生探究学习)外，还要对比分析不同的素材。又如，教师在分析教学内容时，还需深刻分析例题、习题。因为教科书中的例题具有示范引领、揭示方法、介绍新知、巩固新知、思维训练和文化育人的功能[2]；习题是数学教科书的重要组成部分， 主要有消化巩固新知、拓展延伸新知、综合运用新知、思维能力训练、思想方法渗透、诊断反馈补救和育人等功能[3]。因此，在教学内容分析中，对例题、习题的深刻分析必不可少，选择适合学生认知水平的例题、有助于提高学生能力的习题是成功教学的重要环节。

(四) 学习任务分析粗略，教学层次深浅不一

在学习新的知识技能前，学生原有的知识技能的准备水平称为起点能力；通过一定的教学活动，学生获得的知识技能称为终点能力。通过教学，学生的起点能力转化为终点能力。从起点能力到终点能力之间，学生还有许多知识技能没有掌握，而掌握这些知识技能又是达到终点能力的必要条件。介于起点能力到终点能力之间的这些知识技能称为先决技能，而学习任务分析就是对学生的起点能力转化为终点能力所需的先决技能及其层次关系进行详细剖析的过程。学习任务分析为教学顺序的安排和教学条件的创设提供心理学的依据。而在实际操作中，教师往往不能详细划分教学中的每个小阶段，教学层次模糊，未能帮助学生顺利"上台阶"，实现学习进阶。为解决这一问题，教师可以将本节课设计的问题以问题串的形式呈现，并逐个分析每个问题是为了引出哪一个知识点，分析过后找出教学内容中未得到解决的问题，再为该问题设计提问。除此之外，教师还可以结合科学的分析方法，如归类分析法、层级分析法、图解分析法、解释结构模型法、知识建模内容分析、信息加工分析法等多种方法，根据教学内容选择合适的方法剖析内容，细化教学任务，形成高效均衡的课堂。

---

[1] 吴秋月，杨骞. 数学教学内容别论[J]. 数学教育学报，2005(4)：71-74.

[2] 吴立宝，王富英，秦华. 数学教科书例题功能的分析[J]. 数学通报，2013，52(3)：18-20+23.

[3] 吴立宝，王富英. 数学教材习题"七功能"[J]. 教学与管理，2014(31)：66-68.

四、教学内容分析的案例

■【案例2-1】 "函数的概念及其表示(第1课时)"教学内容分析[1]

1. 背景分析

1) 分析数学知识的发生、发展过程

对于函数的概念的产生和发展大体经过4个阶段。

(1) 产生阶段：17世纪，几何观念下的变量说。1692年，莱布尼茨首次使用function表示随曲线的变化而改变的几何量。17世纪，只是出现了函数概念的端倪，人们并未对函数下定义。

(2) 发展阶段：18世纪，代数观念下的解析式说。1718年，约翰·伯努利将函数定义为"由任一变量和任一形式所构成的量"，并强调函数要用公式表示。1755年，瑞士数学家欧拉进而将函数定义为"如果某些变量，以某一种方式依赖于另一些变量，我们就将前面的变量称为后面变量的函数"。

(3) 完善阶段：19世纪，变量对应说。1837年，德国数学家狄利克雷指出："对于在某区间上的每一个确定的x值，y总有一个完全确定的值与之对应，那么y就是x的函数。"

(4) 成熟阶段：20世纪，集合论下的对应说。19世纪70年代，在集合论的基础上，最终给出现代函数定义的是法国的布尔巴基学派。现行高中课本中的函数定义就源于此。

通过对函数概念产生、发展过程的分析，教师本身能够对函数概念有准确的、深刻的理解，能够了解函数概念产生的来龙去脉，进而分清函数概念与解析式概念、曲线概念的区别，不会把函数错误理解为解析式，不会产生函数必须有解析表达式的错误想法，也不会认为每一个函数都可以画出它的图象，避免在教学中产生对函数概念的科学性错误。

2) 分析所教知识与数学内部或其他学科知识的联系

从纵向来说，学习函数概念要分析函数和其他数学知识的前后联系。初中阶段，通过代数式、代数式的值和代数式的恒等变形，学生已经了解了变量之间的依赖关系、变量的变化范围等知识，接触了变量说观点下函数的概念，也学习了一些基本初等函数，例如正比例函数、反比例函数、一次函数、二次函数，这便为学习高中函数概念做好准备。函数概念是学生高中阶段学习函数阶段的起始课，为后面学习函数性质、幂函数、指数函数、对数函数、三角函数和数列等奠定基础。从横向来说，学习函数概念要分析

---

[1] 奚定华. 数学教学设计[M]. 华东师范大学出版社，2001：44-51.

函数和其他学科知识的联系。例如学习幂函数、指数函数、对数函数便为物理中的运动模型求解问题做好了充分的准备。又如，在讲授代数式的值和代数式的恒等变形时，教师不是静态地教学生如何代入求值，而是从运动变化的角度强调变量之间的依赖关系，为后面学习函数奠定必要的基础。

3) 分析数学知识在社会生产、生活和科学技术中的应用

函数在社会生产、生活和科学技术中有广泛的应用，主要表现为以下三点：第一，得知各种量之间的函数关系；第二，求函数的最值；第三，通过建立函数模型解决实际问题。

2. 功能分析

函数的内容功能可以从以下几个方面来分析。

1) 智力价值

(1) 函数概念是近代数学的基础，它与集合、映射等现代数学概念有密切的联系，为学生进一步学习高等数学奠定基础。

(2) 函数是集合和集合之间的对应，函数思想是一种重要的数学思想。通过学习函数，学生可以掌握函数的思想，并能应用函数的思想解决问题。

(3) 函数概念与中学数学的其他内容，如数、式、方程和不等式等紧密相连，学好函数将对学生学好中学数学的相关内容起很大的作用。

2) 思想教育价值

函数概念深刻地反映客观世界的运动变化和相互依赖的关系。通过学习函数，学生可以懂得事物都是发展变化、相互联系、相互制约的辩证唯物主义观点。

3) 应用价值

函数在生产、生活实际和科学技术中有广泛的应用，掌握函数知识可以解决很多实际问题。

3. 结构分析

1) 整体结构分析

(1) 数学知识结构。教师要对函数概念这一课进行教学设计，首先必须要对函数这一内容进行整体结构分析，对函数的教学体系有比较全面的了解。函数知识结构如图2-2、图2-3所示。

(2) 数学思想结构分析。首先表现为函数的思想。教材的整个函数部分都蕴含着函数的思想，通过对函数的概念、图象、解析式，单调性、奇偶性，周期性、最大(小)值和几种特殊函数的图象与性质的学习，学生能够逐步理解函数思想的实质是运用联系和变化的辩证唯物主义观点解决问题，从问题中抽象出数学对象及其数量特征，建立函数关系，从而刻画自然界中量的制约关系和依存关系。

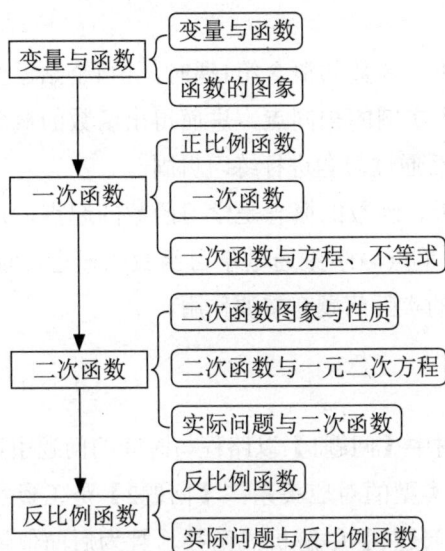

图2-2　第一阶段(初中)函数知识结构

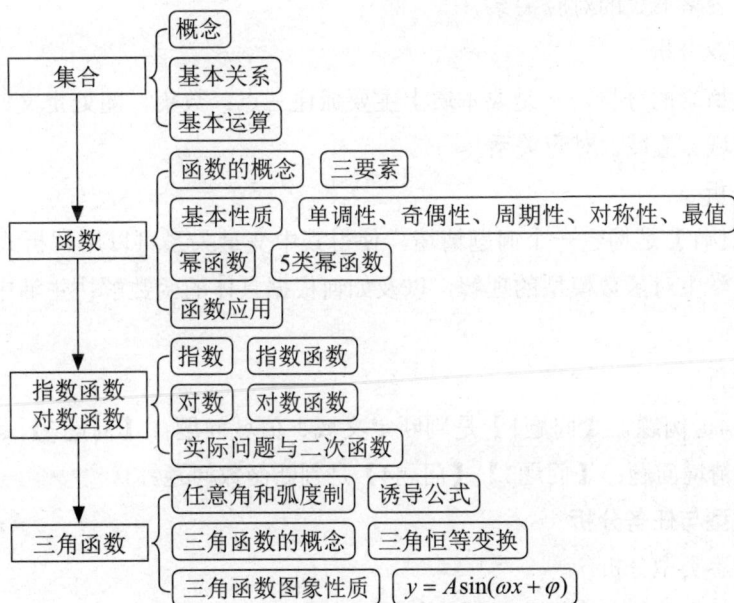

图2-3　第二阶段(高中必修)函数知识结构

　　其次表现为数形结合的思想。研究函数所用的数学思想方法是数形结合，这样能够将抽象的数学语言与直观的图形结合起来，把数量关系的问题转化为图形性质的问题来讨论，或者把图形性质的问题转化为数量关系的问题来研究。高中研究函数的主要方法是由"数"过渡到"形"，例如通过研究函数 $y=f(x)$ 的奇偶性来研究函数图象的对称性：当 $f(-x)=f(x)$ 时，函数 $y=f(x)$ 是偶函数，它的图象关于 y 轴对称；当 $f(-x)=-f(x)$ 时，函数 $y=f(x)$ 是奇函数，它的图象关于原点对称。

2) 单课结构分析

(1) 数学知识结构分析。函数的概念第1课时，由4个贴近生活实例引入，引导学生观察、分析、归纳得出4个实例的相同点，进而得出函数的概念，指出函数概念的定义域、值域、对应关系，最后通过习题进行练习巩固。

(2) 重点、关键点分析。函数的概念是学习函数的起点，是学习函数性质和各种初等函数的基础，是教学的重点。学生通过学习函数的概念，能够认识到函数是一种模型，其对解决现实生活中的实际问题有重要作用。

4. 素材分析

1) 感性材料分析

高中数学人教A版教材中【问题1】以路程与时间的问题引进函数形式，这也是学生在初中接触的解析式这一类型的对应关系；【问题2】是工资实例的问题，这里的定义域是离散的，意在区别【问题1】中解析式函数，且为后面值域是集合的子集作铺垫；【问题3】是空气质量指数问题，主要呈现的是图象形式的对应；【问题4】是恩格尔系数问题，建立表格形式的对应关系。

2) 数学概念分析

对于函数概念的分析，一是要本质上主要抓住三点：数集、随处定义、单值定义；二是分析定义域、值域、对应关系。

3) 例题分析

教材中【例1】是构建一个问题情境，使得其中变量关系可以用解析式$y=x(10-x)$来描述。这考查学生对函数模型的理解，以及如何根据具体的函数解决生活中具体对应的实际问题。

4) 习题分析

书中共有4道例题，【问题1】是判断定义域、值域问题；【问题2】是给定对应函数解析式构建情境问题；【问题3】【问题4】是判断函数问题。

5. 学习类型与任务分析

1) 学习内容类型分析

学习内容是函数的概念、定义域、值域、对应关系，是数学概念方面的学习；学习内容是判断定义域及值域、函数关系，构建情境，是数学技能方面的学习。

2) 学习形式类型分类

由前面背景分析我们得知，初中阶段学生已经学习了"变量说"，初步了解了函数概念，而高中课本中的函数概念用了更数学化、更抽象化的"集合-对应"语言来定义。可见，高中阶段学习的函数的概念概括水平更高，涵盖初中阶段学习的函数的概念，属于上位学习。

3) 学习任务分析

本节课学生的终点能力是用"对应关系说"来定义函数概念。理解函数的概念学生要具备两个先决技能：一是理解函数的三要素，即定义域、值域、对应关系；二是理解定义域与值域需要建立集合(特别是非空数集)的概念，理解式、图、表等对应关系形式。本节课学生的起点能力为能够分清自变量与因变量，能够根据实例列出简单函数关系式。

■ 【案例2-2】 "任意角"教材分析[1]

"三角函数"是苏教版《普通高中课程标准实验教科书·数学(必修4)》第1章内容，而"任意角"是高中三角函数模块的第1课时。本节课的内容是任意角的概念，教与学的重点在于回答以下三个问题，即为什么引入任意角，如何进行概念推广，推广后的角的概念怎样嵌入原有的认知结构。

首先，引入任意角的概念当然是为了满足生活实际的需要，这里可以呈现大量的生活实例(如周而复始现象)。作为章节的起始课，教师在教授"任意角"这一课时，有必要从三角函数的研究需要出发，居高临下地思考角的概念推广的必要性。三角函数是描述客观世界周期性变化规律的重要数学模型，所以角的概念推广可视为三角函数研究的前奏(可类比指数幂的概念推广引入任意角)。

其次，角的概念推广涉及旋转量与旋转方向两个维度：一个维度是将角的静态定义改造为动态定义(旋转角)，形成量(数值大小)的突破；另一个维度是引进角的符号，区别旋转方向的差异，给出正角、负角的概念。此外，教师可适当点明"任意角"与原有"角"的关系。

最后，任意角的应用是解决"数"与"形"的对应，而任意角的几何刻画离不开始边、终边和带箭头的螺旋线这三个要素，所以在教学过程中教师有必要把角放在同一个参照系下进行讨论(以直角坐标系为基准，引入象限角的概念，重点考查学生对角的终边位置的理解)。这样，终边相同的角的集合便是角的周期性变化规律的代数表示，用数量关系可表示为"终边相同的角相差360°的整数倍"。

案例评析： 在多数教师眼里，任意角的知识只是简单的内容，容易为学生所接受，且考试要求不高，完全可以采用直接讲授甚至学生自学的寻常方式来处理，然而这样的教学只是让学生学到显性的、表面化的知识，难以揭示深刻的思维方法，如为什么要推广角的概念，任意角与"周而复始"现象有着怎样的关联，任意角为何要放置于坐标系中研究……为解决以上问题，需要准确把握教学中的知识逻辑和思维逻辑，并据此确立教学逻辑，从而在教学活动中揭示所教知识的本质，实现知识教学的教育价值。

---

[1] 张志勇.于寻常之中发现不寻常："任意角"的教学设计与反思[J].中学数学月刊，2020(8)：1-5.

ⓐ第二节 数学学情分析

"学情"概念产生于20世纪80年代初，开始人们对其的理解，是指了解学生学习情况，进而指导学生的学习方法，属于静态的描述，是一种较为狭义的理解。后来，人们对学情的认知逐渐加深，指影响学习效果的学生信息，即教师为达成有效教学对影响学生学习因素的诊断、评估、分析。

现在，对于学情分析的常见表述有学习需要分析、学习者分析、学生分析、教学对象分析等，然而学情分析的有关思想不是现代研究的新成果，而是与教育活动相伴而生的。我国古代教育家孔子提出的"因材施教"，古希腊苏格拉底崇尚的"精神助产术"，亚里士多德倡导的"自然教育论"，近代实验科学始祖培根坚持的"尊重天性"，实质都是站在对方的立场去理解、把握心理特性，并据此施以适合、恰当的引导教育，这些教育活动都包含了学情分析的核心要素。后来以加涅为代表的研究者们大量关注"学习者特征"内容，把教育教学活动与心理学理论紧密关联，主张在教学实施前，先分析不同的学习类型，而后进行教学系统设计的学习分类，使得学情分析成为科学教学系统设计的核心组成部分[1]。美国著名认知教育心理学家奥苏贝尔在其《教育心理学：认知观点》一书中写道："如果我不得不将教育心理学还原为一条原理的话，我将会说，影响学习的最重要因素是学生已经知道了什么，我们应当根据学生原有的知识状况去进行教学。"[2]这直接指明教学的首要因素应依据学生的实际学情来开展。

新课程改革深入推进过程中，"以学定教""个性化学习"更是大多数教育工作者认可与追求的教学理念，教学关注点由原来的知识本位逐渐向学生发展转变。

一、学情分析的内容

课堂教学作为一种师生双边参与的动态变化过程，教师的一切教学环节设计都要适应学生主体的身心发展需求，并为学生的可持续发展服务，因此从促进有效教学的角度看，学情分析是教与学内容分析的依据，是教与学目标设定的基础，是教学策略选择和过程设计的落脚点[3]。我国著名教育专家顾泠沅指出，学情分析是以学定教、实现精准针对性教学的关键，这是学情分析的重要价值所在。

---

[1] 毛耀忠，许尔伟.国内"学情分析"研究的回顾与展望[J].当代教育与文化，2017，9(5)：50-55.

[2] 奥苏贝尔.教育心理学：认知观点[M].任夫松，译.北京：人民教育出版社，1978：序言.

[3] 钱军先.学情分析：有效教学的核心和关键[J].教育研究与评论，2009(8)：14-17.

对于学情分析的内容，不同研究者有不同的认识维度，比较有代表性的内容划分有以下几种。

(一) 从宏观的角度下对学情内容进行分析

这种学情分析的内容相对概括，不涉及具体学科。张小发认为，学情分析包括内外两个视角：外部视角是指学情分析与教学内容相联系；内部视角是指学情分析与学生的优势和不足相结合[1]。也有学者认为，学情分析一般由两方面的工作内容构成：一方面是对学生的认知水平和需求程度的调查；另一方面是教师针对所收集的调查信息进行分析处理得出结论。丁正后认为，分析学生已有的智力背景是首位的，这包括学生学习新知时已具备的知识与技能的基础，以及所具有的指向学习新知识的知识与方法结构等；其次要分析学生已有的生活背景，这是学生学习和理解新知识的基础；再次要明确指向学生发展的可能性；最后分析学生的发展需求，发展需求一方面表现为学生在不同年龄阶段所呈现的不同需求、心理诉求；另一方面表现为学生在学习过程中所表现的共性特质，比如好奇、问题、期望、困惑、兴趣、潜能等[2]。

(二) 从微观角度下对学情内容进行分析

微观下的学情分析与具体学科相结合。曹培英认为，数学学科学情分析的主要内容应包括对学生的起点能力的分析、一般特点的分析和学习风格的分析[3]。纪婷对数学学情分析提出建议：第一，在设计数学课时应分析学生的知识基础，了解学生已经掌握的知识以及他们掌握的程度；第二，要分析学生的生活经验，让学生感受到数学与生活的联系；第三，要了解学生的数学学习需要，考虑学生的数学学习期待；第四，教学前要充分考虑学生的学习方式[4]。刘来兵在编制高中数学课堂教学学情分析量表时，将学习动机、学习态度、知识水平和认知策略确定为学情分析的4个因子[5]，并结合学情分析量表分析了高中学生数学学习的成就动机、认知态度、情感态度、行为态度、知识水平和学习策略。

(三) 从不同维度上对学情内容进行分析

耿岁民从横向、纵向和垂向三个维度划分了数学学情分析的内容。他认为，在横向维度上，应着重分析学生已有的知识结构的建立情况、学生目前的学习状态、学生学习可能的发展趋势以及未来知识结构的应用情况；在纵向角度上，应分析学生的共同特

[1] 张小发，袁成. 教学设计学情分析的视角[J]. 中学政治教学参考，2015(9)：50-51.

[2] 丁正后. 学情分析：不该被遗忘的必修课[J]. 人民教育，2017(22)：62-64.

[3] 曹培英. 学情分析的意义、内容与方法[J]. 小学数学教育，2009(9)：2-5.

[4] 纪婷. 小学数学教学设计中的学情分析研究[D]. 南京：南京师范大学，2018.

[5] 刘来兵. 高中数学课堂教学学情分析量表编制[D]. 贵阳：贵州师范大学，2016.

征、初始能力以及不同学生的学习风格；在垂向角度上，应着眼于学情的具体现象以及形成原因并揭示其中的意义[1]。丁恺从学生个体与学生群体两个维度出发，认为学情分析应关注学生个体的前在状态与潜在状态，重视学生群体的差异状态，前在状态主要包括学生个体的知识经验基础或已具备的知识技能基础、知识结构以及方法结构等方面，潜在状态主要指学生发展需要的分析；学生群体差异包括学习基础系统、动力系统、操作系统和方向系统等[2]。

在西方，加涅提出了学习者的特征(learner's characters)说法，认为学习者的特征包括认知与元认知、动机与情感、发展性与社会性、个体差异等方面的各种表现[3]。因此，西方大多数研究者围绕加涅所提出的学情分析的因子进行了研究。

综上得出，数学学情分析是数学教师在教学准备阶段对学生认知特点、学习风格、数学知识与能力基础、数学学习需要方面进行诊断、评估与分析，是教学的起点。数学学情分析内容围绕着学生的认知基础、认知障碍、认知风格、认知差异等几个核心要点展开。

二、学情分析的方法

国内许多研究者都对学情分析的方法进行了探讨，如徐梦杰选取34篇获得一等奖的学情分析案例进行研究，发现一线教师常用经验梳理法、访谈法、调查法、测试法、实验法等进行学情分析[4]。马文杰与鲍建生认为，分析学情的一般方法有经验分析法、访谈法、观察法、资料分析法、问卷调查法等[5]。俞宏毓也在学情分析方法方面有所研究，她认为运用资料分析法、课堂观察法、问卷调查法、访谈法、基于理论和知识的分析法，可获得较准确、较全面的学情[6]。综合上述研究者的研究成果，学情分析的方法可概括为如下几种。

(一) 理论指导分析法

学情分析不能离开理论的指导，现代教学理论与学习理论虽不能直接告诉我们如何进行学情分析，但能为数学教师提供一个正确的方向，如皮亚杰认知发展阶段论、维果斯基最近发展区、建构主义学习理论等教育心理学理论，为数学教师提供科学的分析

[1] 耿岁民. 中学数学课堂教学学情分析的理论与实践研究[D]. 西安：陕西师范大学，2011.

[2] 丁恺. 课堂教学的"学情分析"研究[D]. 上海：华东师范大学，2009.

[3] 加涅，韦杰，戈勒斯. 教学设计原理[M]. 5版. 王小明，庞伟国，陈宝华，等译. 上海：华东师范大学出版社，2007：95-96.

[4] 徐梦杰，曹培英. 精准针对学生差异的学情分析研究[J]. 课程·教材·教法，2016，36(6)：62-67.

[5] 马文杰，鲍建生. 学情分析：功能、内容和方法[J]. 教育科学研究，2013(9)：52-57.

[6] 俞宏毓. 学情分析存在的问题与有效方法[J]. 现代中小学教育，2016，32(12)：27-31.

依据与分析角度；又如弗赖登塔尔"再创造"原则、"数学化"原则、"数学现实"原则，还有波利亚"怎样解题表"等数学教育理论，都可为数学教学的学情分析提出更有针对性的意见。

(二) 经验分析法

经验分析法是数学教师进行学情分析的常用方法之一。优秀数学教师在教学过程中往往会进行教学反思，反思教学的成功与失败之处，反思教学过程中学生的表现与参与状态，从而在反思过程中积累大量经验。经验越是丰富的数学教师越能全面深入地分析学情。

(三) 问卷调查分析法

问卷调查是研究人员进行研究的常用方法。在数学教学中，问卷调查分析法是指数学教师通过问卷，利用各种途径，间接了解学生的知识经验、能力水平、学习动机、学习兴趣与态度，利用回收的数据进行统计分析，为学情分析提供质化与量化的证据的方法。问卷的问题设计要明确具体，并具有可分析性，便于教师进行统计分析；问题的表述要科学、客观、准确，便于学生回答。

(四) 材料分析法

材料分析法是指通过已有的文字记载间接了解学生实际情况的方法，如通过查阅学生成长档案记录袋，了解学生的基本信息、家庭背景等方面的情况；通过分析学生作业本、测试卷、练习本，掌握学生的学习实际情况，了解学生的学习的易错点、薄弱点，得知学生已有的知识储备，为以后的有效教学指出方向。此外，教师可以借鉴优秀学情分析的案例，利用他人的成果帮助自己成长。

(五) 课堂观察分析法

课堂观察分析法是一种非常便捷的研究方法。课堂教学的对象是学生，每个学生都是完整的具有个性差异的个体，即使教师做了精心而全面的准备，教学中学生的行为不可能完全按照教师的预设进行[1]。课堂中往往会随着师生的互动"生成"新的教学资源，教师需要及时把握，适时调整预案，对原来的学情分析进行判断、分析、验证，以确保教学朝着预设的方向顺利进行。因此，最高效的学情分析是对课堂教学的高度关注[2]。对于数学教师来说，学情分析可以在课堂中随时进行，通过观察学生在课堂中的表现情况分析学生的学习状态、学习态度、学习兴趣与学习效果等。

---

[1]　田春. 学情分析的研究现状及对策探讨[J]. 林区教学，2017(8)：111-113.

[2]　肖红梅. 学情分析是提高教学有效性的重要保证[J]. 中学化学教学参考，2010(4)：6-7.

三、学情分析的案例

■ 【案例2-3】 《复数的概念》教学设计学情分析[1]

1. 学生认知基础分析

首先，学生在该阶段已具有一些数的概念并能理解数集之间的包含关系，掌握了实数范围内的一些运算法则和运算律，有了数系扩充的一些经验；其次，学生掌握了一元二次方程等的求解方法以及方程的解的概念，了解乘方运算与开方运算的互逆关系、数学逻辑用语以及推理与证明的相关知识；最后，学生已掌握向量的概念及运算的一些相关知识。

2. 学生认知障碍分析

一方面，由于在生活中缺少复数的现实物理背景，学生缺乏对复数的直观感受，对复数无过多认识，一时间很难理解透彻；另一方面，学生缺乏从整体上重新审视数系发展的过程，不知道数系为什么要扩充，以及它与生产生活及方程求解之间的关系，对数的生成和发展的历史规律没有深刻认识，缺少深度思考的习惯。

3. 学生认知风格分析

多数学生习惯于被动学习而不是主动学习，习惯于独立学习而不是合作学习，习惯于机械解题而不是研究问题。

4. 学生认知差异分析

由于学生认知基础等方面存在差异，教师应允许不同的学生以不同的方式学习，获得不同的结果，即允许部分学生以接受、模仿的方式学习。

■ 【案例2-4】 "导数的概念及其几何意义"教学设计学情分析[2]

1. 学生已具备的认知基础

本课时的教学对象是天津市耀华中学的学生。耀华中学是天津市的直属重点中学，学生具有良好的知识储备、学习方法和较强的学习能力。

在知识储备上，在物理中，学生已经学习了平均速度和瞬时速度等概念，并会计算平均速度；在前面函数的学习中，学生已掌握了函数的概念和函数的表示法，理解函数是刻画客观世界两个变量相互关系的重要模型；在解析几何中，学生已经学习了与直线斜率和直线方程相关的知识。

在学习方法上，学生已多次体验了由特殊到一般、由具体到抽象的研究方法，也具有利用信息技术，借助数形结合思想研究数学问题的经验和能力。

[1] 孙军波. 核心素养观下的主题单元起始课教学实践：以复数单元起始课为例[J]. 数学通报，2019，58(12)：31-34.

[2] 马丽娜. "导数的概念及其几何意义"教学设计[J]. 中国数学教育，2019(8)：54-58+64.

此外，耀华中学的学生具备较强的探究意识和团队合作意识，有较好的语言表达能力，并积累了一定的数学活动经验，能够运用图形计算器及几何画板等数学学习工具，具有一定的动手实践能力。

2. 学生可能存在的认知困难

在本课时，通过解决实际问题"曲线切线的斜率""变速直线运动的瞬时速度"，抽象生成导数的概念，从"数"的角度理解导数概念的本质就是瞬时变化率，在研究导数的概念中应用了极限的思想。学生首次接触"极限"思想，在理解上会存在一定困难。因此，抽象生成导数的概念是学生可能存在的认知困难之一。

在研究导数的几何意义与一般曲线在某一点处的切线定义时，要引导学生通过类比特殊的函数和特殊的曲线的探究方式，进行抽象概括，同时需要运用微积分中的重要思想——运动变化的观点解决问题，突破学生的"惯性思维"。因此，探究导数的几何意义与一般曲线的切线定义是本节课的难点之二。

基于以上分析，本节课的教学难点确定为：用运动变化的观点解决问题和对导数的概念及其几何意义的探究。突破难点的措施是：利用问题引导学生探究，利用"几何画板"动态演示"以直代曲"的过程，使抽象问题直观化。

⊕ 第三节　数学教学目标设计

美国学者布鲁纳曾在著作《教育过程》中谈道："有效的教学始于准确地知道所期望达到的目标。"所谓教学目标，是指对教学活动的主体在具体的教学活动中将发生何种变化的明确表述，是所期望教学主体达到的学习结果。教学目标是教学活动的中心，在课堂教学中主导教与学的方法和过程，也是教与学的出发点和归宿。在教育方针总指导下，为落实教育目的，各级各类学校、各学科应逐步细化并确定培养目标与教学目标。教学目标一般包括课程目标、单元目标和课时目标三个层次。其中，每一课时目标的制定必须纳入单元目标甚至学段目标中加以考虑，再从单元目标中加以合理分割，进一步把课时目标分割成为每个环节的目标。

一、教学目标的内涵与分类

最具影响力的教学目标分类理论是由美国心理学家布卢姆与加涅等人提出的。布卢姆按照学生学习后发生的预期行为变化，将教学目标分为认知、动作技能与情感领域，同时就每个领域的教学行为由易到难逐层描述，界定了各维度目标的不同学习水平，使得教学效果测评解释更为科学、全面、准确；加涅将人类习得的学习结果分为五大类，分别为言语信息、智慧技能、认知策略、动作技能、态度，这一分类理论对指导教学目标设计具有重大的使用价值。

《普通高中数学课程标准(2017版2020年修订)》给出的数学课程目标是，使学生获得进一步学习及未来发展所必需的"四基"(基础知识、基本技能、基本思想、基本活动经验)，提高"四能"(从数学角度发现和提出问题的能力、分析和解决问题的能力)，增强创新意识和应用能力，其集中体现在发展六大数学学科核心素养(数学抽象、逻辑推理、数学建模、直观想象、数学运算和数据分析)。六大数学学科核心素养被分别划分为三级水平，各级水平又对应描述了其在情境与问题、知识与技能、思维与表达、交流与反思4个方面的具体表现。六大数学学科核心素养是在教师指导学生学习的过程中逐步渗透形成的，这就要求教师在制定单元教学目标与课时教学目标时，充分贯彻发展学生学科核心素养的理念，并想方设法地有效落实。

二、教学目标的制定依据

数学教学目标制定的科学性、合理性将直接影响数学教学的效果。为更好地兼顾数学的整体性、逻辑的连贯性、思想的一致性、方法的普适性、思维的系统性，切实防止碎片化教学[1]，单元教学设计已成为大势所趋。教师在制定单元教学设计时应考虑以下几个方面：第一，研读课程标准对本单元的内容要求与评价标准，教学目标必须与相应学段课程目标保持一致；第二，弄清教材对本单元的编写体例、意图、特点，明确教学内容在该单元乃至整个学科中的地位与作用，以及学科内部与学科间知识关联情况；第三，了解学生实际学情，使得单元教学设计有效服务于达成目标的行为主体。

进一步制定具体的课时教学目标时，教师应思考以下几点：第一，教学目标要真正反映数学学科特点及当前学习内容的本质，能够更好地帮助学生获得"四基"，提高"四能"；第二，努力挖掘蕴含其中的数学思想方法，有意识地、灵活地设计教学内容，在教学目标中体现数学思想方法；第三，在深入理解六大数学学科核心素养及其发展特点的基础上，充分结合课时学习内容，合理将两者关联起来，并融入有关培养学生"学习习惯、自主学习、科学精神、价值认识"等的行为与结果目标。

三、教学目标表述存在的问题与改进策略

(一) 教学目标泛化，贪多求全

一方面，教师将学习内容等同于目标来制定教学目标，没有突出行为主体应该达到

---

[1] 章建跃. 数学学科核心素养导向的"单元——课时"教学设计[J]. 中学数学教学参考，2020(13)：5-12.

的学习结果，也没有明确要通过怎样的方式体现学习结果的过程；另一方面，教师未能很好地将"抽象宽泛"的内容标准从"应然"状态转换为"实然"状态，行为动词不够具体，尤其是情感目标的表述空泛甚至不可测(如"热爱自然"之类的假大空的词汇)。这就要求教师根据课标、学生和学情，将教学总目标合理地细分到每课时的教学中，并理解每一个目标的意义，突出其具体性、可测性。同时，教学的过程性目标表述要选择明确合适的行为动词，清楚地描述出通过哪部分知识的哪种探究活动获得什么程度的学习结果的过程，此时教师可依据"行为主体+行为动词+行为条件+表现水平或标准"四要素格式来拟定。需要注意的是，并非所有的教学目标均要求五要素齐全，而是整个教学目标要主次分明，有所侧重，根据实际需要灵活省略[32]。数学教学目标行为动词分类如表2-2所示。

表2-2　数学教学目标行为动词分类

表述目标维度	目标层次	亚类动词举例
结果性目标	知道/了解/模仿	初步学会、举例、辨认、识别、寻求、感知、回忆等
	理解/独立操作	描述、表达、刻画、阐述、解释、说明、比较、推测、想象、归纳、概括、总结、提取、对比、判定、会求、能、运用、初步讨论等
	掌握/应用/迁移	会用、导出、分析、推导、证明、解决、研究等
过程性目标	经历/模仿	观察、体验、操作、查阅、借助、收集、回顾、复习、参与、尝试等
	发现/探索	设计、梳理、整理、分析、交流、探求等
	反应/认同	感受、认识、了解、初步体会等
	领悟/内化	获得、提高、增强、形成、养成、树立、发挥、发展等

(二) 行为主体误置，模糊不清

在进行教学设计时，有的教师对教学目标主体的认识存在偏差，常出现"发展学生""培养学生"等表述，使得学生变成了教学目标的客体，侧重体现教师的教学任务或活动安排，而教学目标应该是学生通过教学活动预期达到的学习结果，要确定学生的主体地位，贯彻"学生为本"的理念，从促进学生可持续发展出发，站在学生的立场来设计，因此应采用"学生能……"这样的表述形式(有时为避免重复，通常省略"学生"一词)。这样的教学目标才能促使教师的教学方式更多立足于学生，恰当指导学生数学学习，进而帮助学生转变传统的不利于思维与素养形成的学习方式。

(三) 目标维度割裂，未能融合

"知识与技能、过程与方法、情感态度价值观"与"知识技能、数学思考、问题解决、情感态度"等都是对中学阶段数学课程目标的阐述维度，它们只是宏观的导向性意见，具体落实到某一课时教学时，其微观性就要体现教师对相应教学内容的数学理解与定位，而不同教师切入的角度不同，目标表述自然相异。另外，各维度不是相互独立割裂的，而是密切联系、相互交融的有机整体[1]。若分别表述教学目标，会导致教师为针对不同维度的目标设计不同的教学步骤和活动，进而导致课堂低效甚至无效，因此对各维度教学目标的融合表述是一线教师优化教学目标设计的方向。

(四) 学科特性甚微，被"边缘"处理

新课程标准强调对学生动手能力和实践能力的培养，但有些课时内容不需要加入过多的动手操作、实践、鉴赏等，若加入反而占据了大量不必要的时间与精力，有舍本逐末之嫌。数学课堂既要保持生动的数学思维活动氛围，又要充满"数学味"[2]。追根溯源，要解决这个问题，教师应从宏观、中观到微观逐层厘清教学目标。如"集合"单元中集合间的运算教学内容，从"数学是刻画现实世界的语言与工具，是运算和推理、表达和交流的语言与工具"的数学学科特点出发，找准集合单元的背景定位，提出单元基本问题与学习任务，而后分解为一系列的子问题和子学习任务，以此确定子学习目标与学习方式[3]，最后形成对应的课时教学目标，明确学习策略，这样教学目标既科学合理，又清晰可测。

四、教学目标设计的案例

■【案例2-5】 "探索勾股定理"的教学目标[4]

(1) 经历用拼图探索勾股定理的过程，提高合情推理能力，体会数形结合的思想；

(2) 理解并掌握勾股定理，能运用勾股定理解决一些实际问题；

(3) 通过了解勾股定理的相关数学史，体会其文化价值，激发学生学习热情。

案例评析："经历、掌握、运用、了解"等行为动词后为可观察可测的行为，"提高、体会"等为内在心理的变化，这体现出美国学者格朗伦德提出的将内部心理过程和外显行为结合表述教学目标的"内外结合法"，体现出数形结合的思想方法。能够帮助学生初步感受蕴含在定理中的数学文化趣味。但是，对于初中阶段的教学目标，教师应避免套用高中阶段的知识，同时避免涉及不符合初中阶段学生认知水平或过于深刻的价值观。

[1] 张东. 例谈初中数学课时教学目标表述中的问题与改进[J]. 数学通报，2020，59(3)：28-30+60.

[2] 莫照发. 数学教学目标拟定的误区及其矫正[J]. 教学与管理，2016(13)：47-50.

[3] 李昌官. 元指导：基于素养与单元的学习指导范式[J]. 数学教育学报，2020，29(5)：64-68.

[4] 中公教育教师资格考试研究院. 2021国家教师资格数学学科知识与教学能力(初级中学)[M]. 北京：世界图书出版公司，2021：248-249.

■【案例2-6】 "导数的概念及其几何意义"教学目标[1]

1. 本章教学目标

(1) 通过实例分析,经历由平均变化率过渡到瞬时变化率的过程,了解导数概念的实际背景,知道导数是关于瞬时变化率的数学表达,体会导数的内涵与思想,体会极限思想;通过函数图象直观理解导数的几何意义,体会"以直代曲"的极限思想。

(2) 能根据导数定义求函数 $y=c$, $y=x$, $y=x^2$, $y=x^3$, $y=\dfrac{1}{x}$, $y=\sqrt{x}$ 的导数;能利用给出的基本初等函数的导数公式和导数的四则运算法则,求简单函数的导数;能求简单的复合函数(限于形如 $f(ax+b)$)的导数。

(3) 结合实例,借助几何直观了解函数的单调性与导数的关系;能利用导数研究函数的单调性;对于多项式函数,能求不超过三次的多项式函数的单调区间。借助函数的图象,了解函数在某点取得极值的必要条件和充分条件;能利用导数求某些函数的极大值、极小值以及给定闭区间上不超过三次的多项式函数的最大值、最小值;体会导数与单调性、极值、最大(小)值的关系。

(4) 知道微积分创立过程,以及微积分对数学发展的作用;提升数学抽象、数学运算、直观想象、数学建模和逻辑推理的数学学科核心素养。

2. 本单元教学目标

(1) 了解微积分的创立背景,感受引入导数的必要性。经历由平均变化率过渡到瞬时变化率的过程,理解导数的本质就是瞬时变化率,体会极限思想;借助函数图象的直观,理解导数的几何意义,体会"逼近""以直代曲"等数学思想。

(2) 经历抽象概括不同领域变化率问题的数学共性,体会微积分的重要思想——用运动变化的观点解决问题;经历探究具体实例和知识的形成过程,感受导数在研究函数和解决问题中的作用,体会导数的几何意义。

(3) 经历提出问题——分析问题——解决问题的过程,体会从特殊到一般、从具体到抽象的研究方法的一般性和有效性;发展观察、类比、概括的数学能力,提升数学抽象、直观想象、逻辑推理的数学学科核心素养。

(4) 经历从实际情境抽象出数学概念的过程,培养敢于质疑、勇于探索的学习习惯,激发学习兴趣与求知欲,感受数学源于生活,用于生活,认识数学的科学价值和应用价值。

3. 课时教学目标

(1) 经历解决生活中不同领域的瞬时变化率问题,通过探究它们的数学共性,抽象得到导数的概念及其数学表达;通过类比探究,抽象概括得出导数的几何意义,生成一般曲线在某一点处的切线的定义;应用信息技术,直观感受"逼近"和"以直代曲"的

[1] 马丽娜. "导数的概念及其几何意义"教学设计[J]. 中国数学教育,2019(8):54-58+64.

极限思想；体会微积分的重要思想——用运动变化的观点解决问题。

(2) 理解导数的概念，掌握利用定义求导数的基本方法，能够运用导数的概念和几何意义解决生活中与瞬时变化率有关的问题。

(3) 经历导数概念的形成和导数几何意义的探究过程，经历"数"与"形"相辅相成的过程，体会从特殊到一般、从具体到抽象在解决数学问题中的一般性和有效性；发展观察、类比、概括的数学能力，提升数学抽象、直观想象、逻辑推理的数学学科核心素养。

(4) 经历从实际情境抽象出数学概念，激发学习兴趣与求知欲，感受数学源于生活，用于生活；认识数学的科学价值和应用价值；通过自主探究、合作交流，培养敢于质疑、勇于探索的学习习惯，提升发现问题、分析问题、解决问题的能力。

案例评析： 课时教学目标是章节、单元教学目标的细化。笔者详细地分析了学生在教学前后应该/能学会什么，学到什么程度，在目标表述上比较规范，将一般性目标具体化为可观察、可测量的行为目标，重视过程性目标的达成过程表述，四要素(行为主体、行为动词、行为条件和表现程度)较为齐全。

Ⓤ 第四节　数学教学方法选择

任何数学教学活动的开展都要遵循一定的教学方法。当教学内容和其他条件确定后，教学方法将是取得预期教学效果的决定因素。教学方法是为实现既定的教学任务，师生共同活动的方式、手段和办法的总称，是教师创造性地指导学生通过探索，发现"新知"的科学方法。教学方法是教师施教和学生受教、师生共同参与双边活动的方法。

一、数学教学方法选择的意义

近代和现代教育史存在"教师中心论"和"学生中心论"两派观点，其均属于对师生双方地位和作用认识的极端观点，将教与学的关系看成一种直接的、简单的教育者与受教育者的关系。而辩证唯物主义观点指出："内因是变化的根据，外因是变化的条件。"在教学活动中，教师是教育者，在教学中起主导作用；学生是教学的对象，是学习的主体，教和学两者是相互依存、相互作用的关系[1]。因此，数学教学方法是在数学

[1]　曹一鸣. 数学教学论[M]. 北京：高等教育出版社，2008：48-50.

教学的过程中，为了达到共同的教学目标、完成数学教学任务，教师和学生采取的教与学相互作用的活动方式的总称。

教学方法是课堂教学中突出重点、突破难点、达成教学目标的技术措施，即教学活动的具体形式、手段、途径等。教学内容、学情、教学目标影响教学方法的选择，同时教学方法是影响预期教学效果的重要因素。妥当选取和运用教学方法往往有事半功倍的效果，对学生认知活动最优化展开、学习动机有效提高、师生关系处理等方面至关重要，其在一定程度上也衡量着教学执教能力水平的高低，因此掌握数学教学中常用的教学方法并学会合理选择是教师必备的专业素养。

二、数学教学方法的选择原则

每一门课程的教学方法的选择都需要遵循一般的教学原则，例如启发性原则、循序渐进原则、因材施教原则等，数学教学方法的选择除了遵循一般的教学原则之外，还需要遵循以下几项原则。

(一) 适应不同教学内容

教师要选择适合的教学方法来突破教学重难点，因而不同的教学内容要选择不同的教学方法。通常对于抽象性较强、学生已有的学习经验较少、理解困难易产生歧义的重要知识，特别是理论性强、约定俗成的陈述性知识，一般以教师讲述和点拨为主；而对于某些通过一定时间与范围的讨论、发现、学生之间相互启发即可获得并理解的内容，教师应尽可能地营造良好、积极的探索学习氛围，鼓励学生在独立思考、相互交流中经历探究过程，并内化为学习经验，使学生养成好的思考习惯。

(二) 结合实际教学目标

教学目标是教学任务的具体化，也是教学评价的依据；教学目标是教学行动的指南，更是选择教学方法的重要依据。运用教学方法的目的是更好地实现教学目标，所以教学方法的选择必须要与数学教学目标相匹配，不同水平的子目标选择不同的教学方法，以最优方案指导学生数学学习。另外，教学方法的选择不应局限于课时教学目标的达成，更要有利于整个学段中与之紧密关联的学习任务的有效完成。

(三) 符合学生身心发展特点

不同年龄段的学生有着不同的认知特征和年龄特点，教学方法的选择必须以了解学生的心理发展特点尤其是智力发展水平为前提，掌握其已有的知识基础、学习态度与习惯等情况为基础。比如，初一学生在上数学课时，对课堂上教师的提问有较高的积极性，甚至可以用争先恐后来形容，这种与年龄和年级相适应的特征，为启发式教学和发挥学生的主动性和积极性创造了有利条件，但进入初三或高中以后，学生的课堂状态可能会发生明显变化。学生主动回答问题的积极性明显降低，常常懒于深度思考，习惯常规性经验记忆，这时教师就要"伺机出动"，将学生引出舒适区，灵活地驱动问题，刺激与助推学生发散思维活动的进行，以利于知识迁移与综合能力的提升，进而促进深度学习的发生。因此，所选的教学方法要与学生年龄特点、心理发展水平和状态相契合，才能更好地助推学习活动的开展。

(四) 考虑教学外在条件

教学方法的选择必须客观考虑所在学校的教学设备、环境等外在条件。相同的教学内容，相同年级的学生，由于学校的设备条件不同，教学方法的选择与运用也可能不同。我国各地区经济发展状况不平衡，各个地区、各所学校的硬件设施相差很多，在条件较差的学校，教师运用与现代信息技术有关的教学方法实施教学的可能性较小，但可以发挥现有设备设施的作用，创造性地选择契合学生、环境的教学方法。

(五) 匹配教师内在条件

教师能力储备等内在条件影响教学方法的选择。教师是教学活动的主导者、引导者和组织者，在数学的教与学中发挥着重要的作用，教师选择的教学方法应在教师的能力范围内，否则将会影响此种教学方法功能的实现。在选择教学方法时，一方面教师应考虑自己的语言表达能力、信息技术运用能力以及逻辑思维能力是否能充分实施所选用的教学方法；另一方面，教师的教育思想与理论积淀影响着自己的教学行为，思想保守、观念陈旧的教师大多不会选用先进的教学方法[1]。

三、教学方法选择的案例

■【案例2-7】 "导数的概念及其几何意义"教法、学法分析[2]

1. 教法分析

结合本课时的内容特点和学情分析，本节课主要采用问题启发、任务驱动、直观演示的教学方法。本课时以提升学生的数学抽象与直观想象的核心素养为根本出发点，知识上以抽象生成导数的概念和直观感受导数的几何意义为核心；思想方法上以感受 "用运动变化的观点研究问题"、感受"以直代曲"的极限思想、体会"类比

---

[1] 叶立军.中学数学教学设计[M]. 北京：高等教育出版社，2015:115-116.

[2] 马丽娜."导数的概念及其几何意义"教学设计[J]. 中国数学教育，2019(8)：54-58+64.

归纳""数形结合"的研究方法为核心；以用导数的概念解释"原油温度的瞬时变化率"和用导数的几何意义研究"高台跳水运动员的瞬时变化率"作为课堂反馈；以完成《课堂目标检测》习题与阅读《割圆术》一书作为课堂的延伸和拓展，使新旧知识、理论与实际充分结合，为学生指引学习的方向，使课堂成为学生学习能力成长的发源地。

为了引导学生理解导数的本质就是瞬时变化率，教师遵循"观察—归纳—抽象—概括"4个层次；为了引导学生理解导数的几何意义就是切线的斜率，教师遵循"类比—探究—归纳"3个层次。本课时教师将内容设计成"温故知新，建构导数概念""学以致用，解决典型问题""自主探究，获得几何意义""小结提升，布置分层作业"4个环节。

2. 学法分析

本次课堂教学主要采取学生自主探究、合作交流的学习方式。在课堂教学中，教师应鼓励学生独立思考、敢于质疑，通过小组合作、交流分享，突破难点，提升学生的合作探究意识，提高其分析问题、解决问题的能力。

课堂教学始终以学生为核心，教师通过问题引导，有效地提升学生的课堂参与度，使学生在开放的活动中获取直接的数学经验。学生经历思考、观察、分析、实践、归纳的认知过程，深刻体会知识的形成过程，提升知识迁移、解决问题的能力。

【案例2-8】 "一次函数的图象"数学实验教法、学法分析[1]

函数的图象与性质是函数理论的主体，通过对函数图象与性质的研究，从图形和数量两个侧面及其相互联系中，表明函数的本质特征是联系和变化，这是函数教学的主线。其中，函数图象是基础，在初中阶段学生主要借助图象直观认识函数性质。在函数内容中，一次函数具有奠基作用，因此课程标准对一次函数的学习提出了较高要求。经验表明，学生对"一次函数图象是一条直线"的认知存在困难。为此，需要设计"用几何画板软件操作绘图"的数学实验，帮助学生探索出"一次函数的图象是一条直线"的结论。具体设计如下所述。

首先教师设计一个从具体到抽象的问题情境，引导学生借助几何画板，先描出以一次函数 $y=2x+1$ 的自变量取值及对应函数值为坐标的若干个点，观察这些点的分布情况，再利用几何画板的"追踪"功能，观察点 $P(x, 2x+1)$ 的路径。其次，学生可以自己写出一个一次函数，并用自己的方法画出它的图象。经过这样的探究，学生会直观认知"一次函数的图象是一条直线"这个结论。最后，学生利用几何画板对一般形式 $y=kx+b$ 进行探究，最终确认结论。

[1] 赵维坤，章建跃. 初中数学实验的教学设计[J]. 课程·教材·教法，2016，36(8)：102-107.

⊕ 第五节 数学教学过程设计

一、教学过程的含义与类型

关于教学过程的界定大概有三种关注方向：一是将其混同教学而定；二是基于教学过程的本质而定；三是基于教学活动所经历的时间、逻辑顺序而定。大体说来，教学是一个发生发展的过程，教学目标的实现、教学内容的展开、教学方法手段的运用都是在教学过程中进行的。数学教学过程是师生双方在数学教学目的与新课程标准指导下，以数学教材为中介，教师组织和引导学生主动掌握数学知识、发展数学能力、形成良好个性心理品质的认识与发展相统一的活动过程，是数学教学设计的核心部分[1]。

20 世纪 50 年代以来，我国自编的教育学著作开始沿袭凯洛夫的提法，将教学过程划分为组织教学、检查复习、讲授新课、巩固练习、布置家庭作业五大环节。20世纪80年代以来，随着教育理论与实践的推进，六段论对教学实践的影响较大。尔后，张传燧将六段论扩展为8个环节(即动机目的；备课、评阅/预习、作业；诊断、反馈/复习、矫正；授课；指导活动/探索练习；解惑/问难；布置作业/掌握练习；测查评价)，更符合教学过程的实际情况。进入 21 世纪后，围绕"目标、课程、时间、教室"而展开的5个环节(即预习思考/布置任务、互问互答/启发引导、质疑理解/答疑讲解、总结反馈/拓展提升、预习思考/布置提示)的教学过程环状模式逐渐形成[2]。

我国常用的教学程序有以下几种：①传递—接受程序，基本过程为激发学习动机—复习旧课—讲授新课—巩固运用—检查；②引导—发现程序，主要根据美国杜威、布鲁纳等人先后倡导的问题—假设—推理—验证—结论的过程提出的；③示范—模仿程序，基本过程为定向—参与性练习—自主练习—迁移；④情境—陶冶程序，主要适用于情感领域的教学目标达成，基本过程为创设情境—参与各类活动—总结转化。

二、教学过程的设计内容

教学过程一般用流程图呈现，以"问题串"呈现方式为主，大致可分为教学环节、问题、追问3个层级，其中"问题"呈现方式主要为：问题—师生活动(预设)—分解问题—应关注什么—设计意图[3]。教学过程设计要贯穿数学概念和思想方法的发生发展过

[1] 叶立军. 中学数学教学设计[M]. 北京：高等教育出版社，2015：161.

[2] 邹群霞，张传燧，张菁. 教学过程研究的过去、现在与未来[J]. 中国教育科学，2020，3(3)：68-80.

[3] 章建跃.《普通高中教科书·数学(人教A版)》"单元—课时教学设计"体例与要求[J]. 中学数学教学参考，2019(22)：14-16.

程，也要贯穿学生数学思维过程，还要注意课时容量、内容特点、学情、目标任务与教学媒体等的适切性。

数学活动是一种思维活动，而数学思维活动又集中表现为提出问题和解决问题，因而数学问题是数学教学活动的载体。教学过程设计的中心任务就是要设计一个(或一组)问题，把教学过程组织成为提出问题和解决问题的过程，把教学活动整合到提出问题和解决问题过程中去——教师通过提出问题来激发、调控学生的思维活动，来揭示知识发生的过程，让学生在解决问题中去做数学、学数学、体验数学，进而增长知识，形成能力，获得发展，完成数学教学任务。

三、教学过程设计的案例

【案例2-9】 基于"四度六步"教学法的教学过程设计

"基于'四度六步'教学法的教学过程设计"引用了广西壮族自治区南宁市第二中学文尚平老师聚焦高考关键考查问题，基于学生层次较低的现状，面向某县数学教师开展的一节章末复习示范课的片段，课题为"函数复习课：比较大小"。

1. **"温故"——复习提问，温故知新**

【问题1】数学中有哪些常用的"比较大小"的知识和方法？

师：在小学、初中阶段，我们就接触了"比较大小"，进入高中后经过必修1的学习，对"比较大小"有了更深的认识。我们以往有哪些比较大小的知识和方法呢？哪位同学愿意同我们分享？

生：我们曾学习过"数"的大小比较、"式"(代数式、幂函数式、指数式、对数式)的大小比较。

师：我们常用的"比较大小"的工具有哪些呢？

生：我们常利用数轴来解决"数"的大小比较，利用函数图象和性质来解决"式"的大小比较。

师：我们常用哪些方法来实施"比较大小"？

生：在方法上，我们常用做差或做商比较法、函数的单调性法、图象法。

【设计意图】该问题的设计试图遵循"一明一暗"两条线原则。明线是比较大小的知识结构：数的大小比较——代数式的大小比较——变量数学中的大小比较；暗线是比较大小的思想方法：从数轴上两个数的大小比较，到通过做差(或做商)比较大小，再到利用函数的图象和性质比较大小(最后到利用导数比较大小)。

师：大家回答得都很好！同学们不仅提到了"比较大小"相关的知识，也提到了"比较大小"的具体方法、工具。我们知道，数学中的"比较大小"，经历了"数——代数式——变量数学"三个阶段。那么，高考又是怎样考查比较大小的呢？请看【问题2】。

【问题2】请同学们根据下面高考试题的结构特点，思考这道试题考查的是什么问题？考查了哪些已经学过的内容？

(2017年课标1，理II)若$x,y \in \mathbf{R}^+$，且$2^x = 3^y = 5^z$，则(　　)。

A.$2x < 3y < 5z$　　　　B.$5z < 2x < 3y$　　　　C.$3y < 5z < 2x$　　　　D.$3y < 2x < 5z$

生：本题考查的是"式"的大小比较问题。

生：本题考查了指数与对数的相互转化，指数、对数运算的知识，以及指数与对数函数的图象和性质等相关知识。

【设计意图】复习课需要有高考的站位，力求"以考为向，以学定教"。抛出这一典型且有挑战性的高考真题后，不要着急解决(具体求解留在"师生互动，变式深化"环节)，而是引导学生先挖掘此高考真题中考查的小问题——具体问题的知识、结构特点，从而展开对指数函数、对数函数、幂函数图象和性质的复习，厘清高考中"比较大小"知识考查的主线，明确高考考查的重点、难点、热点，准确定位"比较大小"的考查要求，为学生科学备考提供依据。

师生活动：基于这一道高考关键考查问题，回顾前面已经学习过的指数函数、对数函数、幂函数的图象和性质(见表2-3)。

表2-3　指数函数、对数函数、幂函数的图象和性质

函数类型	$y = a^x(a > 0，且a \neq 1)$	$y = \log_a x(a > 0，且a \neq 1)$	$y = x^a$
函数图象			
函数单调性	$0 < a < 1$，递减；$a > 1$，递增	$0 < a < 1$，递减；$a > 1$，递增	$a > 0$，递增；$a < 0$，递减
特殊点坐标	点(0，1)，即$a^0 = 1$	点(1，0)，即$\log_a 1 = 0$	点(1，1)，即$1^a = 1$

【设计意图】复习巩固这三个初等函数的图象和性质，为本节课"比较大小"的学习搭好"梯子"，而在内容的呈现上，表格的形式更为直观形象。

2. "引新"——创设情境，引入课题

师：有了前面的基础，下面我们来围绕"式"的大小比较展开本节课的学习。同学们能解决下面的问题吗？

【例1】(课本59页，第7题)比较下列各组数的大小：

(1) $3^{0.8}$，$3^{0.7}$　　　　(2) $1.01^{2.7}$，$1.01^{3.5}$　　　　(3) $0.75^{-0.1}$，$0.75^{0.1}$　　　　(4) $0.99^{3.3}$，$0.99^{4.5}$

生：(1)(2)同底数，则利用指数函数 $y=3^x$，$y=1.01^x$ 的单调递增性质；(3)(4)同底数，则利用指数函数 $y=0.75^x$，$y=0.99^x$ 的单调递减性质。

师：同底数、不同指数的指数式，我们常利用指数函数的单调性比较大小。可是，如果是指数同、底数不同，甚至底数、指数都不同的情况下，又怎么比较大小？请看下题。

【变式1】比较下列各组数的大小：

(1) $(\frac{2}{3})^{0.5}$，$(\frac{3}{5})^{0.5}$ (2) $(\frac{1}{3})^{0.3}$，$3^{-0.2}$ (3) $4^{\frac{5}{2}}$，$27^{\frac{5}{3}}$ (4) $0.7^{3.1}$，$3^{0.7}$

生：(1)同指数0.5，利用幂函数 $y=x^{0.5}$ 的单调递增性质；(2)底数不同，化为同底3，再利用函数 $y=3^x$ 的单调递增性质；(3)指数不同，化为同指数5，再利用函数 $y=x^5$ 的单调递增性质；(4)既不能化为同底，也不能化为同指，则利用中间量1，与1比较。

【设计意图】通过题组训练，聚焦幂值大小比较常见的三种情形，并指导学生掌握这三种题型的基本解题思路，掌握解题过程中相关的思想方法。

师生活动：归纳、整理比较指数式大小的一般思路和方法(见图2-4)。

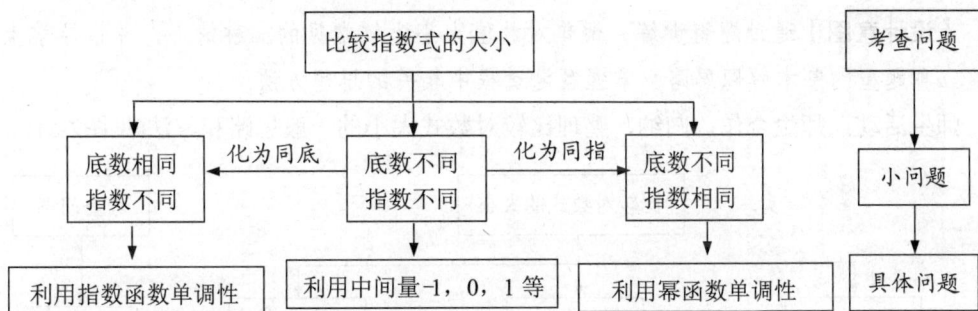

图2-4 比较指数式大小的一般思路和方法

【设计意图】此环节的设计是基于学生已有的知识和经验，从课本习题出发，对课本习题进行变式，引导学生复习和思考底数、幂指数发生变化情况下的指数式大小比较的差异，实现知识迁移应用，强化从特殊到一般获得问题解决的数学思维方法。这体现了课堂教学不仅指向核心的学习内容，更体现数学课堂应有的梯度，保证课堂教学的"托底"。

3. "探究"——合作探究，活动领悟

师：类比指数式的大小比较的复习，请同学们来谈谈对数式大小比较的复习方法。

生：在顺序上，我们先复习底数同、真数同的对数式的大小比较，再复习底数、真数都不同的对数式大小比较。

生：在策略上，我们应该利用对数函数的图象和性质。

师：根据同学们的想法，下面我们从一道课本习题出发来展开对数式大小比较的复习。

【例2】(课本第73页，第3题)比较下列各题中两个值的大小：

(1) $\lg 6$，$\lg 8$；(2) $\log_{0.5} 6$，$\log_{0.5} 4$；(3) $\log_{\frac{2}{3}} 0.5$，$\log_{\frac{2}{3}} 0.6$；(4) $\log_{1.5} 1.6$，$\log_{1.5} 1.4$

生：都是同底数，分别利用对数函数 $y=\lg x$，$\log_{0.5} x$，$\log_{\frac{2}{3}} x$，$\log_{1.5} x$ 的单调性。

师：如果底数不同，甚至底数、真数都不同的情况下，又怎么比较大小？请同学们根据下面的变式题进行前后座四人小组讨论，提出解决问题的思路和方法。

【变式2】比较下列各组数的大小：

(1) $\log_{0.3} 7$，$\log_9 7$ (2) $\log_6 7$，$\log_7 6$ (3) $\log_3 \pi$，$\log_2 0.8$

师：底数不同的情况下，我们有办法化为同底数吗？

生：利用换底公式，$\log_a b = \dfrac{\lg b}{\lg a}$。

师：这3个问题的解题过程是怎样的？

生：(1)真数同，利用换底公式，或者底大图低($x>1$)的规律；(2)(3)底数、真数都不同，利用中间量1，0。

【设计意图】通过题组训练，聚焦对数值大小比较常见的三种情形，并指导学生掌握这三种题型的基本解题思路，掌握解题过程中相关的思想方法。

师生活动：师生合作，归纳、整理比较对数式大小的一般思路和方法(见图2-5)。

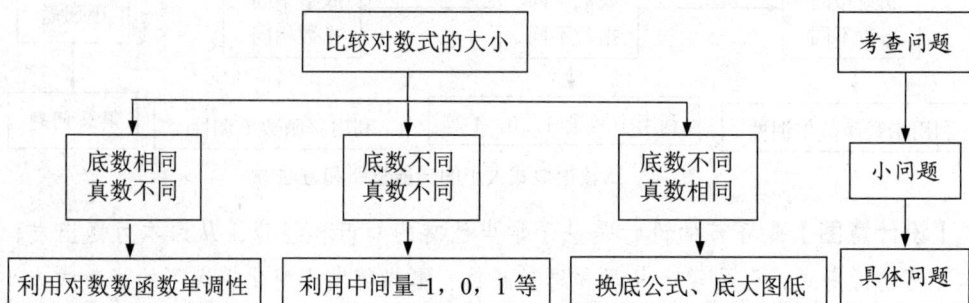

图2-5　比较对数式大小的一般思路和方法

【设计意图】本环节通过对数式大小比较的学习，引导学生思考底数、真数发生变化情况下的对数式大小比较的差异，通过"合作探究，活动领悟"实现知识迁移应用，强化从特殊到一般获得问题解决的数学思维方法。由师生合作系统归纳对数式的大小比较方法，让学生在进一步领悟数学学习的本质，体现数学课堂应有的思维深度。

4."变式"——师生互动，变式深化

师：通过上述两个例题，我们复习归纳了有关幂值、对数值大小的比较常见的题型及方法，最终都是回到了初等函数的图象和性质的应用。然而，高考中有关大小的比较问题形式远不止于这些，请同学看下面的问题。

【例3】已知 x, $y \in \mathbf{R}^+$，且 2^x, x^2, 3^y 满足：

(1) 若 $2^x = x^2$，则满足方程的解有几个？分别等于多少？

(2) 试比较 2^x 与 x^2 的大小；

(3) 若 $2^x = 3^y$，试比较 $2x$ 与 $3y$ 的大小。

师：问题(1)中方程的解存在吗？大家判断的依据是什么？

生：存在。利用函数的图象，可以确定该方程有解。

师：该方程的解是什么？有几个？

生：两个，分别是2、4。

师：你是怎么做到的？

生：在 $(0, +\infty)$ 内取 x 的值，然后比较 2^x 与 x^2 的大小，具体数据如表2-4。

表2-4　2^x 与 x^2 的大小比较

x	1	2	3	4	5	6	7	8	9
2^x	2	4	8	16	32	64	128	256	512
x^2	1	4	9	16	25	36	49	64	81

由表格可以看出，越往后，2^x 的值比 x^2 越大，所以方程的根为2和4。

师：很好，这位同学利用了特值的思想方法，并以表格的方式呈现，显得具体、直观。只是，老师觉得不放心，会不会存在其他的根，但表格却没有呈现出来呢？

生：利用几何画板，画出 $f(x) = 2^x, g(x) = x^2$ 的图象，利用图象和它们的增长快慢的特征进行判断，如图2-6所示。

师：很好，这位同学利用了指数函数"爆炸式增长"的图象特点来解决此问题。

师：在完成问题(1)的基础上，问题(2)的答案是什么？

生：当 $0 < x < 2$ 或 $x > 4$ 时，$2^x > x^2$；当 $2 < x < 4$ 时，$2^x < x^2$；当 $x = 2$ 或4时，$2^x = x^2$。

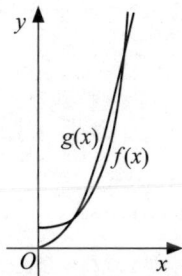

图2-6　2^x 与 x^2 的图象

【设计意图】方程的根的个数问题，常转化为函数图象交点个数的问题，其本质是代数问题几何化，即数形结合的思想方法。利用几何画板展示两个函数图象交点情况，可以准确解决方程的根的个数问题、根的取值问题。指数式、对数式的大小比较可以严格遵循程序化的解题方法，但是特值法、作差比较法、作商比较法是必须掌握的几个基本方法。

师：那么问题(3)又如何解决呢？

生：特值法。当 $x = 3$ 时，$2^x = 8 = y^3$，则 $y < 2$，则 $2x = 6 > 3y$。

生：作差比较法。令 $2^x = 3^y = 3$，则 $x = \log_2 3$，$y = 1$，则 $2x - 3y = \log_2 \dfrac{9}{8} > 0$。

生：作商比较法。令 $2^x = 3^y$，则 $\lg 2^x = \lg 3^y$，即 $x \lg 2 = y \lg 3$，$\dfrac{2^x}{3^y} = \dfrac{2\lg 3}{3\lg 2} = \dfrac{\lg 9}{\lg 8} > 1$。

【设计意图】围绕"式"的大小比较这个主题，从指数函数、对数函数、幂函数综合角度设计问题，解题思路既注重通性通法的掌握，也注重巧思巧解的分享，体现高中数学复习课应有的思维深度和综合宽度，本环节设计的本质依然是渗透"知识"与"方法"这两条主线，并把三大函数模型的特征及联系有机纳入其中。

5. "尝试"——尝试练习，巩固提高

【例4】(2017年课标1，理II)若$x, y \in \mathbf{R}^+$，且$2^x = 3^y = 5^z$，则(　　)。

A. $2x < 3y < 5z$　　　B. $5z < 2x < 3y$　　　C. $3y < 5z < 2x$　　　D. $3y < 2x < 5z$

【例5】设x, y, z为大于1的正数，且$\log_2 x = \log_3 y = \log_5 z$，则$\dfrac{x}{2}, \dfrac{y}{3}, \dfrac{z}{5}$下列选项不可能成立的是(　　)。

A. $\dfrac{x}{2} < \dfrac{y}{3} < \dfrac{z}{5}$　　　B. $\dfrac{y}{3} < \dfrac{x}{2} < \dfrac{z}{5}$　　　C. $\dfrac{x}{2} = \dfrac{y}{3} = \dfrac{z}{5}$　　　D. $\dfrac{x}{2} > \dfrac{y}{3} > \dfrac{z}{5}$

【设计意图】与课前引例相呼应，基于问题的结构变式，让学生反复聚焦本节课的重点知识、主要方法，帮助学生进一步厘清"式"的大小比较问题的解题思路和方法。

6. "提升"——适时小结，兴趣延伸

师：同学们能否画一个结构图表示这节课所学的内容？答案如图2-7所示。

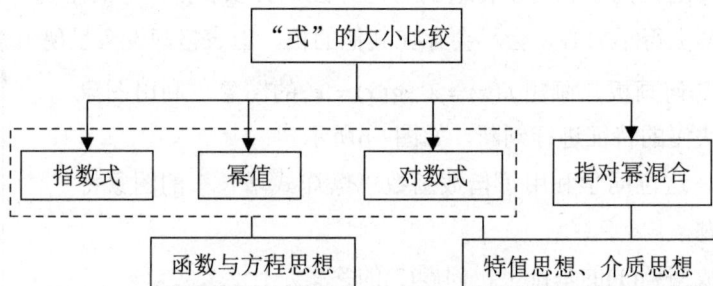

图2-7　"式"的大小比较

【设计意图】在本节课中，对原有的教学板书进行适当的补充和完善，对关键的思想方法进行必要的重复和强调，力争做到恰时点拨、恰点归纳、恰当激励。

案例评析： 数学单元(章末)复习课的教学需要发挥学生的主体性和创造性，并做好以下4个定位：第一，做好教材的章末小结与本单元相关内容设置意图的认识定位，帮助学生回顾本章的主要内容，正确理解所学内容，厘清知识网络，明确核心知识与方法，并提出具有思考性、引导性的问题，拓展思维空间，交流探究问题的学习方法。第二，做好单元(章末)复习课的任务目标的定位，帮助学生进行知识与思想方法的梳理、解决章节学习中出现的问题，为进一步学习后续知识打好基础。第三，做好核心问题以及呈现方式的定位，明确本单元(章)的关键是什么？最需要解决的问题是什么？主要的思想方法是什么？第四，做好主体与主导的角色地位的定位，明确单元(章末)复习课的目的是提升学生梳理知识、理解和运用知识的能力，所以既要发挥学生的主体作用，又不可忽略老师的主导作用。

■ 【案例2-10】 "函数单调性"教学过程设计[1]

基于章建跃提出的数学课堂教学应切实落实理解数学、理解学生、理解技术、理解教学的理念，邓翰香老师和吴立宝老师紧扣2019年人民教育出版社A版教材，创设了"函数单调性"课时教学过程设计。

1. 创设情境，明确概念

【问题1】图2-8为某市某天24小时内气温随时间的变化曲线。请你根据曲线图说说气温的变化情况？

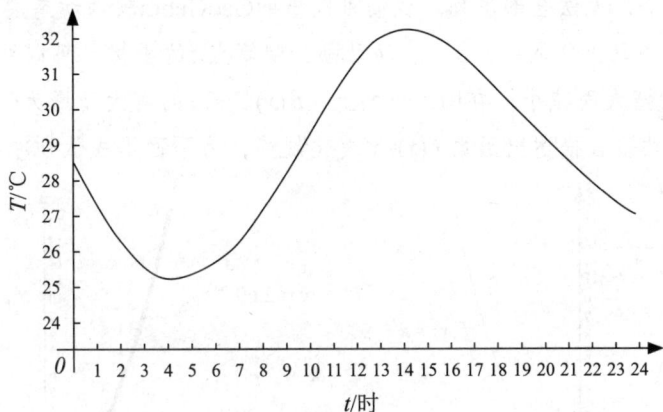

图2-8 某市某天24小时内气温随时间的变化曲线

【设计意图】学生直观感知气温变化，引发不同的关注点，如气温的最值、某时间段气温的升降变化等。从某时间段气温的升降变化引申到函数图象在某区间上"上升"或者"下降"的趋势，自然引入课题——函数的单调性。

【问题2】观察图2-9中的函数图象，请你说说这些函数有什么变化趋势？

【设计意图】图2-9(a)中，函数图象是从左至右上升的。图2-9(b)中，当$x<0$时，函数图象从左至右是下降的；当$x>0$时，函数图象从左至右是上升的。图2-9(c)中，当$x<0$时，函数图象从左至右是下降的；当$x>0$时，函数图象也是从左至右下降的。在思考的过程中，学生从直观感知到文字描述，归纳具体函数的图象特征，准确规范地表达"函数在某区间上具有怎样的单调性"，完成函数单调性的定性刻画。

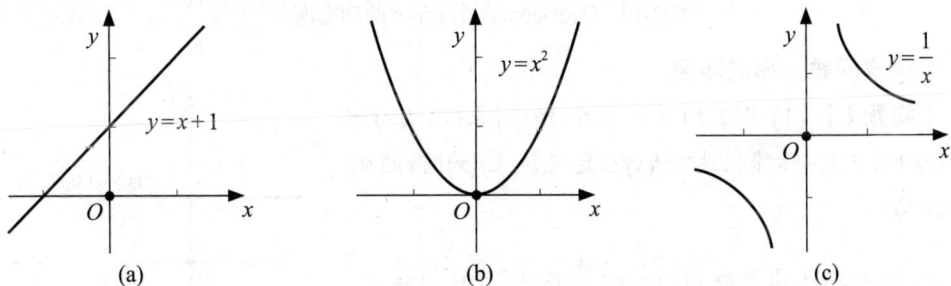

图2-9 函数图象

---

[1] 邓翰香，吴立宝. 指向"四个理解"的函数单调性教学设计研究[J]. 中国数学教育，2020(24)：26-30+57.

【问题3】做出函数$f(x)=x^2$的图象，完成表2-5，并思考如何描述函数图象的"上升、下降"的变化趋势？

表2-5　$f(x)=x^2$的对应取值

x	...	-4	-3	-2	-1	0	1	2	3	4	...
$f(x)=x^2$	...										...

【设计意图】从函数的对应关系出发，结合具体的数值可以发现，函数$f(x)=x^2$的数值变化情况：当$x<0$时，y随着x的增大而减小；当$x \geqslant 0$时，y随着x的增大而增大。但是这些取值只是有限个，无法全部罗列。我们可以借助GeoGebra软件动态演示，帮助分析。在函数$f(x)=x^2$的图象上任取一点A，启动动画，观察点A的坐标。可以发现，在$(-\infty, 0]$上，$f(x)$随着x的增大而减小；在$[0, +\infty)$上，$f(x)$随着x的增大而增大(见图2-10)。通过数量刻画，用自然语言描述出函数$f(x)=x^2$变化规律，为下面形成认知冲突做好铺垫。

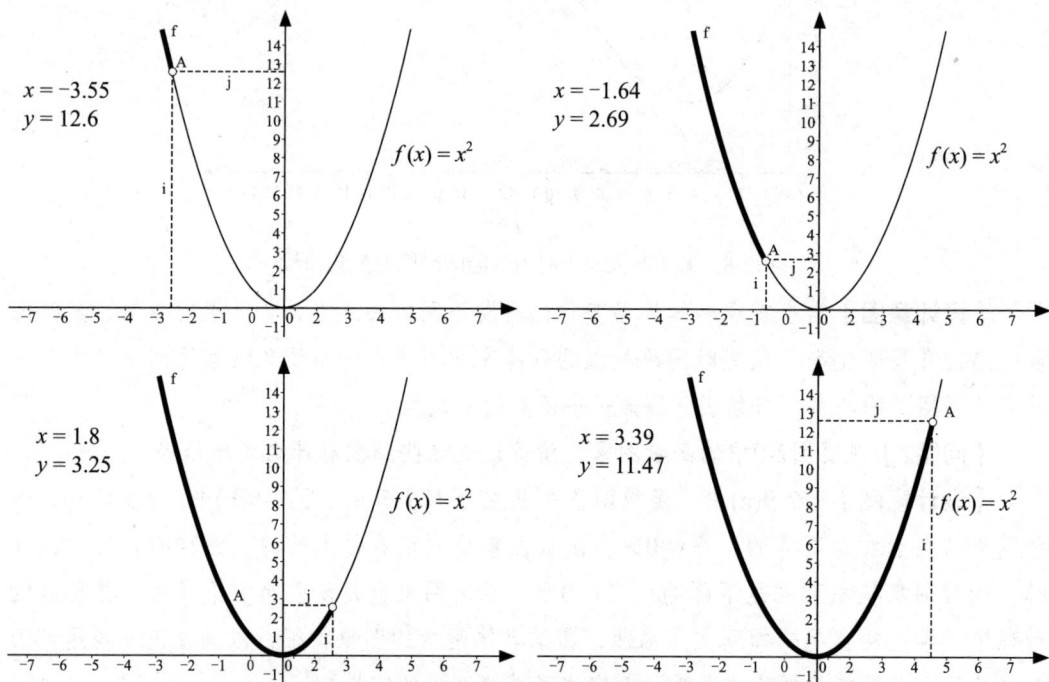

图2-10　GeoGebra软件$f(x)=x^2$的动态演示

2. 设置问题，形成冲突

【问题4】(1) 图2-11是函数$f(x)$的图象(以$f(x)=0.001x+1$为例)，你能描述出$f(x)$在定义域上$f(x)$随x的变化情况吗？

(2) 你能描述出函数$f(x)=x+\dfrac{1}{x}$在区间$(0, +\infty)$上$f(x)$随x的变化情况吗？

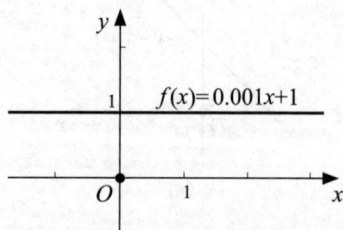

图2-11　函数$f(x)=0.001x+1$的图象

【设计意图】第一小问，若直接观察函数图象，会缺乏精确性，需要结合函数解析式。第二小问，仅凭函数解析式，也难以判断函数单调性。借此引发认知冲突，学生就会意识到学习符号语言判断函数单调性的必要性，自然开始探索之旅。

3. 引导探索，生成新知

【问题5】怎样用符号语言描述函数 $f(x)=x^2$ "在$(-\infty，0]$上，$f(x)$随着x的增大而减小"和"在$[0，+\infty)$上，$f(x)$随着x的增大而增大"？

【设计意图】从自然语言到符号语言的刻画，为函数单调性定义的获得做铺垫。突破"在$[0，+\infty)$上，$f(x)$随着x的增大而增大"这一难点的方法有以下几种。第一，"增大"的符号化：利用不等式的性质，要做比较至少需要建立两个量的大小关系；第二，"x的增大"的符号化：在定义域上取两个数x_1、x_2，满足$x_1<x_2$；第三，"$f(x)$增大"的符号化：x_1、x_2对应的函数值满足$f(x_1)<f(x_2)$；第四，"随"字的符号化：当$x_1<x_2$时，有$f(x_1)<f(x_2)$；第五，"在区间$[0，+\infty)$上，$f(x)$随着x的增大而增大"的符号化：对任意的两个自变量x_1、$x_2\in[0，+\infty)$，当$x_1<x_2$时，都有$f(x_1)<f(x_2)$。关于"任意"的理解，利用GeoGebra软件进行数学实验，用"任意"突破"无限"，加深理解。对于函数$f(x)=x^2$，在$[0，+\infty)$上任取A，B两点，保持点A的横坐标小于点B的横坐标，任意拖动A，B两点，引导学生观察，在$[0，+\infty)$上，只要$x_1<x_2$时，都有$f(x_1)<f(x_2)$成立(见图2-12)。在这一过程中，可以采用举反例说明强调(见图2-13)。

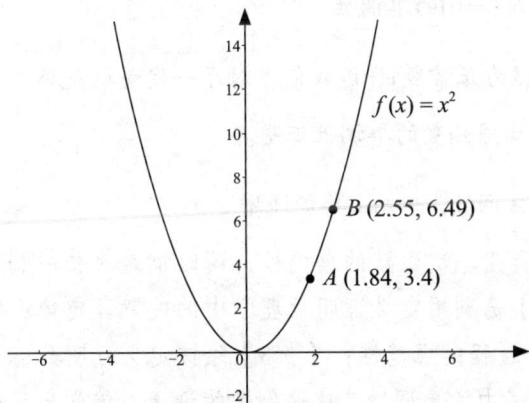

图2-12　GeoGebra软件对$f(x)=x^2$的动态演示1　　　图2-13　GeoGebra软件对$f(x)=x^2$的动态演示2

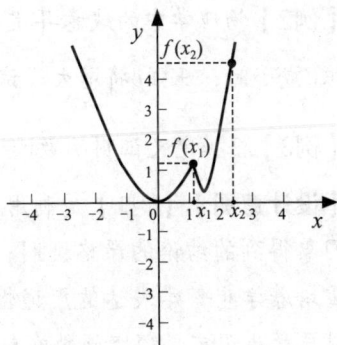

【问题6】如何用符号语言刻画函数在区间上单调递增？并尝试给出增函数的定义(见图2-14)。

【问题7】类比增函数的定义，请你试着用符号语言定义函数在区间上单调递减，并给出减函数的定义(见图2-15)。

【设计意图】学生从特殊到一般、从具体到抽象归纳出增函数的定义，并尝试类比给出减函数的定义，培养学生的数学抽象与逻辑推理等素养。值得注意的是，教材区分了"单调递增"与"增函数"，区分了"单调递减"与"减函数"，仅把在整个定义域上单调递增(减)的函数称为增(减)函数。

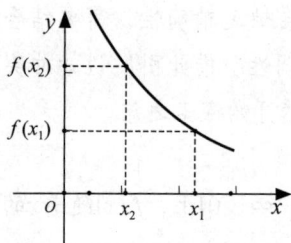

图2-14　函数图象1　　　　　　图2-15　函数图象2

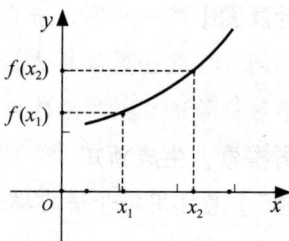

【问题8】(1) 设A是区间D上某些自变量的值组成的集合，而且$\forall x_1, x_2 \in A$，当$x_1 < x_2$时，都有$f(x_1) < f(x_2)$，能说函数$f(x)$在区间D上单调递增吗？你能举例说明吗？

(2) 函数的单调性是对定义域内某个区间而言的，你能举出在整个定义域内是单调递增的函数例子吗？你能举出在定义域内的某些区间上单调递增但在另一些区间上单调递减的函数例子吗？

【设计意图】在函数单调性定义后设置【问题8】，意在引导学生明确函数单调性是在给定区间上讨论的，函数在某个区间上单调并不意味着在整个定义域内都是单调的，并且强调区间上x_1、x_2取值具有任意性等关键问题。学生进行单调性判定，加强概念辨析，逐步深化对增(减)函数概念的理解。

4. 学以致用，理解感悟

【例1】根据定义，研究函数$f(x)=kx+b(k\neq 0)$的单调性。

【例2】物理学中的玻意耳定律$p=\dfrac{k}{V}$(k为正常数)告诉我们，对于一定量的气体，当其体积V减小时，压强p将增大。试对此定律用函数的单调性证明。

【例3】根据定义证明函数$y = x + \dfrac{1}{x}$在区间$(1, +\infty)$上单调递增。

【设计意图】【例1】是利用定义来研究一次函数的单调性，同时也是对初中利用函数图象得到的结论的严格证明；【例2】是利用定义证明物理学中的玻意耳定律，特别注重培养学生数学表达的严谨性和书写过程的规范性；【例3】除按定义证明外，还可以引导学生用定义探究函数在整个定义域内的单调性。这些例题的设置，使学生了解定义法在讨论函数单调性问题中的作用，并掌握证明函数单调性的基本步骤，让学生体验代数推理的逻辑性，感悟数学思维的严谨性与深刻性。

5. 回顾总结，深化认识

【课堂小结】(1)如何定义函数的单调性？为什么要有"任意"一词？

(2)研究函数单调性体现的基本思想和方法是什么？

【设计意图】教师先给出提示性问题，引导学生自主小结，再小组合作相互补充完善，促使总结简明、到位，学生能力得到提升。

6. 布置作业，拓展延伸

【课堂作业】教材第85页习题3.2：1，2，3，8，9。

【设计意图】通过习题的巩固练习，学生会根据函数图象求得函数的单调区间，掌握函数单调性的判定方法，拓展增(减)函数定义的等价形式，灵活运用函数单调性解决问题。

案例评析：函数单调性教学以"问题串"的形式设计教学内容，以探究的方法建构学习过程，让学生经历函数单调性定义的形成，遵循研究数学对象的一般规律，在提高学生课堂参与的广度和深度的同时，激发学生实质性的数学思考。基于此，函数单调性的教学过程设计如图2-16所示：第一，创设情境，明确概念(图形语言和自然语言描述)；第二，设置问题，形成冲突(为什么要学形式化定义)；第三，引导探索，生成新知(怎样用符号语言刻画单调性)；第四，学以致用，理解感悟(能解决什么问题)；第五，回顾总结，深化认识(形成认知结构)；第六，布置作业，拓展延伸。

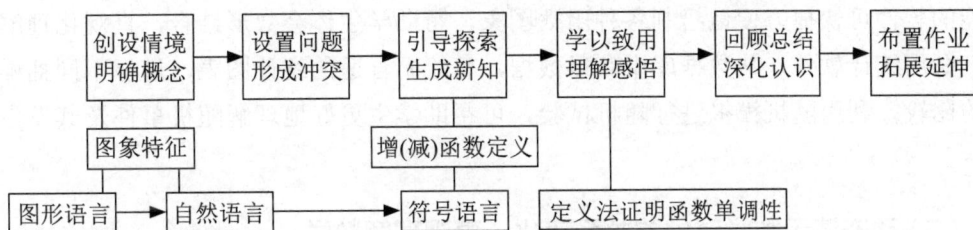

图2-16 函数单调性教学过程

Ⓕ 第六节 数学教学媒体选择

一、教学媒体的含义与分类

教学媒体是指在教与学活动过程中所采用的，以传播教学信息为最终目的的媒体。其中教学信息是指以教学为目的，并根据教学目标所选定的信息。常见的传统教学媒体有教科书、黑板、粉笔、模型、教具、实验演示装置等，以及教师的语言、表情、手势、板书等，甚至包括传统教学中的校园环境、实验室、实践基地等。现代教学媒体有投影、广播、录音、电视、电子计算机、电子白板等，以及它们组合的教学媒体系统，如语言实验室、多媒体综合教室、计算机网络教室、校园计算机网络系统等。

2020年的疫情防控极大地推动了线上教学的发展。新形势下，线上线下混合式教学的推广，极大助力了教师在线教学工具使用水平的提升。信息化平台具备课堂考勤、提问、随堂表现记录等管理功能，提供师生互动实时系统与学法指导服务，提供学生自学资源等。因此，以学生为本的个性化、自主化学习方式更易实现，全过程教学管理与大数据分析等也为教师针对性指导学生和科学评价提供有力依据与便捷途径。然而，如何利用好教学媒体辅助混合式教学的问题亟须突破。

二、现代教学媒体在数学教学中的作用

(一) 灵活应用软件媒介，提高学习效率

具有强大计算、绘图、数据处理功能的教学媒体可以减少解决问题过程中机械、重复的劳动，使学生将更多精力用于理解数学本质、探索数学规律，提高学习效率与效果。比如利用科学计算器可计算指数幂、对数、三角函数值等；利用具有绘制函数图象功能的软件可快捷方便地绘制各种函数图象，帮助学生体会数形结合，直观化理解新知；利用统计软件，从数据库中获得数据，可绘制合适的统计图表，进行不同抽样方法的比较；利用随机模拟进行随机试验，可帮助学生更好地理解随机事件及其发生的概率。

(二) 动态演示数学对象的关系变化，直观理解数学

现代教学媒体可提供不同形态的直观素材，为数学对象建立"多元联系表示"，使抽象的符号、复杂而零散的数据直观表示；还可对数学对象直接进行操作(如局部放大、变换研究对象的位置、重复引起变化的关键因素、动态显示等)，从而在直观、动态的情境中观察数学对象及其关系的变化，理解其中的本质。

(三) 建立交互性数学实验环境，提升数学素养

一些现代教学媒体具有强大的数值运算、代数推理、动态几何、统计分析等功能，使学生进行"数学实验"成为可能。现代教学媒体的交互性实验环境可帮助创设一些问题情境，让学生围绕某个数学问题展开探究，经历研究数学的过程，提升数学素养，因此现代教学媒体是助推学生发现规律、获得猜想、解决问题、主动建构新知的有力工具。

三、教学媒体的选择策略

随着信息技术的不断发展，教学媒体的种类与功能变得五花八门，因此教师如何选择教学媒体也就成为一个值得关注的问题。美国教育家爱德加·戴尔(Edger. Dale)曾就视听教材选择标准提出过7个同样适用于教育媒体的选择考虑因素：正确地思考想要表现的方法；给予学习事项以意义深奥的内容；要适合学生的年龄、智能和经验；满足物质上的条件；要有教师使用的手册，以便易达成有效的利用；促进学生的思考力，培养其

判断力；使用所花费的时间、费用和劳力都是值得的。著名的教育心理学家加涅和教学设计专家布里格斯、瓦格三人也曾给出关于媒体选择的15个实际问题，而英国教育技术专家罗密斯佐斯基也就教学媒体选择的问题提出影响媒体选择的因素模型(见图2-17)。

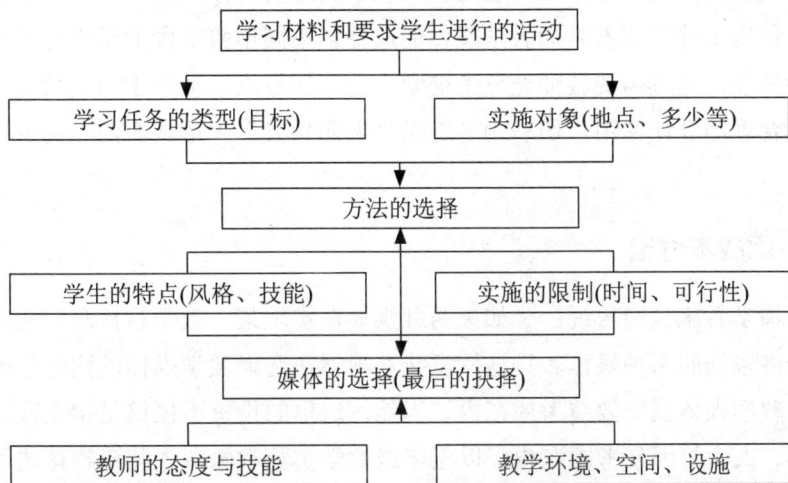

图2-17　罗密斯佐斯基的影响媒体选择的因素模型

本节基于已有研究观点，给出以下几种教学媒体的选择策略。

(一) 明晰教学内外条件

教师在使用教学媒体前，要清楚了解已有的教学条件，包括外部条件与教师、学生自身的技能条件。首先，教师要考虑教学所在地的物质资源、经济能力、管理水平以及周边文化环境等，避免出现"巧妇难为无米之炊"的情况。其次，在了解清楚现有的设备情况后，教师要对已有媒体的功能及特性进行把握。最后，教师要根据自身对教学媒体的掌握熟练度、学生使用的普及度和方便度等因素来初步筛选所用的媒体。

(二) 适应教学内容与目标

对于不同学科，教师所使用的教学媒体会有所不同，并且对于同一学科的不同知识模块，甚至不同课型使用的教学媒体都会有所区别，这就要求教师要针对教学内容选择适合学科特征与课型的教学媒体。例如在讲解立体几何新授课时，教师可以借助立体模型和动态几何画板进行模拟展示；在开展习题课时，教师则可以利用IRS(Interactive Response System)教学及时反馈系统，让学生使用手中的掌上电脑来给出问题答案，继而教师就能通过教师设备及时了解班级学生的知识掌握情况，从而给出相应的教学侧重点，提高教学效率。除此之外，教师要考虑到所选媒体的使用效果是否能达到预期的教学目标，例如在"解一元二次方程——公式法"这节课上，为了让学生直观体验并理解求根公式的推导过程，教师讲解公式推理时要更加注重在黑板上的步骤演示说明，而不能简单地利用投影来演示。

(三) 聚焦教学对象

尽管大多数情况下教师是为了自身的教学任务来选择的教学媒体,但毋庸置疑的是,学生才是教学活动中的主体,也是教师教学的主要对象,所以学生对于教学媒体的感受也很大程度上地影响着教师教学媒体的选择。不同年龄阶段的学生有着不同的理解能力与经验体会,这就需要教师充分考虑学生的认知特点,从学生的视角选取适合的媒体,并加以合理地设计使用,切忌为了追求"表面功夫""形式表演"而忽视学生主观体验。

(四) 考虑成本付出

美国传播学者施拉姆曾说:"如果两种媒体在实现某一教学目标时的功能一样,我一定选择价格较低的那种媒体。"这就意味着教师在选择教学媒体的同时应遵循经济性的原则,将教学媒体投资效益考虑在内。当然,这里的投资不仅仅是指金钱方面,同样还要将时间、人力等因素考虑在内。以五年级数学实验教学课"测量物体体积"为例,本节课需要用到橡皮泥、烧杯等教学工具,教师可以选择市面上性价比较好且符合要求的橡皮泥,并将实验所需时间以及是否需要其他教师帮助、需要多少帮助等都考虑在内,通过综合分析实现效益最大化。

在此附以数学教学媒体选择的问题一览(见表2-6),供读者参考使用。

表2-6 数学教学媒体选择问题

主要考虑因素		问 题
条件	外部条件	教学所选场地容纳的人数是多少?能否保证学生都在媒体传播范围内?
		教学所在地都有哪些教学媒体?还需添置吗?
		如遇突发情况,教学媒体无法使用,教师能否继续开展教学活动?
	运用能力	你会使用哪些教学媒体?是否熟练掌握其使用方法?如果不会使用,是否有方便简单的手册或培训以供学习?
		学生使用过哪些教学媒体?是否熟练掌握使用方法?如果不会使用,是否有方便简单的手册或培训以供学习?
内容	课型	你要讲的课是什么课?(新授课、复习课、习题课……)你选的媒体适合该节课的课型吗?
	知识模块	你讲的知识内容是什么模块?(代数、几何、概率与统计……)你选的媒体适合该节课的知识模块吗?
对象	兴趣	你选的教学媒体可以吸引学生兴趣吗?
	理解	学生能够理解你选择使用的教学媒体吗?
效果	呈现	呈现效果如何?是否能通过使用所选教学媒体达到教学目标的要求?
	内化	能否促进学生对知识的思考与迁移?教师能否得到发展?
成本	金钱	你所需的教学媒体需要花费多少?有足够的资金支持吗?
	时间	你在课堂中使用教学媒体的时间大概是多少?是否会影响正常教学?
	人力	你使用的教学媒体需要多少人力参与?合适吗?

四、教学媒体选择的案例

■【案例2-11】 "任意角"课时教学媒体选择[1]

本节课使用的教学媒体为黑板、投影与搭配GeoGebra教学软件的电脑，以此来开展可视化教学。本节课通过丰富的典型实例呈现，让学生积累足够的数学体验，理解周而复始现象的变化规律；与此同时借助GeoGebra实验平台，让学生在"动态旋转"中建构任意角的概念、理解终边相同的角的符号表达。

案例评析： 课堂伊始，教师利用投影反映出生活中周期性现象的动图实例，引领学生追踪动图中点与线的变化，引导学生"看"到数学，即体现"用数学的眼光、视角发现问题"；课中，教师通过动图引导学生进行数形结合，使学生对角的理解从静态定义改造为动态旋转，同时教师在GeoGebra中演示任意角的绘制，以及循着学生探究活动的思路进行一系列软件操作，通过可视化的手段让螺旋线变得具象、可见，突破教学重点；在学以致用环节，GeoGebra系统自动出题，通过游戏形式帮助学生对任意角的认识由"形"回到"数"。

■【案例2-12】 "函数$y = A\sin(\omega x + \varphi)$的图象"教学媒体选择[2]

对于研究函数$y = A\sin(\omega x + \varphi)$的图象的课题，本节课选用图形计算器进行教学，为学生更好地经历"寻找研究方法、建立与已有知识间的联系、画图象、发现与提出问题、解决问题"这一思维活动提供技术支持。

案例评析： 本节课重难点为"函数$y = A\sin(\omega x + \varphi)$的图象与函数$y = \sin x$的图象有什么关系"。要突破这个重难点，需要让学生通过观察各参数对函数图象带来的变化，之后归纳特点，发现规律，提出猜想。学生仅依靠使用五点法作图不能认识图象与函数。这是因为在一定的课堂时间内，画出的图象有限，并且画出的图象是静态的，学生无法清晰观察到动态图象的变中不变的特征。图形计算器恰好提供了学生动手操作探究的条件，学生可从不同角度认识图象与函数，交流不同的猜想，通过技术运用，帮助自己建构数学、理解数学，甚至创造数学。

[1] 张志勇. 于寻常之中发现不寻常："任意角"的教学设计与反思[J]. 中学数学月刊，2020(8): 1-5.

[2] 涂荣豹. 数学教学设计原理的构建 教学生学会思考[M]. 北京：科学出版社，2018: 283-307.

◐ 第七节　数学课堂检测设计

课堂目标检测既考验教师的智慧，也是对学生学习内容的有效提升和深入，是教学活动中不可或缺的一环。以检测为始，可以更好地了解学生的学情、学况，抓住学生学习中的疑点、难点，从而进行有针对性的教学；以检测为终，可以有针对性地根据结果来调整教学设计与反思；而检测贯穿始终的课堂，则可以更好地做到步步落实，环环相扣。

一、课堂检测设计的方式与要求

课堂检测设计要预设好检测方式、目标检测时间与次数、反馈标准、目标达成行为等。课堂检测的方式有多种，可分为口头评价式、书面笔答式、动手操作式、实验报告式、作品赏析式等；也可从集体的角度分为集体检测式、小组检测式、同组互助式、限时训练式等。这里简要介绍口头评价式、书面笔答式和动手操作式的课堂检验方法与要求。

课堂口头评价作为师生之间一种有效的交流方式贯穿于整堂课，恰当、适时的口头评价会起到直接的导向作用、积极的激励作用、互动的交流作用，同时对学生认识自我、树立自信起到很好地促进作用。口头评价时，教师要善于利用即时评价捕捉学生的闪光点，利用延缓评价留给学生思维发展的空间。对于学生的学习态度、学习习惯、学习方法、学习能力等，教师不能简单地给予肯定或否定，而是要注意学生自身的发展情况，给予学生总体性的评价，用欣赏和发现的眼光多角度激励学生，让不同程度发展的学生都能积极地参与到教学活动中，促进学生的自我评价与反思。

书面笔答式的检测方法常利用书面检测题来进行。这些检测题可以是习题，也可以是自编题，题目的选取应注意回扣教学目标与学习任务。曹一鸣教授曾指出习题的教学设计与呈现方式：首先，确定习题教学对整节课的作用，思考习题出现的位置和次序；其次，运用好5个常用的技巧，即铺垫、串联、留白、化归、拓展；最后，重视课上检测与课后习题的联动搭配，对学生进行巩固性测试与评价，满足不同程度学生的学习需求，实现学生的过程发展、长期发展。选取检测题时应进行综合地考量，使检测题充分发挥出知识梳理、方法运用、能力训练和素养培养等作用。

动手操作式的检测方法要符合学生已有能力水平与思维水平，并要控制好时长等。在学生动手操作过程中，教师评价语言要及时、全面、客观，并考虑学生心理承受力等因素。

二、课堂检测设计的原则

(一) 科学性原则

检测内容必须科学，符合教学内容的相应要求，准确把握知识结构中的重难点，符合学生的思维特点和认知发展的客观规律，同时目的明确；检测的时间安排必须科学，具体的检测时间与教学后的时间间隔应当科学选择，需要及时反馈的检测可当堂进行，而巩固提升性检测需给学生留充足的时间来思考、练习；检测对象的划分必须科学，教学提倡因材施教，检测也应遵循这样的原则进行分层检测，为每个层次的学生量身定做合适的检测，使每个学生的能力都能得到最大程度的提高。

(二) 层次性原则

检测题的设置要具有顺序性、层次性，难度应由易到难、由基本到复杂、由巩固性到发展性逐渐递进，兼顾学生的"最近发展区"，既要让学生体验成功感，培养学习数学的兴趣和信心，又不至于因检测过于复杂而使学生失去原有的学习动力。

(三) 针对性原则

针对基本知识的检测，要从学生可持续发展角度来考虑检测内容的数量、质量与难度，以更好地落实"四基""四能"基本要求，同时给学生的弹性成长留有空间。针对知识难点的检测，要考虑学生学习难点、疑惑点，进行不同类型、不同数量、不同难度的递进检测。针对教学补充的检测，可针对知识的不同侧面选择习题，以拓宽学生的视野，打开学生思维，促进学生深度思考知识的本质。

(四) 多样性原则

多样性原则主要表现为检测题型的多样化和检测方式的多样化。检测的题型可多样化，例如可单项知识检测与综合达标检测兼顾，让学生在有趣而富有挑战性的问题情境中愉快地完成知识建构。检测的形式也可多样化，例如数学建模教学课的检测可以划分小组，以组为单位进行检测汇报，在此过程中不仅是对知识的学习检测，更侧重于对学生合作交流、自足学习能力方面的检测。

(五) 时效性原则

教学的主要阵地是课堂，因此课堂检测尤为重要，教师要及时检测并反馈结果，帮助学生及时发现不足，纠正错误，调整学习策略，以促进学习进阶的形成。同时，教师点评要精辟到位、具体、有针对性。

三、课堂检测设计的案例

■【案例2-13】 "基本不等式"教学目标检测设计(引用天津市滨海新区汉沽第一中学刘勇老师"基本不等式"教学设计片段)

1. 比大小:

$$(x+y)^2 \underline{\qquad} 2xy; \quad 15 \times 16 \underline{\qquad} \frac{15^2 + 16^2}{2}; \quad \frac{2^x + 3^x}{2} \underline{\qquad} 6^{\frac{x}{2}}$$

2. 求下列函数的最小值,并求出自变量满足什么条件时取得最小值?

(1) $y = x^2 + \dfrac{2}{x^2}(x \neq 0)$; (2) $y = x + \dfrac{1}{x-1}(x > 1)$; (3) $y = \sin x + \dfrac{1}{\sin x}\left(x \in \left(0, \dfrac{\pi}{2}\right]\right)$

【设计意图】第1题检测 $y = ax + \dfrac{b}{x}(a > 0, b > 0)$ 型函数在定义域为$(0, +\infty)$的最小值的掌握情况。第2题第(1)小题体现最小值时x有两个值;第(2)小题体现简单的配凑方法,检测学生对不等式形式的理解;第(3)小题重点突出换元思想和"="成立条件的理解。此题为下节课的学习做好准备。

第三章 | 中学数学微课教学设计

ⓘ 第一节 中学数学微课概述

一、微课产生的背景和概念界定

在信息化和全球化的时代里，越来越多的事物被冠以"微"的名号，如微博、微信、微电影、微小说、微旅行等，我们悄然进入了一个"微时代"，教育也不例外，出现了微课、微课题等。

微课的雏形最早见于美国北爱荷华大学(University of Northern Iowa)有机化学教授 LeRoy A. McGrew在1993年提出的"60秒有机化学课程"[1]，这个课程的目的是让非科学专业人士在非正式的场合中也能了解化学知识，并希望将其运用于其他学科领域。1995年，英国纳皮尔大学(Napier University)Terence Kee教授提议，让学生对特定主题进行一分钟演讲(One Minute Lecture，OML)，在准备过程中学生必须思考与主题相关的、应被熟悉掌握的核心概念。他认为，学生在特定的领域中应具有掌握核心概念的能力，以应对快速发展的学科知识与正在融合的交叉学科[2]。2008年，美国新墨西哥州胡安学院(San Juan College)高级教学设计师、学院在线服务经理戴维·彭罗斯(David Penrose)正式提出"微课"这一概念，并将其运用于在线课程。

国内研究者对微课有着不同的解读。2011年，广东佛山教育局研究员胡铁生率先提出"微课"的概念，将之定义为："按照新课程标准及教学实践要求，以教学视频为主要载体，反映教师在课堂教学过程中针对某个知识点或教学环节而开展教与学活动的各

[1] LEROY A. MCGREW. A 60-Second Course in Organic Chemistry[J]. Journal of Chemical Education，1993，70(7)：543-544.
[2] KEE T P. The One Minute Lecture [J]. Education in Chemistry，1995(32)：100-101.

种教学资源有机组合。微课的核心内容是课堂教学视频(课例片段)，同时还包含与该教学主题相关的教学设计、素材课件、教学反思、练习测试，以及学生反馈、教师点评等教学支持资源，即以一定的结构关系和呈现方式共同营造一个半结构化、主题突出的资源单元应用'生态环境'，是在传统的教学资源类型的基础上继承发展而来的。"[1]华南师范大学焦建利教授认为，"微课"是以阐释某一知识点为目标，以短小精悍的在线视频为表现形式，以学习或教学应用为目的的在线教学视频[2]。上海师范大学黎加厚教授认为，"微课程(微课)"是指时间在10分钟以内，有明确的教学目标，内容短小，集中说明一个问题的小课程[3]。

基于几位学者对微课的定义，我们研究界定中学数学微课的概念为：在无真实学生的情况下，按照数学课程标准和教材的要求，有计划地围绕某一教学任务构建的，时长在10分钟左右的中学数学模拟课堂。中学数学微课主要用于向学生传授数学知识、一线教师教学成果的评选和学习，以及高等师范院校学生教育教学能力的培养。除此之外，微课视频还是教师进行线上教学或线上线下混合式教学的有效补充。

二、微课与常规课的比较

通过对文献及微课资源网站的研究，我们发现，微课与常规课有着较大的区别(见表3-1)。

表3-1 微课与常规课的区别[4]

维度	微课	常规课
授课内容	少量知识点(多数情况下1个)	多个知识点
授课方式	以教学视频、音频等信息技术媒体为载体，可根据需要反复观看课程视频	面对面讲授，课程无法重现
授课时长	10分钟以内(部分微课的授课时长10~20分钟)	40分钟(或45分钟)
教学场地	任何场所	教室
设备支持	多媒体数码终端设备(如计算机、智能手机、平板电脑)	计算机、投影仪、黑板或电子白板
知识点针对性	强	弱
对教师信息技术要求	较高	较低

相比于常规课，微课对师生提出了更高的要求。对学生而言，微课能促进学生自主学习与个性化学习，自主选择性强，对学生的自控力要求较高。同时微课还要求学生具

[1] 胡铁生. "微课"：区域教育信息资源发展的新趋势[J]. 电化教育研究，2011，(10)：63-67.

[2] 焦建利. 微课及其应用与影响[J]. 中小学信息技术教育，2013(4)：13-14.

[3] 黎加厚. 微课的含义与发展[J]. 中小学信息技术教育，2013(4)：9-12.

[4] 张一川，钱扬义. 国内外"微课"资源建设与应用进展[J]. 远程教育杂志，2013，31(6)：26-33.

有收集、分析和应用信息的能力。对教师或高等师范院校学生(以下将两者统称为教师)而言，微课可以让学生随时随地进行学习，可以展示教学成果，可以作为教学大赛的作品，可以进行教师间的交流，这不仅要求教师具备学科知识与教学技能，还要提高信息技术水平，并不断改进教学方法，在较短的时间内讲授知识点。

三、中学数学微课的应用

(一) 提升教师的专业能力

广东佛山教育局研究员胡铁生在整理了中小学教师对不同类型教学资源的需求后，结合自身区域资源建设的实践与思考，于2010年率先提出微课概念并对中小学优质微课区域资源的开发付诸实践[1]。

2010年，佛山市成功举办了首届中小学教师优秀微课作品大赛，主要面向中小学一线教师，并获得了积极响应。2012年，佛山市举办了第二届中小学教师优秀微课作品征集评选活动。此后，江西省、浙江省等地也相继开展了中小学优秀微课作品征集活动。2012—2013年，我国教育部教育管理信息中心举办了面向全国中小学教师的首届"中国微课大赛"，教育部大赛主委会在国内一些省市展开微课的宣传与培训活动，引导教师积极参与，使微课走进学校、走进学习、走进生活。2017年，在中国教育学会中学数学教学专业委员会支持下，中国教育学会中学数学教学专业委员会会刊《中国数学教育》杂志、会报《数学周报》成功举办首届"数学周报杯"全国中学数学微课大赛。

各地区、各高校相继举办数学微课大赛，并鼓励教师积极参赛，旨在通过比赛的形式评选优秀教学课例。在准备比赛过程中，教师不断完善微课设计，不断提升自身的数学学科知识水平与教学技能，从而达到提升数学教师的专业发展水平，促进数学教师教学能力发展的目的。

(二) 补充课堂教学

第一，数学微课适用于数学学习困难或缺课的学生。如果学习困难的学生一时不能完全掌握数学课堂上讲授的内容，或者有些学生因病因事缺了课，那么学生就可以在课后反复观看微课，这就充分发挥了微课的"微小、方便、快捷"和"可移动"的优点，让"固定学习"成为"移动学习"。

第二，数学微课适用于学生的课后复习。根据艾宾浩斯遗忘曲线(H. Ebbinghaus)研究，学生在课后不复习，一段时间后会遗忘课堂所学的大部分知识，因此要不断复习巩固知识。学生通过观看微课，不仅可以再现课堂知识要点，激活记忆的细胞，提高复习

---

[1] 胡铁生，詹春青. 中小学优质"微课"资源开发的区域实践与启示[J]. 中国教育信息化，2012(22)：66-70.

效率，还可以"温故而知新"，加深对所学内容的理解。

第三，数学微课适用于学生寒暑假的自学。在寒暑假期间，学生可通过微课进行预习，提高自学效果。教师也可以根据本校学生学情，录制下一学期的系列微课，减少了学生在众多网络资源中筛选的时间，提高预习效率[1]。

(三) 助力网络教学

2020年初，新型冠状病毒席卷全球，国内各地停工停课，打乱了正常生活和学习秩序。在此背景下，教育部办公厅发布《关于中小学延期开学期间"停课不停学"有关工作安排的通知》，要求各类学校依托各级各类在线课程平台等载体，积极开展网络教学等在线教学活动。为保证疫情防控期间的教学进度和教学质量，催生了全国范围内大规模、多类型、各形态的网络直播课堂，而微课在网络教学中发挥了不可替代的作用。

大量的网络学习平台、学习软件免费向学生开放，为学生提供了"学习福利"的同时，也需要学生耗费大量时间和精力去甄选。针对这一现象，许多学校采用网络直播加微课的模式进行线上教学。教师在海量的在线学习资源中进行筛选，并通过提供本地资源、有效链接等形式，力争将最优化、最合适的网络课程推荐给学生使用[2]。同时，为了使网络教学资源更符合学校学生的学情，学校组织学科骨干带领教师进行微课录制，推出不同年级、不同学科的微课，辅助学生学习。在学生通过微课进行自学后，教师还会通过网络直播及时解答学生的疑惑，并开展课后作业的辅导。

四、微课设计的基本流程

微课不是简单地将完整的教学视频按知识点截成片段，而是需要精心的设计，从教学设计到微课成型，再根据实际情况及时调整设计，完成上传，并参考评价反馈研讨修改，推动微课不断完善。中学数学微课的设计流程如图3-1所示。

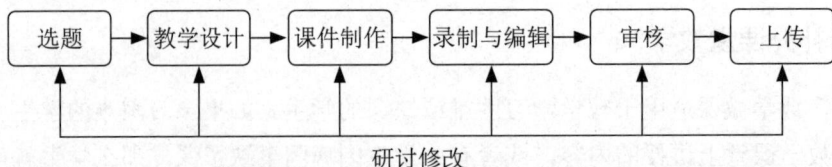

选题 → 教学设计 → 课件制作 → 录制与编辑 → 审核 → 上传

研讨修改

图 3-1 中学数学微课的设计流程

微课的设计流程并不是一成不变的，教师要根据使用情况进行调整。如果微课用于补充课堂教学或助力网络教学，教师可以根据本班或本年级的学生情况，选取微课题目，初步进行教学设计后，制作多媒体课件，并进行视频制作与编辑。整个过程需要不

[1] 张磊. 关于中学数学教育"微课热"的几点"冷思考"[J]. 数学通报，2016，55(4): 4-6，11.

[2] 翁飞霞，吕穆娜. 瞄准关键问题，打通网络课堂"最后一公里"[J]. 中小学管理，2020(3): 29-30.

断地研讨修改，最终形成微课教学视频，这种情况不涉及图3-1所示的最后两个步骤。如果是现场进行微课比赛，需要教师抽题或按照给定题目在短时间内完成教学设计，现场讲课，不涉及图3-1所示的后续4个步骤。如果是提交微课作品参赛，教师需要从一定的题目范围中选题，精心设计教学，制作课件，并通过录屏、拍摄等形式完成微课制作，最后将视频编辑成型，完成上传。由于审核和上传环节不涉及课堂教学内容，不列入研究范围，本小节着重论述选题、课件制作、录制与编辑三个环节，教学设计环节则放在第五小节重点阐述。

(一) 选题

在选题阶段，微课强调选题的简明性。中学数学微课选题的关注点可以是对中学数学课程中的重点、难点、疑点、易错点等知识点的解读，也可以是对具体问题(或题目)的思路分析。微课的选题要遵循小而精的原则，每节微课只解决一个问题或一个问题的某个方面，具备独立性、完整性和示范性。

常见的微课选题有六大类。一是知识类：对某一知识点进行梳理、提炼、概括等，便于学生理解和掌握知识结构；二是技能和方法类：解读某一种技能或者解题方法，让学生能全面透彻地了解来龙去脉，掌握程序步骤；三是习题讲评类：与第二类相似，该类侧重学习的重点、难点，特别是易错点的解读；四是探究实验类：利用几何画板、GeoGebra等软件，采用信息技术手段进行探究实验；五是学科素养类：深挖学科原理的根源，帮助学生深刻地理解相关的内容，提升学科素养；六是激趣拓展类：让学生了解即将学习的内容与生产生活的紧密联系，激发学生兴趣，拓展学生视野[1]。

(二) 课件制作

在课件制作时，教师要对界面进行合理布局，可以采用留白、对齐和聚拢等原则，使教学内容更加鲜明突出，以获得最佳的教学效果。课件所展现的内容要清晰美观，标题和正文文字存在差异，同类文字设置要通篇保持一致，文字排列要有序。课件中的要点部分可以利用提示性信息，如用有色字体标识、屏幕侧边列出关键词、用符号标注等。同时，教师要重视学生的视听感觉和认知规律，充分发挥多媒体的作用，通过合理地插入图片、表格、音频、视频、几何画板、GeoGebra等使课件更加生动形象，促使学生对所学知识产生浓厚兴趣。

(三) 录制与编辑

在录制微课时，一般有屏幕录制和拍摄录制两种方式。屏幕录制类微课主要是利用PPT、多媒体课件、计算机软件工具等教学或辅助教学材料在计算机屏幕上展示，教

[1]　薛红霞.微课的制作与应用：基于29节微课的评析与反思[J].中小学管理，2016(12)：37-39.

师对着计算机显示的教学材料讲解教学内容，或者教师直接利用鼠标、手绘板或触摸屏等在计算机显示器中书写教学内容，利用计算机录屏软件将屏幕显示的教学内容、教师的书写和点评、教师的讲解录制下来，实现微课教学过程的视频录制[1]。屏幕录制类微视频制作方法简单、方便，几乎没有技术门槛，很容易在普通教师中推广。为了提高这类微课视频的制作质量，视频录制最好在学校的录音室、电教室或家中比较安静的房间内进行。

拍摄录制类微课主要是将教师的讲课、演示、示范等教学活动利用摄像机或录播系统拍摄下来，制成教学微视频。教师的教学活动可以在教室、实验室、演播室、微格教室、实习场地、室外操场等地展开，也可以使用黑板、白板、投影、触摸屏、演示设备等教学工具。相比于录屏类微课，拍摄类微课视频制作简单，但其更注重教师给观者的整体感受，如教师的仪表仪态、神情、肢体语言、教学环境的布置等，都决定着微课的质量。

录制完成后，制作者还需要对录制内容进行编辑处理，生成大小适宜、适合在各种环境下播放的独立文件。制作后的视频力求画质清晰、图像稳定、语言标准、声音清楚(无杂音)、声音与画面同步。

五、中学数学微课教学设计的要点

中学数学微课的教学设计要落实一个中心、六个方面，即以学生为中心，以教学目标阐明、教学内容分析、学习者分析、教学策略制定、现代教学手段运用、教学流程设计为要点，具体表现为以下6个设计要点。

(一) 教学目标要精细准确

课程标准提出的指导性教学原则是教师教学的出发点与归宿，教师应深入钻研《义务教育数学课程标准(2011年版)》《普通高中数学课程标准(2017年版2020年修订)》。在教学目标的制定上，中学数学微课的教学目标显然不易达成面面俱到，与其设置大而空的条条框框，不如将目标精细化，精准设计，制定明确、具体、切实可达成的教学目标。

如《普通高中数学课程标准(2017年版2020年修订)》将平面向量基本定理的教学目标表述为"理解平面向量基本定理及其意义"，所以平面向量基本定理这一课题的数学微课的教学目标可制定为：经历用两个不共线的向量(基底)来表示给定向量的作图过程，形成平面向量基本定理的直观认识；借助现代多媒体技术理解平面向量基本定理的几何表示，通过推理论证，理解平面向量基本定理的代数表示，归纳出平面向量基本定

[1] 孟祥增，刘瑞梅，王广新. 微课设计与制作的理论与实践[J]. 远程教育杂志，2014，32(6): 24-32.

理；发展数学抽象、直观想象、逻辑推理等数学学科核心素养。可见，以平面向量基本定理为课题的微课教学目标是对课程标准中"理解平面向量基本定理及其意义"的细化设计，能集中说明一个问题，更加精准可行。

(二) 教学内容要以教材为主线、详略得当

首先，在数学微课的教学内容上，教师务必以教材为主线，把教材内容吃透，因为讲好一节课的重要前提是把给定的教学任务讲清楚。个别教师在数学微课的教学上，由于课堂教学时间短，会对教材中的教学内容进行改编。例如在指数函数的概念这一课题的微课教学中，一些教师为求在规定时间内完成教学任务，直接借助细胞分裂情境引入指数函数的概念，紧接着讲解例题，完成教学任务。而在人教A版教材中，指数函数的概念这一小节由两个问题引导学生形成概念。问题1是在中国经济高速增长，人民生活水平不断提高，旅游成为越来越多家庭的重要生活方式的大背景下，提出有关两地景区游客人次变化情况的问题；问题2给出了"半衰期"的概念，进而提出生物体内碳14含量与死亡年数之间有怎样的关系的问题。对比指数函数概念形成的两种方式，我们可以发现，教材中的实际问题不仅能引导学生充分理解指数函数中每个量的实际意义，还能让学生了解了我国经济发展变化等社会问题，拓宽了学生的知识面，有利于学生的成长。同时，这节课是下一章对数函数概念的基础，如果学生能透彻地理解指数函数的概念，那么在对数函数概念的学习中就会相对轻松。部分教师认为教材上的内容不好讲、不必讲，究其根本原因是教师本身没有深入研究教材的整体知识结构，不能充分理解教材情境设置的意图。教师不应随意更改教材内容，要做到熟练掌握教材内容的前后联系，将重要的内容在短时间内讲清楚。

其次，在中学数学微课上，教学内容要详略得当，教师要集中力量，专项突破。每堂数学课都有重点、难点与亮点，教学重心应落在这"三个点"上，这也是一节微课的精华所在。若是数学概念课，就应将重心落在数学概念的生成上；若是数学定理课，就应将重心落在数学定理的证明上；若是数学知识运用的习题课，就应将重心落在数学知识的前后连贯性和变通性上；若是数学复习课，就应将重心落在数学知识网络的构建与深层挖掘上。教师在教学过程中要抓住课堂核心，有所侧重、突出重点、突破难点、凸显亮点。如果学生能通过自主学习、合作学习掌握的基本内容，教师不妨放手，这样既可以节省时间，简化学习过程，又可以把教师的注意力集中到难点解析、主题引导上。教师要处理好内容上"详"与"略"的矛盾，精心取舍教学内容，做到取舍恰到好处，既要保证在有限的时间内完成教学任务，又要突出教学重点和难点。例如在讲解有理数的加法时，教师的主要任务是引导学生掌握有理数的加法法则。教师一般从正数与正数、负数与负数、正数与负数、正数与零，以及负数与零这5个方面展开讲解，进而总结法则。但是在数学微课中，如果把这5个方面一一讲解，显然在10分钟的时间是不

可能完成的，所以教师要学会取舍教学内容，详略得当地展现这节课。教师可以详细讲解正数与正数的加法和正数与负数的加法，渗透创设情境、利用数轴的方法。在负数与负数、正数与零和负数与零的加法教学中，由于学生已经掌握了利用数轴进行运算的方法，此处的教学应更加倾向于学生自主探索。教师还可以通过几何画板、GeoGebra等动态数学软件进行展示，这样不仅缩短了课堂时间，也充分体现了课堂上教师的主导作用和学生的主体作用。

(三) 基于真实情境，注重师生互动

数学微课面向无生课堂，但教师应假设有学生在场，做到"场上无学生，心中有学生"，具体表现在两个方面。一方面，教师要充分了解教学任务所对应的学生学情，以学生的学为主线，精心设计教学活动。教师在整节课的设计上要从学生的视角出发，善于运用启发性提示语，引导学生由未知到已知，使学生在获取知识的同时，掌握数学思想方法，提升数学学科核心素养，养成良好的思维习惯。这就要求教师必须熟悉教学内容对应的学生学情，包括学生的年龄、已有的认知基础等多个方面。另一方面，教师要注重微课上的师生互动。新课程改革最大的变化就是强调学生的主体性，数学微课越是没有学生实体，教师就越应该注重师生互动交流的设计。这种设计不仅是"师"和"教"的需要，更是"生"和"学"的需要。微课教学设计上预设的互动不必刻意地细致安排，只需自然收放，但要注意有放必有收，放是手段，收是目的；放是基础，收是升华。

在微课上教师预设问题要注意以下三点。

第一，整体规划提问，展现学生思维过程。比如在"正弦、余弦函数图象"的教学中，教师可以在几个关键的思维转折处预设问题：为什么取这样几个特殊的点？为什么直接能想到用平滑曲线连接而不是用线段连接？得出了画正弦函数图象的精确方法，大家还有没有其他疑问？每次都用正弦线画图象是不是有点麻烦呢？有没有更加简单也比较准确的方法呢？画出正弦函数图象后，接下来应该做什么呢？如何画余弦函数图象呢？

第二，注意有效运用元认知提示语。使用元认知提示语的目的就是让学生感觉教师只是提供了一些方法和建议，即提供可迁移的内部帮助。内部的帮助可以在学生已有相关知识基础上指引着解决问题的方向、解决问题的一般化方法与策略的提出。比如在"两直线位置关系"的教学中，在必要的元认知及认知提示语的铺垫下，一些问题完全可以以逐步自然呈现的方式提出。教师首先提问："研究两条直线的位置关系，先研究简单情况平行，再研究复杂情况相交；研究复杂情况，先研究特殊情况垂直，再研究一般情况。那么今天应该研究什么情况？"学生一般可以回答出要研究两条直线相交的一般情况。教师进一步提问："研究两条直线相交的一般情况，也就是相交但不垂直的情

况，一般怎样刻画两条直线的位置关系呢？"这样按照一般科学研究方法的进行顺序，逐步引出本节课要学习的内容，并为如何学习这个内容打好基础。

第三，及时分析纠正学生的回答。在微课上，教师提出一个关键性的问题后，可以假设性地留出一定的"等待时间"给学生独立思考。教师在预设问题时，可以根据自身的教学经验和教学内容的特点，将课堂中的易错点设置成问题，若学生回答错误，教师及时纠正错误，通过这种方法加深学生对这个知识点的理解。教师在微课上要体现出这样的理念：错误的回答也可以成为宝贵的教学资源。另外，如果一个问题有多种解答方法，教师可以预设不同的学生回答，这时教师可以剖析每一个学生的答案，也可以请学生向大家解释为什么会想到这种方法，进而对比两种或几种方法，发现不同解法的各自优点，发散学生思维[1]。

(四) 合理选择教学策略

所谓教学策略，就是在教学目标确定以后，根据已定的教学任务和学生特征，有针对性地选择与组合相关的教学内容、教学方法和技术，形成的特定教学方案。任何一项教学活动的开展都离不开教学策略，恰当的教学策略是有效达成教学目标的重要保障。在微课的设计中，策略选择是核心环节，直接体现出教师的教育理念、教学技巧，乃至教学智慧。微课教学本质上属于有意义接受学习的范畴，因此微课教学的策略要重点放在激发学习兴趣和促进有意义学习的发生这两个关键点上。在有意义接受学习理论、学习动机相关理论的指导下，结合视频媒介传播的特点，我们归纳出三种常用的微课教学策略[2]。

1. 先行组织者策略

先行组织者是教育心理学家奥苏贝尔提出来的重要概念，是指先于学习任务呈现的一种引导性材料，它比学习任务本身具有更高的抽象、概括和综合水平，能够起到把学习任务与学生认知结构中原有的观念相关联的作用。比如说，在讲解等腰三角形的时候，三角形的概念可以作为先行组织者。作为一种教学策略，其应用的方法是：先呈现先行组织者，再呈现新的学习内容，最后梳理清楚当前内容与原有认知结构的关系，促进新旧知识融会贯通。在微课的设计中，教师可以充分利用视频信息可视化的特点，尽可能把教学内容的知识结构进行可视化处理，方便学生理解。当学生能够顺利利用自己原有的知识体系理解、同化新的学习内容时，容易生发出学习的成就感和满足感，进而愉悦的学习休验伴随有意义学习得以发生。

2. 基于问题的教学策略

提出问题是学习的开始，解决问题是学习的最终目标。在微课中，巧妙的提问方

---

[1] 李鹏，傅赢芳. 论数学课堂提问的误区与对策[J]. 数学教育学报，2013，22(4)：97-100.

[2] 林雯. 微课教学设计的原则与三个关键问题探讨[J]. 中国教育信息化，2016(6)：26-30.

式可以有效激发学习兴趣，指引学习方向，统领学习内容。基于问题的教学策略容易操作，教学效果好，其设计的关键点在于找准问题的内容以及提问的方式。一般来说，问题的内容最好处于学生学习的"最近发展区"，难度适中，过于简单或者复杂的问题都不容易激发学生的兴趣。同时，提问的切入点要尽量结合社会现象、生活实践、学习需求、思想动态等，以激发和维持学生的学习兴趣。如果一个微课中有若干问题，要注意问题的内在逻辑关系，巧妙地利用起承转合，让微课成为一个有机整体。最后，微课是基于视频的单向信息传递，不是师生的双向交流，所以微课一般需要采用自问自答的方式进行内容串接。

3. 情境化、案例化、故事化的教学策略

建构主义学习理论认为，发生在真实情境中的学习是效果较好的学习。教学实践也表明，与真实情境相关联的学习内容不仅较容易引起学生关注，还能够让学生注意力的维持时间较为长久。因此，创设情境、分析案例、讲故事能够有效吸引学生关注力，教师在微课教学实践中要广泛运用这种策略。例如，在学习三角函数$y=A\sin(\omega x+\varphi)$时，可以以简谐振动(单摆、弹簧等)、声波(音叉发出的纯音)、交流电中的电流等实例为情境，让学生感悟到三角函数在刻画周期变化现象和解决实际问题中的作用的同时，归纳提炼出类似的表达式。再如，在学习"充要条件"时，可以设立情境："当你和妈妈一起出门，在路上遇到你的老师时，你和老师介绍了你的妈妈'这是我的妈妈'，那么大家想一想，妈妈还会再说一次'这是我的孩子'吗？答案肯定是不会了。因为你介绍你的妈妈就足以说明你是她的孩子了。我们今天把这个问题和数学结合起来，看看这个问题在数学上有一层什么关系。"[1]

以上三种是微课设计中常用的策略，教师可以根据具体情况合理搭配，灵活使用。当然，微课的教学策略并不局限于这三种，策略本身充满了创造性，有无穷变化的可能性，一个富有教育激情和教学智慧的老师更易因地制宜、因材施教，设计出更好的微课。

(五) 注重现代教学手段的运用

使用多媒体教学是时代发展的必然要求，微课也不例外。微课不仅可以用幻灯片呈现，还可以借助动画、视频等多媒体技术，进而扩充课程容量，增强授课效果。科学调查研究表明，人们靠听觉获得的知识，能够记忆其中的15%；靠视觉获得的知识，能够记忆其中的25%；而同时运用视觉和听觉，则可接受65%的知识。多媒体教学的最大优点就是优化组合动态视频(录像)、动画、照片(图片)和声音，将一些现实生活中运用口述、板书难以表达清楚的内容(抽象内容)向学生直观展示，以突出教学活动中的重点，突破教学内容中的疑点和难点，达到最佳的教学效果。

---

[1] 夏新德. 情境教学模式在高中数学教学中的应用[J]. 中学生数理化(教与学), 2020(11): 76.

在微课中，大多数教师会选择使用PPT。在制作PPT时，选材不能过于复杂，PPT页数不能过多。PPT页数过多，不仅会使PPT的播放过于复杂，还会削弱了教师对问题深刻的分析和引导。一般来讲，一节微课选取的素材不应过多，线索要尽可能单一，要提倡一材多用，PPT的制作张数也应控制在10张左右。

除PPT这一常规多媒体教学手段外，教师还可适当使用音视频教学、动态数学软件、电子白板互动教学等手段。如在"椭圆的定义"这一数学微课的教学中，教师可以首先播放一段行星运动轨迹的小视频，这样不仅紧扣教学主题，还可以吸引学生的注意；在介绍椭圆时，可以借助几何画板、GeoGebra软件动态展示圆锥曲线的形成过程；在椭圆的定义中介绍a与c的关系时，可以通过动态数学软件帮助学生理解。总之，教师可以根据实际情况恰当选择、合理运用现代教学手段。

(六) 导入和小结要精简有力

中学数学微课的时间短，要求教师必须精心设计导入环节，使之紧扣教学内容，迅速进入主题，抓住学生眼球。

紧扣教学内容是微课设计的基本要求，部分教师在导入环节刻意追求情境化、新颖化，学生听得云里雾里，反而效果不佳；迅速进入主题是讲好一节微课的关键点，若在导入环节绕圈子，会使教学设计头重脚轻。在以上两个方面的基础上，教师应多动心思，使导入环节精彩。生活中的一个故事或一个简短的互动游戏都有可能激发学生的学习兴趣，诱发学生的探究欲望，成为微课的加分点。例如，在"复数的概念"这一节微课的教学中，教师可以通过三个方程进行引入："通过$x+1=0$，你知道自然数集可以扩充至整数集；通过$2x-1=0$，你知道整数集可以扩充至有理数集；通过$x^2-2=0$，你知道有理数集可以扩充至实数集；那么，数系是否需要再扩充呢？"这样的引入，紧扣教学内容，三个方程表达了数系的扩充历程，在简短的时间内迅速进入主题，不失为一种好的导入。在这节数学微课中，教师也可以从数学史的角度进行引入，用一段简短的开场白带领学生回溯历史，使学生感受数系扩充的必要性。但在借助数学史教学时，所用史料必须有据可依，切忌对史料拿捏不准时生搬硬套。

小结部分是微课必不可少的一环，简洁而不拖泥带水的结语能起到提纲挈领、画龙点睛的作用。需要注意的是，教师在总结内容的同时，更应该注重学法的总结。如果教师能用一句简短且押韵的话来表达一节课所包含的数学思想，那会为课堂添色不少。例如，在"空间中平面与平面的垂直关系"这节数学微课中，湖北省黄冈中学教师肖海东这样说："同学们，今天这堂课，我感到很享受，也很快乐！用四句话来总结这堂课：面面垂直源身边，类比转化得概念，思辨论证真知现，两种判定记心间！"这样的结语不仅简短，不浪费时间，还精炼总结出本节数学微课的教学内容及教学方法，使人回味无穷。

六、如何让你的微课出彩

台上一分钟，台下十年功。无论是用于教师教学，还是参加比赛，要想展示一节好的微课，教师需要在课前进行多方面努力，主要可以从以下几点展开。

第一，镇定从容，激情满怀。如果教师一上场就连珠炮式进行讲析，而且伴有"哎""是不是""对不对"等口头禅，用焦躁的步伐在讲台与课桌之间不断走动，或是用鼠标不断乱点，那就乱了阵脚，难以自控。教师应自信从容、教态大方，语言简练、准确，声音抑扬顿挫，似与学生交流，要有激情，充分调动学生的主动性，不能没有感情地只是对着课件自言自语或读课件。同时，要在细节处体现教师的知识、能力素养和教学智慧。

第二，板书简约，画龙点睛。无论教学条件多好，精美的板书设计都必不可少。板书内容要全面、精练、一目了然，好的板书能够展现整个课堂教学的基本内容和教学程序，给听课者呈现完整、直观的效果，起到画龙点睛的作用。无论是录屏类微课还是拍摄类微课，教师都要保证字迹工整规范。在黑板上板书时，通常将黑板一分为二，左边为主板书，右边为副板书，并处理好空间排版，不要太空，也不要太满。板书是教师基本功的体现，所以教师不仅需要练好粉笔字，还要注重课件制作排版，如标题和正文的字体、字号、字距、行距等都要适当，这样才能使板书和幻灯片显得和谐美观。

第三，夯实基本功，展示自我优势。亲其师才能信其道，好的课堂必定有教师自身的闪光之处。教师一定要充分结合课程内容展示自己的才能。在微课比赛中，严密的逻辑推理过程、富有激情和感染力的教学语言、对课堂节奏和环节的精准把控能力，是获得评委肯定的"法宝"。

第四，课堂教学合理融入课程思政、道德教育。新课程改革强调立德树人，在中学数学微课的教学中，如果可以体现出课程思政与德育的渗透，将是一个加分点。数学教师要善于运用严谨的"数学学科美"陶冶学生，用丰富的"数学学科文化"感染学生，用正确的"数学学科观"指导学生，用开放的"数学课堂文化"影响学生。

微课时间短，如果平铺直叙，不容易给观者留下深刻印象，所以微课要集中教师的全部智慧，展现属于自己的独特亮点。这个亮点可以是深入浅出的讲授，也可以是细致入微的剖析，也可以是激情四溢的氛围，也可以是精妙完美的课堂结构，还可以是准确生动的教学语言等。微课教学只有有了教师独特的亮点，才能更加出彩！

第二节　中学数学微课教学设计案例

【案例3-1】　平面向量基本定理[1]

1. 选题与教学内容分析

本课题教学内容主要是探索发现并证明平面向量基本定理。平面向量基本定理是在平面向量的加法、减法、数乘向量三种线性运算的基础上，对向量运算的一个总结与提升，建立"形"与"数"的联系，为继续学习平面向量的坐标表示建立逻辑前提，是向量法解决几何问题的重要理论基础，在中学数学中占有重要地位。平面向量基本定理本质上提出了可以用平面内两个不共线的向量来表示平面内的任意向量，实质上体现了平面向量的"二维性"，实现了向量的表示、运算与图形的有机结合与统一。但在实际教学中，有些教师认为本节课所涉知识浅显，难度不大，常常省略了定理的发现与证明过程，把这节课上成定理的应用课，所以选取本课题录制微课是很有必要的。

综上，本节课教学重点是探索发现并证明平面向量基本定理，培养学生发现和提出问题的能力，分析和解决问题的能力。

2. 学习者分析

学生经历了平面向量共线定理和向量的代数运算，对向量的表示与运算有一定的认识，这是本节教学的认知基础。但由于学生往往局限于图形的直观联系，很难从向量的分解中抽象出向量"可表示"与"唯一表示"关键内容，对"向量任意性""表示唯一性"等概念认识也不到位，加上平面向量基本定理的内容具有高度的抽象性，证明定理需要严谨的逻辑性，因此，对平面向量基本定理的抽象概括与推理证明成为学生学习的难点。

综上，本节的教学难点是平面向量基本定理的抽象概括与推理证明。

3. 教学目标阐述

(1) 经历用两个不共线的向量(基底)来表示给定向量的作图过程，形成平面向量基本定理的直观认识。

(2) 借助现代多媒体技术理解平面向量基本定理的几何表示，通过推理论证理解平面向量基本定理的代数表示，归纳出平面向量基本定理。

(3) 发展学生数学抽象、直观想象、逻辑推理等数学学科核心素养。

4. 教学策略制定

为了更有效实现教学目标，突破教学难点，教师在教学时应采用从特殊到一般的

---

[1]　本案例在福建省福州市第三中学耿熹老师的《"平面向量基本定理"教学设计》基础上修改.

策略，使先行组织者、问题串以及情景化的案例贯穿其中，让学生经历探索、发现、认识、理解平面向量基本定理的过程。同时，运用GeoGebra等数学动态软件实现平面向量基本定理的动态展示，以此加强学生对平面向量基本定理的理解，积累学生的基本活动经验，进而形成数形结合的思维认知，提升学生直观想象的核心素养。

5.教学过程设计

【问题1】我们已经学习了平面向量的线性运算，如果一个非零向量a与向量b共线，那么我们如何用非零向量a表示向量b？(或：如果一个非零向量a与向量b共线，那么存在唯一的实数λ使得$b=\lambda a$吗？)今天，我们来研究平面内任意一个向量如何表示的问题。

【设计意图】通过复习平面向量共线，学生明白两个向量共线的位置关系可以通过向量的数乘运算来进行代数表示，而且表示的结果是唯一的，这为下面引出平面向量基本定理提供研究问题的思路和方向。

【授课要点】以复习旧知的方式进行课堂引入，时间短，切入快，契合本节教学内容。采用这一导入方式时，教师的授课语速要适中，讲清楚复习这个问题与本节课的联系即可。但这种导入中规中矩，并不出彩，教师若想在导入环节加分，可以追根溯源，采用更具趣味性的导入方式。

【问题2】为求放置在斜坡上的木块受到的摩擦力，需要将重力分解。如图3-2所示，你能在图中将受力分析的结果用向量表示出来吗？

【设计意图】通过力的分解的物理模型，引出平面向量分解的平行四边形模型，学生明确了向量的分解依据是平行四边形法则这一基本模型，从运算与表示的角度为后续教学做铺垫，发展了学生数学建模和数学抽象的核心素养。

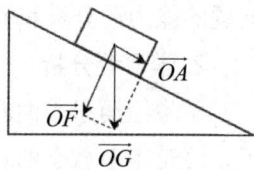

图 3-2 受力分析

【授课要点】在导入环节提出了平面内任意一个向量如何表示的问题。在这个疑问下，采用先行组织者策略，创设问题情境，引发学生思考，以贴近学生思维发展区的问题自然地导向向量的分解与合成，并在平行四边形法则这一熟悉的基本模型下，进行操作活动，积累向量分解与合成的认知经验，依此开始探究。教师在这一部分授课时要简略，从模型中抽象出平行四边形法则即可，不应过多阐述物理方面的知识内容。

【问题3】如图3-3所示，给定两个不共线的向量e_1，e_2及同一平面内的向量a。将a沿着e_1，e_2的方向分解，你有什么发现？

【设计意图】引导学生经历作图过程，将平面内的向量a，沿着e_1，e_2的方向分解，并用$a=\lambda_1 e_1+\lambda_2 e_2$的形式表示出来，掌握向量的平行四边形法则，初步认识平面向量基本定理的图形

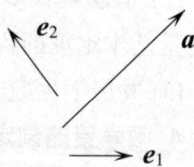

图 3-3 向量分解

与代数表示，实现从图形到代数表示的过渡，发展学生数学抽象的核心素养。

【授课要点】教师提出让学生作图后，应停顿30秒左右。在学生作图的基础上，向

学生强调，先在同一起点O作$\overrightarrow{OA} = e_1$，$\overrightarrow{OB} = e_2$，之后做出向量$\overrightarrow{OC} = a$，然后将向量$a$沿着$e_1$，$e_2$的方向分解。在作图完成后，借助平面向量的共线定理提出图形表示所对应的代数表示。这部分授课是讲好本节课的基础，要讲得详细透彻。

【问题4】如果再给出平面内的另一个向量a，还能用给定两个不共线的非零向量e_1和e_2来表示吗？(教师改变向量a的方向和位置，让学生进行作图、表示)

追问：如果a是零向量，可以用给定两个不共线的非零向量e_1，e_2来表示吗？如果改变两个不共线的非零向量e_1和e_2的大小、方向，作图情况是怎样的呢？

【设计意图】让学生体会平面内的任一向量都可以用两个不共线的非零向量表示出来，突破"任意性"这个难点，进一步让学生理解当两个不共线的非零向量确定时，所作平行四边形是确定的，为学习平面向量的坐标表示打好基础，发展学生逻辑推理的核心素养。

【授课要点】教师在引导学生作图时，要适当留出一些作图时间。学生作图后，教师运用GeoGebra软件辅助教学，动态展示向量a在不同情形下(含共线向量)如何构造平行四边形，加深学生对向量a的任意性的理解。在改变向量a的大小、方向的基础上，教师继续借助GeoGebra使学生对基底有一个初步的认识。

【问题5】对于给定的向量a，可以用给定两个不共线的向量e_1和e_2表示为$a = \lambda_1 e_1 + \lambda_2 e_2$，那么这种表示的$\lambda_1$和$\lambda_2$是唯一的吗？你可以给予证明吗？表示的结果唯一，就意味着分解的唯一，从图形上看就是平行四边形的唯一，你能通过所学的几何知识来解释吗？从代数上如何证明λ_1和λ_2是唯一的呢？代数中要证明唯一性，我们一般采用的方法是什么？如何证明？

【设计意图】从几何和代数两个角度让学生认识表示结果的唯一性，发展学生直观想象和逻辑推理的核心素养。

【授课要点】注意从两个角度对系数的唯一性进行解释，从图形角度的解释可简略说明，从代数角度的解释要注意反证法处的问题预设。反证法的教学是一个难点，教师可以假设学生没有想到或想法有偏差，引导学生得到证明过程，在这部分将课堂带到一个高潮。

【问题6】你能把上述探究发现的结果，用数学的语言描述出来吗？(答案：如果向量e_1，e_2是同一平面内的两个不共线的向量，那么对于这一平面内的任意向量a，有且只有一对实数λ_1，λ_2，使$a = \lambda_1 e_1 + \lambda_2 e_2$。我们把不共线的向量$e_1$，$e_2$叫做表示这一平面内所用向量的　组基底)

【设计意图】学生在探究、发现的基础上，将已有的图形语言，用文字语言、符号语言表示出来，培养学生会用数学语言表达所发现结论的能力，发展数学抽象的核心素养。

【授课要点】学生经历了前5个问题的探究，能够顺利归纳出平面向量基本定理。教师在这个过程中要注意运用启发性提示语，不断引导学生进行归纳。在预设问题回答时，教师应适当地设错，再通过不断纠正使学生得出平面向量基本定理。

小结：在本节课探究、发现、表述、证明平面向量基本定理的过程中，你有哪些收获？平面向量基本定理为我们通过向量的方法解决问题提供了哪些便利？请大家课后及时复习，把课后练习题1完成，学有余力的同学可以尝试做一下2、3题。

【设计意图】回顾探究过程，整理研究思路，揭示定理本质，为平面向量的正交分解及坐标表示打下伏笔；为学生布置不同层次的作业，实现不同的学生在数学上得到不同的发展。

案例评析："平面向量基本定理"是人民教育出版社A版高一数学必修第二册第六章6.3节"平面向量基本定理及坐标表示"中的一部分内容。本小节的重要作用毋庸置疑，它不仅是本章的重点，更是学生学习空间向量的基础，因此该选题符合微课选题内容的要求。

纵观整堂课，教师能够以学生为中心，从学生的角度进行教学设计。导入环节用时短且直奔主题，选取符合学生认知基础的问题情境，引发学生思考，但不够新颖，可以进一步改进。

在定理的发现与提出环节，从动手操作到归纳概括，从几何图形到代数阐述，从定理的具象呈现到抽象表示，教师遵循学生的认知规律，循序渐进地发展学生的数学抽象、直观想象以及逻辑推理等核心素养，可谓匠心独具。教师借助教学软件Geogebra对学生的作图情况进行验证，加深学生对定理的理解，是本节微课的一个小高潮，且该环节在内容详略方面的处理也较为得当，有详有略，节奏紧凑。

在定理的阐述与证明环节，教师能够抓住学生对新知理解的难点，在预设问题上合理设错，使得微课更贴近真实课堂，是本节微课的亮点。

最后在定理的应用以及小结部分，揭示了定理的代数特征，引导学生建立特殊的"形"与特殊的"数"的联系，为向量从"形"到"数"转型提供了认知基础。在小结部分，教师引导学生从知识与方法两方面进行总结，精简有力，且能为不同层次的学生布置分层作业，不失为一节好的微课。

【案例3-2】 数列的概念[1]

1. 选题与教学内容分析

"数列"作为高中数学的重要内容之一，是数学运算、逻辑推理等训练的重要载体。数列知识是前面所学函数知识的延伸和应用，是从数学角度观察、理解生活中数列模型和数列现象的基本知识。就本节课而言，这是一节章节起始课，学生通过这节内容的学习，一方面可以在掌握数列概念，加深对函数概念的理解；另一方面可以为以后学习其他数列知识打下基础。

---

[1] 本案例在海南省华侨中学吴蕾老师《"数列的概念"教学设计》基础上修改.

在实际教学中，教师在数列的概念这一小节的教学上，通常会采用分析大量实例，归纳出概念的方法来教学，忽略了概念的本质以及概念间的辨析，所以选择本课题录制微课是很有必要的。

基于以上内容分析，本节课的教学重点为数列的概念辨析和数列与函数的关系。

2. 学习者分析

在小学和初中阶段，学生已经经历通过找规律填数，感受到顺序(数)与图形数之间的对应关系。经过高一阶段的学习，特别是学习了"函数的概念"后，学生在观察、抽象、概念等方面有了一定的基础。但在概念学习中，有些学生还是习惯于简单的记忆，自己主动构建概念的意识不够。

综上，本节课的教学难点为数列概念的抽象和数列与函数的关系。

3. 教学目标阐述

(1) 通过观察生活中一些有规律的实例，初步理解数列概念，体会数学来源于生活。

(2) 比较数列与集合之间的差别，加深对数列本质属性的理解。经历对数列的项数和项之间关系的探究过程，认识到数列是一种特殊的函数。

(3) 发展学生的数学抽象、直观想象等核心素养，提高分析问题、探索规律的能力。

4. 教学策略制定

学生经历问题的提出与分析过程，创设有利于学生辨别、抽象、概括的问题情境，是实施本节课教学活动的基础。因此，本节课通过对问题情境的分析讨论的方式，运用从具体到抽象、从特殊到一般的思维训练方法，引导学生发现和掌握知识，落实数学基本活动经验。处理好数列与函数的关系是本节课的一个难点，用函数的观点来指导数列的学习是本节课的重要思想。

5. 教学过程设计

【问题1】有人说，大自然是懂数学的，不知你注意过没有，树木的分叉、花瓣的数量、植物种子的排列等都遵循着某种数学规律，大家能想到它们涉及了哪些数学规律吗？(通过PPT展示大自然中具有数学规律的图形，再用文字说明来揭示大自然图形的这种规律与数列之间的关系，并通过视频欣赏神奇的斐波那契数列)

【设计意图】激发学生学习、探究的兴趣，使原本枯燥无味的课堂变得生动活泼，让学生在贴近生活的实际问题中探索新知识，体会数学是生动的，数学是源于生活的。

【授课要点】导入环节简短精彩，教师以大自然处处存在规律来引出本节内容，有利于激发学生的探究欲望，且引入方式新颖，能吸引学生的注意力。另外，教师在讲述这部分的语言应富有感情，充分发挥【问题1】的优势。

【问题2】(1) 传说古希腊毕达哥拉斯学派的数学家经常在沙滩研究数学问题，他们在沙滩上画点或用小石子来表示数，比如，它们将小石子摆成如图3-4所示的正方形点阵，这些数分别是多少？(答案：1，4，9，16，…)

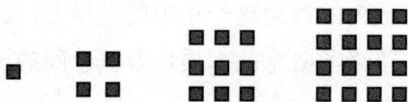

图3-4　正方形点阵

(2) 如果某种细胞每分钟分裂为两个，那么每过1分钟，1个细胞分裂的个数依次是多少？(答案：2，4，8，16，…)

(3) 古语：一尺之棰，日取其半，万世不竭。每日所取棰长排成一列数是多少？(答案：$\dfrac{1}{2}$，$\dfrac{1}{4}$，$\dfrac{1}{8}$，$\dfrac{1}{16}$，…)

(4) -1的1次幂、2次幂、3次幂、4次幂……排列成一列数是多少？(答案：-1，1，-1，1，…)

(5) 无穷多个1排列成的一列数是多少？(答案：1，1，1，1，…)

【设计意图】创设情境，利用多媒体展示学生熟知的5个例子，增强学生感性认识。且情境中对毕达哥拉斯学派研究的多边形数不仅是对教材的"二次开发"，更是一种数学文化的有效渗透。同时，这5个具体的例子展示了不同类型的数列，为学生了解数列概念、了解数列分类、了解数列是一种特殊的函数及为以后学习等差数列与等比数列埋下伏笔，做好了情感体验与认知铺垫。

【授课要点】【问题2】要采用师生互动的形式来完成。在放映PPT演示实例的同时，教师假设学生口头说出每个具体的数列，将数列进行板书，使学生对数列的概念有一个初步的整体体验。

【问题3】我们把从实际例子中抽象出来的这5组数字称为数列，观察以上5个实例，寻找共同点，你认为数列的定义是什么呢？

【设计意图】提出问题，思考归纳，形成概念。通过实例，学生观察思考所给问题的共同特点，感悟数列是按照一定的顺序排列的，进而培养观察、比较、归纳、抽象、概括等能力。

【授课要点】在【问题3】的教学中，教师要适当留出学生思考的时间。紧接着，教师的预设回答可以有不同的答案，如前数和后数的差符合一定规律，这些数都是按照一定顺序排列的，等等。在这一环节不必得出精准的数列的概念。

【问题4】将以上几列数用集合如何表示？请写出相应的集合。观察集合中的元素与原来5组数字有什么差别？

【答案】(1) 各种各样的对象或一些抽象的符号都可以作为集合研究的对象，如高一七班所有的同学可以组成一个集合；而数列的对象都是数，组成数列各项的元素只能是数，而不能是其他的对象。

(2) 集合里的元素不能重复，而数列中的数是可以重复的。

(3) 集合中的元素是不考虑顺序的，而数列中各数的顺序是十分重要的。

【设计意图】实例辨别，加深概念理解，使学生区分数列中的数和集合中的元素。

【授课要点】教师可以通过不断地反问，引导学生逐一说出数列与集合的差别。

【问题5】根据以上分析，大家现在能描述一下数列的概念是什么吗？

【设计意图】在学生归纳共同点时，教师不要匆忙给出数列的描述性定义，而是要引导学生联系旧知，在与集合的对比过程中凸显这5个实例的共同属性，从而确定数列的本质属性，形成概念性描述。

【授课要点】在描述数列概念时，教师要注意预设问题的设计，因为通过不断修正预设回答最终得出的概念更易被学生接受。

【问题6】对于【问题1】中的正方形点阵所表示的数列，你能否列出它的后几项？能否将数列的每一项与它的项数通过列表表示呢？试着画一画数列表格所对应的图象，你有什么发现吗？

【设计意图】引导学生通过列表的方法将新概念纳入原有的认知体系，实现新旧概念的同化，使学生在解决问题的过程中，自觉寻找项和序号的对应关系。教师引导学生通过画图发现数列与一般的函数图象之间的差异，加深学生对知识的记忆和理解，渗透直观想象的核心素养的培养。

【授课要点】对数列与函数关系的探索是本节课的一大亮点。教师在教学过程中，要善于运用启发性提示语，引导学生大胆猜想。

小结：本节课，我们学习了哪些知识？这些知识的研究途径是什么？学有余力的同学可以画一画课堂上我们所借助的其他几个问题情境的图象，进一步感受数列与函数的关系。

【设计意图】引导学生回顾整堂课的构建，厘清知识的脉络，期盼学生逐步养成整理知识、提炼思想方法的习惯，增强学生的数学反思、质疑的意识。布置适当的课后作业，能够巩固本节所学内容，加深学生对数列联系生活的理解。

案例评析："数列的概念"是人民教育出版社A版高二数学选择性必修第二册第四章4.1节"数列的概念"中的一部分内容。本节是章节的第一课，是学生后续学习的重要基础，但在实际教学中学生常常对数列的概念不够清楚，所以选取本课题录制微课是很有必要的，符合微课选题的内容要求。

章节的第一课更多地承载了传递数学文化的重任。本节课在导入环节有效地融入数学史料，营造含有浓郁的数学文化气息的课堂氛围，给学生美的享受和启迪。以"斐波那契数列"引入课题，让学生感受数学的神奇，有利于激发学生探究欲望，且引入方式新颖，能吸引学生的注意力。

在数列概念的学习过程中，教师通过5个实际问题，引导学生观察和抽象生活实例，提出数学概念，并对概念的内涵和外延进行合适的挖掘与扩展。整个过程以实例为载体，以问题为导向，以学生的思考与活动为主要形式进行推进，在问题的提问方式方面把握得特别到位，通过"分级发问"来达到对不同层次学生的引导，由浅入深，使全体同学都能进行思考，得到思维发展。在整个教学过程中，教学内容详略得当，重点突出对数列概念的辨析，体现出教师扎实的基本功和专业水平。

■【案例3-3】 运用一元一次方程解决"销售中的盈亏问题" [1]

1. 选题与教学内容分析

方程是解决数学问题的重要工具，学习一元一次方程可以帮助学生解决部分实际问题，本节内容是学习运用一元一次方程解决"销售中的盈亏问题"。本节内容安排在人教版七年级上册第三章第四节，是学习了一元一次方程的概念、解法之后的应用性内容，是安排了"配套问题""工程问题"实际问题之后利用方程解决实际问题的进一步应用。本节微课选自一元一次方程三个探究中的第一个问题——销售问题。本节内容是初中学段学生第一次接触销售问题，因此涉及的核心数量关系是本节的重点内容。此外，怎样应用一元一次方程解决实际问题也是本节微课重点内容。

基于以上内容分析，本节微课的教学重点有两个：一是理解销售问题的两个核心数量关系(售价=进价+利润；利润=盈利率×进价)；二是经历探究解应用题的过程，增加非求值类问题的探究经验。

2. 学习者分析

学生已在小学阶段初步接触过简单的销售问题，对销售问题的两个核心数量关系的求值类问题有所接触，但对于非求值类问题接触较少，更缺乏在复杂情境中运用一元一次方程处理问题的经验。

综上，本节课的教学难点为理解两个核心数量关系，找到解题思路、列出方程。

3. 教学目标阐述

(1) 理解销售问题中的核心数量关系：售价=进价+利润；利润=盈利率×进价。

(2) 经历探究解题的过程，增加非求值类问题的探究经验。

(3) 在实际问题抽象为数学问题的过程中，体会方程思想，提高数学素养。

4. 教学策略制定

本节微课采用启发式教学法，设计一系列问题串，引导学生将实际问题情境抽象转化为数学问题。学生在分析解题的过程中，体会如何利用一元一次方程解决"销售中的盈亏问题"，感受方程思想和从特殊到一般的数学思想。

5. 教学过程设计

【问题情境】一商店在某一时间以每件60元的价格卖出两件衣服，其中一件盈利25%，另一件亏损25%，卖这两件衣服总的是盈利还是亏损，或是不盈不亏？

---

[1] 本案例作者为天津市静海区子牙镇中学郭玲玲老师.

【问题1】你能先估算一下这家商店的盈亏吗?

【设计意图】创设问题情境,提出销售问题,引发学生思考。因为盈利和亏损的百分比都是25%,会有部分学生猜测既不盈利也不亏损,也有部分学生不能确定到底是盈利还是亏损? 从而造成学生的认知冲突,这个冲突的产生激发了学生的好奇心和求知欲,促使学生急切地想要得到问题的答案。

【授课要点】教师利用【问题1】引发学生好奇心,使学生想要通过计算验证自己的估算。

【问题2】卖这两件衣服总的盈亏取决于什么?

【设计意图】【问题2】的设计是解决问题的关键,只有看出两件衣服总的盈亏取决于总进价和总售价的比较,才能进行下一步的求解,即分别求出总进价和总售价。

【授课要点】教师提出问题后,一定要给学生思考的时间。学生思考后得出,要比较总进价和总售价,这时,教师再引导学生分别求出总进价和总售价,显然,总售价为120元,那么重点就落在如何求得总进价。此时再提出【问题3】。

【问题3】你理解盈利25%和亏损25%的意义吗?

【设计意图】学生有了小学的学习基础,可以说出盈利率的概念,从而得出核心数量关系:盈利率=利润/进价。如果学生对盈利率没有印象,经过教师的讲解,学生也能够理解盈利率这个概念。学生只有理解了盈利率的概念,才能将利润和进价联系在一起,从而求出进价,顺势得出售价=进价+利润。

【授课要点】教师的讲解重点是讲清楚盈利率的概念。这里可以举例说明,例如进价100元的商品,若盈利40元,则盈利率为40%;进价100元的商品,若亏损30元,则亏损率30%。讲解时,我们还可以将等式变形,得到利润=进价×盈利率。同样,可以加入实例说明,例如进价40元的商品,若盈利25%,则利润是40×25%;进价40元的商品,若亏损25%,则利润是40×(-25%),或称亏损40×25%。同时,给出售价=进价+利润,从而得出销售问题的两个核心数量关系。

【问题4】盈利衣服的进价是多少?

【设计意图】【问题4】的设计有例题示范作用,学生可以根据【问题4】的分析解决过程,得出如何灵活运用两个核心数量关系,进而正确去设未知数、去找等量关系、去列方程,最后解题。在【问题4】的解决过程中,进一步培养学生获得利用一元一次方程解决实际问题的能力,特别是丰富学生解决销售问题的经验。

【授课要点】前面的几个问题更多地涉及实际问题的解决,也就是将实际问题一步步转化为数学问题,【问题4】的设计则更进一步涉及如何运用一元一次方程解决实际问题,因此这一问题的解决过程具有示范作用,需要教师在解题思路和解题步骤上给予引导。

【问题5】亏损衣服的进价是多少?

【设计意图】【问题5】既是对一元一次方程解题的再一次应用,也是检验学生对

【问题4】的掌握程度，是类比教学思想的应用。

【授课要点】教师可以给学生留一些时间，稍后公布答案。有了【问题4】的示范，大部分学生可以通过类比，设出未知数，列出方程，从而计算出亏损衣服的进价。教师在此部分可提醒学生之前盈利的衣服进价可设为 x，亏损衣服的进价就不能也设为 x，可以改设为 y。

【问题6】卖这两件衣服是盈利了，还是亏损了？

【设计意图】展示解答过程，得到结论，验证之前的预估结果。

【授课要点】教师展示解答过程，分别得到盈利衣服的进价和亏损衣服的进价，与之前的总售价120元进行比较，得出结论。

小结：本节课学习的销售问题中的核心数量关系是什么？还有哪些收获？

【设计意图】引导学生梳理知识的脉络，回顾整堂课的构建，帮助学生逐步养成整理知识、提炼思想方法的习惯，不断提高学生运用数学语言的素养，增强学生数学反思、质疑的意识，培养学生"三会"(会用数学的眼光观察世界，会用数学的思维分析世界，会用数学的语言表达世界)。

案例评析：在"一元一次方程"一章中，实际问题一直是学生学习中的难点，因为一遇到解决实际问题，学生常常感到无从下手。销售问题是本章中学生接触实际问题探究部分的第一种题型，本节微课旨在解决这一问题，同时教会学生如何运用一元一次方程解决实际问题。在设计时，教师以问题串为主线，以销售问题中的两个核心数量关系的理解和应用为重点，其中对审题和找等量关系进行着重讲解。销售中的盈亏问题的核心数量关系是售价=进价+利润；利润=盈利率×进价。在此题的解决中，学生可以体会应用一元一次方程解决实际问题的全过程，增强学生应用意识，提升其应用能力。

本节微课在实际使用时取得了很好的教学效果。学生通过观看视频就掌握了运用一元一次方程解决销售中的盈亏问题，提高了学习效率。本节微课围绕着销售中的盈亏问题的核心数量关系(售价=进价+利润；利润=盈利率×进价)展开，解题步骤按照运用一元一次方程的7个步骤(即审、设、找、列、解、验、答)进行，学生学习后对销售中的盈亏问题数量关系印象深刻，明白了如何运用一元一次方程解决销售问题。当教师检测这部分内容的时候，大多数学生都能说出销售问题的核心数量关系，也能用列一元一次方程的方法正确、规范地解决类似销售问题。

第四章 不同课型的中学数学教学设计

根据中学数学课堂教学的形式特点，课型可以分为以下几种：新授课、习题课、复习课、活动课、问题解决课和试卷讲评课。其中新授课、习题课和复习课是中学数学日常教学中较为常见且重要的课型，通常在讲授新的内容后会配有相应的习题课，待完成单元或阶段教学后也会设置专门的复习课。三种课型合理安排、密切合作、循序渐进，成为中学数学教学的重要组成部分。随着未来社会对学生综合实践能力要求的提升，以及课程教学改革、考试评价改革的稳步全面推进，问题解决课和活动课，特别是基于现实情境的问题解决和探究活动也越来越常见，将成为中学数学课堂教学的重要补充。本章对不同课型的中学数学教学设计与案例展示共分为6节内容，分别为新授课、习题课、复习课、活动课、问题解决课和试卷讲评课。

第一节 中学数学新授课教学设计

一、新授课概述

新授课的主要教学任务就是引导学生学习新知识和新技能，让学生领悟数学思想方法，培养学生的数学能力和素养。新授课的重点在于"新"，这节课可能是讲授某个新的知识，也可能是其他新知识的起点，能够开启某个新的内容领域或主题。下面以较为常见的概念课和命题课为例进行说明。

(一) 概念课

1. 概念

数学研究的是现实世界的空间形式和数量关系，而数学概念是反映这些数学研究对象的本质属性和特征的思维形式[1]。例如通过平面切割圆锥的方法来研究几种曲线，学生获得了"圆锥曲线是由一平面截二次锥面得到的曲线"的数学概念。数学概念是数学知识的基本组成单位，它们之间存在着很强的非人为逻辑联系。数学概念的语词表达一般可以归纳为：(概念的本质属性)……叫做……(概念的名词)。数学概念的教学在中学数学教学中始终具有重要地位。概念教学有助于学生对知识进行泛化，从而拓展学生对数学对象的认识。因概念本身具体和抽象的程度不同，教学难度也会有所差异。一般来说，越具体的概念越有利于学生学习和理解，而抽象是数学最本质和最核心的特点，相对抽象的数学概念教学可以尝试以下策略：第一，通过比较具体、典型的概念样例的讲解，帮助学生把握概念的本质；第二，多给出概念的样例(注意适当包括非典型样例)和非样例(反例)进行对比分析，帮助学生辨认概念的关键属性，充分揭示概念的内涵和外延；第三，注重概念的运用，逐步实现知识的输入转向输出，初步要求学生运用所学概念解决数学或实际问题；第四，通过与已有概念建立联系，帮助学生巩固并完善对概念本质属性的理解，体验从具体样例到抽象概念的思维过程；第五，帮助学生准确掌握概念的定义，以及理解其文学语言、符号语言和图形语言。

2. 教学过程

数学概念的学习包括概念形成和概念同化两种方式，其中，概念形成是利用概念所反映的不同事例，让学生去发现概念的本质属性，继而形成新概念的一种方式；而概念同化是由学生自发地将自我认知结构中原有的相关概念与新概念进行联系和作用，在领悟其含义后获得新概念的一种方式。因此，概念课的教学依照学生对概念的学习方式的不同，分为概念形成教学和概念同化教学。

概念形成教学模式以学生的直接认知和经验为基础，对具体事物数与形的本质属性进行抽象概括，最终形成数学概念。概念形成教学模式适合"原始概念"的学习，在教学方法上与布鲁纳的"发现法"较为契合，适合于较低年级学生。一般可将其教学过程归纳为如下6个步骤：①创设情境，引入数学概念；②比较分析不同事例，概括共同特征；③抽象出概念的本质属性；④形成数学概念，并将其符号化；⑤剖析概念的内涵和外延；⑥应用概念，建立概念体系。

概念同化教学模式以学生的间接经验为基础，教师直接陈述数学概念的本质，学生在新旧概念的区分中，理解新概念。由于该模式节省了学习数学概念的时间，而且学生大量练习后就能获得对概念的完整认识，因此广泛应用于我国中学数学新授课堂。一般

---

[1] 叶立军. 数学课程与教学论[M]. 杭州：浙江大学出版社，2011：153-154.

可将其教学过程归纳为如下5个步骤：①直接给出概念的名称、定义和符号，并揭示其本质属性；②就概念的本质属性，对概念进行分类；③使新概念与原有认知结构中的相关概念建立联系，同化新概念；④用正反例证让学生进行辨认，明确新旧概念之间的区别和联系；⑤把新概念纳入相应的概念体系中去，使有关概念融合，组成一个整体。

这两种概念教学模式并不是相互独立的，应注意因人而异，因"课"而异，因材施教。

(二) 命题课

1. 概念

概念是数学思维方式建构或转变的基础，核心概念更是数学教学的重中之重。然而单独概念的实际意义并不能表达一个完整的数学思想，此时将概念和概念按一定规则进行联结，形成命题，才可表达出一个完整的思想[1]。数学命题是用来表示数学判断的语句或符号组合，主要包括数学公理(基本事实)、定理、推论、公式、法则等。由于数学命题是由概念联系组合形成的，命题教学复杂度通常会高于概念教学。然而正是因为命题是概念的有机结合，所以在数学命题教学时更应当注重数学对象之间的联系，以及它们在数学整体结构中的作用，进而帮助学生形成完整的认知图式，经历发现问题、提出问题、分析问题和解决问题的全过程。

2. 教学过程

叶立军在《中学数学教学设计》中提到数学命题教学的一般模式为获得命题—证明命题—应用命题[2]。在此基础上，喻平针对数学命题教学设计提出了三种模式，即发生型模式、结果型模式、问题解决型模式[3]。

在撰写命题课教学设计时，一般可将其教学过程归纳为以下7个步骤：①介绍命题背景，激发学生学习命题的兴趣；②运用合适的方法导入命题，使学生初步了解命题内容；③明确命题内涵，引导学生认识命题的条件、结论，加深对命题的理解；④结合已有知识经验，明确命题条件，引导学生寻找证明途径，运用探究等方法帮助学生写出证明过程，拓展证明思路；⑤通过提问帮助学生巩固命题内容，引导学生用自己的语言描述命题内容，切忌死记硬背；⑥通过例题带领学生应用命题，注意配合课堂提问、小组互检等方式，让全体学生参与其中；⑦通过课后练习，进一步加深命题的应用，帮助学生熟练应用命题。另外，课后练习题的布置要尽量做到题型全面。

[1] 徐章韬，陈林.数学命题的认识及其课堂教学设计[J].课程·教材·教法，2014，34(11)：81-85.

[2] 叶立军.中学数学教学设计[M].北京：高等教育出版社，2015：135-137.

[3] 喻平.数学教学心理学[M].北京：北京师范大学出版社，2010：275-277.

二、新授课设计的要素提示

(一) 目标和导入

好的开始是成功的一半，而精心设计的目标则是成功的保障。教师需要认真考虑学生需要学习什么样的新知识，才能更好地理解所要讲授的知识，才能更好地选择教学策略。理想的课堂导入通常需要创设问题情境，良好的问题情境可以集中学生的注意，引起学生的兴趣，激发学生的思维，渗透学习的主题。

有经验的教师在进行新授课教学设计时，可以在了解学生学习基础的情况下，创设基于学生认知基础和已有经验的问题情境，帮助学生明确新知学习的目的，让学生在心理和认知上做好准备。常见的新授课导入方法有直接导入、复习导入、数学史或数学文化导入、生活经验导入等。在实际教学中，教师需要根据数学学科特点、具体授课内容、学生已有经验和教师教学风格灵活选择合适的导入方法，提高数学课堂教学的效率。

(二) 分析和理解

教师应当对新讲授的知识进行适当的讲解，帮助学生了解新知。在此过程中，教师应当根据新授内容的特点，合理设计教学任务，避免"满堂灌"。在教师的引领和启发下，学生不仅能够独立探究或小组合作交流，还能积极主动地参与到课堂学习活动中，对新知进行探索和分析，更能体验到新知生成的过程。在这个学习的过程中，学生积累了数学活动的经验，体验和感悟到数学思想。

学生对新知的理解掌握是教学目标达成的关键环节。以数学概念的新授课为例，教师应当通过概念的典型样例、非典型样例、反例等进行多重类比和对比，帮助学生明晰概念的内涵和外延，真正掌握概念的本质属性，从而达到理解概念的目的。

(三) 巩固和练习

巩固和练习是实现知识从输入到输出，能够检验学生是否已将新知纳入自身的认知结构。教师应当注意新授课的练习目的是进一步巩固和加深学生对新知的理解掌握。教师对题目的选择不应急于使用过于复杂和综合的中高考真题，应针对初学者的需要，突出新知特点，弱化其他因素。

教师可通过有效的师生互动进行知识的巩固和练习。在实际教学中，通常采用教师演示与学生展示相结合的方式。当学生上讲台进行板演(黑板演示的简称)或展示时，教师既应当关注上讲台的学生，也不能忽视其他学生。教师可以利用全班巡视的方法及时检查全班学生对新知的掌握情况，也可以选择合适的题目请不同的学生进行板演或展示，以保障不同学生都得到学习机会，总体提升学生的学习效果。

(四) 结课和作业

新授课结课的方式比较多，例如回顾新知的定义、关键属性及典型案例；回顾和探讨学习新知的目的；讨论新知及其进一步的应用，为学习后续新知做好铺垫；直接告诉学生本节课所学的新知在今后甚至高等数学中的应用；请学生交流讨论本节课学习之后的感悟。新授课结课的核心是总结回顾、承上启下和体验感悟，但切忌流于形式的总结提问，学生只是将新授课标题或教材中部分文字作为答案来回答，而应让学生获得具体真切的活动经验和思想感悟。

教师应当根据对学生原有的了解和新授课具体的教学效果，有筛选、有目的、有计划地布置课后作业，避免"大水漫灌"，使得学生陷入题海，同时也要检查课后作业，给学生适当的反馈，采用恰当的方式让学生得知明确答案。

三、教学设计案例

■ 【案例4-1】 "锐角三角函数"教学设计

"锐角三角函数"教学设计由北京市第三十五中学王秀阁老师编写，具体内容如表4-1所示。

表4-1　"锐角三角函数"教学设计

教学基本信息					
单元/主题名称	锐角三角函数				
学科	数学	学段	初中	年级	九年级
主要内容	"锐角三角函数"是初中数学图形与几何领域的重要内容，本章是在学生已学完一次函数、反比例函数和二次函数基础上进行的，它反映的不再是数值与数值的对应关系，而是角度与数值的对应关系。通过锐角三角函数的学习，学生不仅可以了解直角三角形的边与角之间的关系，体会变化与对应的函数思想，同时也为高中学习三角函数和解斜三角形做好准备。本节课是锐角三角函数的起始课，将以一个实际问题的解决过程为线索展开				
教学目标及教学重点、难点					

教学目标：

(1) 会用数学语言描述坡的陡与缓，能够通过简化、假设、建立锐角三角函数模型；理解锐角三角函数的意义。

(2) 经历探索直角三角形中边角关系解决问题、生成锐角三角函数定义的过程，提高学生提出问题、分析问题和解决问题的能力。

(3) 在解决问题、生成锐角三角函数定义的过程中，发展学生建模能力素养。

教学重点：探索直角三角形中的边角关系，理解锐角三角函数的意义。

教学难点：锐角三角函数概念的形成

（续表）

	学习过程	
学习环节	主要学习活动	设计意图
将实际情境问题转化为数学问题并解决	【实际情境问题】攀登白石山 2014年9月中旬，白石山玻璃栈道对外开放。白石山玻璃栈道全长95米、宽2米、海拔1900米，是当时国内最长、最宽、海拔最高的悬空玻璃栈道。游客可以从处于大约同一海拔高度的东、西两个门沿着近乎笔直的山路到达玻璃栈道的两侧入口。 　　小志和小成一起去白石山爬山，体验玻璃栈道。小志从东门进，小成从西门进，约好在半山腰的玻璃栈道中央会合，两人用微信计步记录上山时的步数。他们一直沿着山路攀登，当小志和小成分别到达玻璃栈道东入口和西入口时，微信运动的数据分别显示，小志走了6600步，小成走了5500步。 　　【问题1】从小志和小成微信运动显示的步数，你有什么发现？如果你去体验的话，你会选择哪条山路？写出你的理由。 　　【问题2】当小志和小成出发后，好朋友小乐联系他们，表示也要去白石山玻璃栈道。当小志、小成在玻璃栈道会和时，联系小乐，询问他的位置，小乐说他手机显示所在地的海拔高度为1300米，计步器显示的上山步数为3800步。根据以上信息你能判断小乐是从哪个门上山的吗？写出你的判断过程。 　　学生读题，独立思考该情境可以用到哪些数学知识，将实际问题转化为数学问题，并在笔记本上写出数学问题的已知和求证。 　　【问题1】先用问题串的形式帮助学生梳理实际问题，引导学生尝试将实际情境转化为数学问题，并适时进行相关假设，说明假设的合理性。最后，学生要用数学语言表述出如何解决问题。 (具体过程及学生表现略) 　　【问题2】将小乐爬山的问题抽象为直角三角形的直角边与斜边的问题，与【问题1】中的直角三角形进行对比，着力分析直角三角形的两条边与山路及水平面所夹锐角的位置关系，进一步明确直角三角形的一个锐角所对的直角边与斜边，为"斜边与直角边对应成比例的两个直角三角形相似"做好铺垫。通过判断4条线段成比例，得到两个直角三角形的斜边与直角边对应成比例，判定两个直角三角形是否相似，进而解决"沿着哪条山路"上山的问题。 (具体过程及学生表现略)	从学生熟悉的个人情境出发，提出问题，运用所学的知识解决问题，激发学生学习兴趣。该问题背景较为简单，比较容易排除冗余信息，进而探究登山过程中的计步器反映的数学问题。 　　调动学生已有经验，将小乐上山的海拔高度与步数转化为直角三角形直角边与斜边的问题，从而引入第三个直角三角形，与【问题1】中的两个直角三角形比较；进一步把直角边与斜边理解为直角三角形中一个锐角的对边与斜边的问题，突出相似关系中的对应，通过计算直角边与斜边的比，来判断两个直角三角形是否相似，进而判断小乐是沿着哪条山路上山的

(续表)

学习过程		
学习环节	主要学习活动	设计意图
反思问题，提炼数学概念	【问题3】(1) 观察直角三角形中的角及边的关系，你有什么发现？ (2) 回顾解决问题的过程，我们发现，坡角越大，坡越陡；对边和斜边的比值越大，坡越陡。坡角与对边和斜边的比值之间有什么联系吗？ 学生独立思考，设计研究对边与斜边的比与锐角关系的方案，尝试从不同角度说明对边与斜边的比与角的关系，在笔记本上写下发现的结论。师生讨论补充。 (学生表现略) 为了突破难点，在完成【问题2】后，应增加一些互动，比如出示一个海拔对应一个步数，判断是从哪侧上山的，从操作层面理解"角的度数一样时，对边与斜边的比值是确定的"。由于锐角三角函数反映的是角度与数值之间的关系，而不是数量与数量之间的关系，学生理解起来有一定的困难，而理解角度和数值之间的关系对学生深入理解概念很有帮助。教师可以借助一副三角板的特殊角的对边与斜边的比，使学生深入理解"当锐角的度数一定时，这个角的对边与斜边的比值是唯一确定的"这一概念。随着角度的变化，这个角的对边比斜边的值也随之发生变化。通过几何画板演示，学生体会"角的度数一样时，对边与斜边的比值唯一确定，对边与斜边的比值随角的变化而变化"这一概念，再用相似的知识进行证明。整个从特殊到一般的过程，给学生更多的机会体会三角形边长度的比值与角度之间的对应关系，从而水到渠成地归纳出正弦函数的概念。 【问题4】如何表述提炼的数学概念？ 学生在笔记本上写出锐角三角函数数学概念，教师指导并板书锐角三角函数的定义及表示方法。教师解释"sin"的由来，总结其读法及书写的注意事项，达到文、图、式的对应互化，初步理解锐角三角函数的本质	回顾解决问题的过程，明确直角三角形除了角的关系(两个锐角互余)和边的关系(三边满足勾股定理)以外，边与角(边的比与角)之间也具有某种关系，并尝试用函数知识刻画这个变化关系
应用概念深化理解	【问题5】$\sin B$怎么定义？针对锐角三角函数，你还能提出哪些问题？ 学生自主探究$\sin B$的意义，在笔记本上写出$\sin B$的表达式。学生不仅理解了在直角三角形中，对边与斜边的比值一定，还会发现其他的结论。 对照锐角的正弦的定义，使学生加深对$\sin B$意义的理解，明确$\sin B$是$\angle B$的对边与斜边的比，巩固对概念的理解，即在直角三角形中，边的比值随着角的变化而变化，用锐角三角函数来刻画直角三角形的边角变化关系，进一步体会数学是理解现实世界的工具。 明确邻边与斜边的比，叫做这个锐角的余弦，对边与邻边的比，叫做这个锐角的正切函数。正弦、余弦、正切统称为锐角三角函数	通过对$\sin B$的分析，明确在直角$\triangle ABC$中$\angle C=90°$，$\angle A$、$\angle B$、$\angle C$的对边分别为a,b,c，明确对应关系，使学生意识到可以用函数刻画直角三角形的边与角之间的关系，用数学解释现实生活

(续表)

学习过程		
学习环节	主要学习活动	设计意图
归纳小结 反思提升	学生总结、教师补充提升，总结的要点如下所述。 (1) 知识方面：本节课学习了如何从数学的角度描述一个坡的"陡与缓"；认识了直角三角形的边的关系、角的关系以及边角关系。 (2) 将实际问题转化为数学问题的过程：经历研究和解决问题的全过程，体会数学的工具作用	体会锐角三角函数是解决现实世界中测量、建筑、工程等问题的重要工具。在图形中研究各个元素之间的关系，并将这种关系用数量的形式表示出来，在这个过程中感悟数形结合的思想方法
布置作业 拓展结论	本节课研究了直角三角形中一个锐角的三角函数，互余的两个锐角的三角函数具有哪些关系？请把你发现的这些关系写出来	巩固对知识的理解，引发学生对直角三角形的全方位的深度思考，发散思维

教学反思
本课从学生熟悉的爬山情境入手，通过抽象、表征、设置不同层次的问题，引导学生从直观到抽象，由抽象到理论再到精确定义，不断建构锐角三角函数的定义，实现知识的系统化。整个学习过程充分发挥了数形结合的思想，在直角三角形中寻找定义，使用定义。本课结合直角三角形找到相应的边与边的比值，体现出由形到数的转化；给出具体的边与边的比值，再回到具体的直角三角形中，体现出由数到形的转化。本课自觉运用数学思想方法解决问题，用数学的眼光看问题，用数学的语言描述问题，用数学的方法解决问题，在不断解决问题的过程中提升学生的数学素养

【案例4-2】　"正弦定理"教学设计

　　"正弦定理"教学设计由福建省周宁第一中学张徐生老师编写，具体内容如表4-2所示。

表4-2　"正弦定理"教学设计

教学基本信息					
单元/主题名称	正弦定理				
学科	数学	学段	高中	年级	高一年级
主要内容	"正弦定理"作为单元起始课，为后续内容做知识与方法方面的准备，使学生在已有的三角函数及向量知识的基础上，通过对三角形边角关系的量化探究，发现并掌握正弦定理(重要的解三角形工具)，解决简单的三角形度量问题。在教学过程中，教师应发挥学生的主动性，通过探索、发现、合情推理与演绎证明的过程，提高学生的思辨能力。 　　本课采用实验探究、自主学习、合作交流的研究性学习方式，学习重点是定理的形成、证明的探究及其基本应用，努力挖掘定理教学中蕴含的思维价值，从实际问题出发，引入数学内容，最后把所学知识应用于实际问题				

(续表)

教学目标及教学重点、难点

教学目标：

  (1) 从学生已有的知识经验出发，通过对特殊三角形边角间数量关系的探求，使学生认识正弦定理；

  (2) 由特殊到一般，从定性到定量，探究在任意三角形中，边与其对角的关系，引导学生通过观察、猜想、比较，推导出正弦定理，由此培养学生合情推理探索数学规律的数学思考能力；

  (3) 培养学生联想与引申能力、探索精神与创新意识，同时通过三角函数、向量与正弦定理等知识间的联系，帮助学生初步树立事物之间的普遍联系与辩证统一的唯物主义观点。

教学重点： 正弦定理的探索、证明及其基本应用。

教学难点： 正弦定理应用中"已知两边和其中一边的对角解三角形，判断解的个数"，以及逻辑思维能力的培养

学习过程		
学习环节	主要学习活动	设计意图

创设情境	【**问题1**】在建设水口电站闽江桥时，需预先测量桥AB的长度，于是在江边选取一个测量点C，测得$CB=435$m，$\angle CBA=88°$，$\angle BCA=42°$。由以上数据，能测算出桥长AB吗？这是一个什么数学问题？
	
	  引出：解三角形——已知三角形的某些边和角，求其他的边和角。
	
	  师：解三角形，需要用到许多三角形的知识，你对三角形中的边角知识知多少？
	
	  生：大角对大边，大边对大角。
	
	  师："$a>b>c \Leftrightarrow A>B>C$"，这是定性地研究三角形中的边角关系，我们能否更深刻地从定量的角度研究三角形中的边角关系？
	
	  引出课题：正弦定理
		从实际问题出发，引入数学课题。
		
		  用联系的观点，从新的角度看过去的问题，使学生对过去的知识有新的认识，同时使新知识建立在已有知识的基础上，形成良好的知识结构

猜想实验	1. **发散思维，提出猜想**
	
	  从定量的角度考查三角形中的边角关系，猜想可能存在哪些关系？
	
	  学情预设：此处，学生根据已有知识"$a>b>c \Leftrightarrow A>B>C$"，可能出现以下答案情形。如
	
	$\dfrac{a}{A}=\dfrac{b}{B}=\dfrac{c}{C}$；$\dfrac{a}{\sin A}=\dfrac{b}{\sin B}=\dfrac{c}{\sin C}$；$\dfrac{a}{\cos A}=\dfrac{b}{\cos B}=\dfrac{c}{\cos C}$；
	
	$\dfrac{a}{\tan A}=\dfrac{b}{\tan B}=\dfrac{c}{\tan C}$；等等。
	
	2. **研究特例，提炼猜想**
	
	  考查等边三角形、特殊直角三角形的边角关系，提炼出
	
	$\dfrac{a}{\sin A}=\dfrac{b}{\sin B}=\dfrac{c}{\sin C}$。
	
	3. **实验验证，完善猜想**
	
	  这一关系式是否在任一三角形中都成立？
	
	  请学生以量角器、刻度尺、计算器为工具，对一般三角形的上述关系式进行验证，教师用几何画板演示。在此基础上，师生一起得出猜想，即在任意三角形中，有
	
	$\dfrac{a}{\sin A}=\dfrac{b}{\sin B}=\dfrac{c}{\sin C}$
		培养学生的发散思维，猜想也是一种数学能力。
		
		着重培养学生对问题的探究意识和动手实践能力

学习过程		
学习环节	主要学习活动	设计意图
证明探究	根据以上直观考查，我们认为这个猜想是正确的，但数学需要理性思维，那么如何通过数学推理，证明正弦定理呢？ **1. 特殊入手，探究证明** 在初中，我们已学过如何解直角三角形，下面首先来探讨直角三角形中，角与边的等式关系。在直角$\triangle ABC$中，设$BC=a$，$AC=b$，$AB=c$，$\angle C=90°$，根据锐角三角函数的正弦定义，有$\dfrac{a}{c}=\sin A$，$\dfrac{b}{c}=\sin B$，又$\sin C=1=\dfrac{c}{c}$，则$\dfrac{a}{\sin A}=\dfrac{b}{\sin B}=\dfrac{c}{\sin C}=c$，从而在直角$\triangle ABC$中，$\dfrac{a}{\sin A}=\dfrac{b}{\sin B}=\dfrac{c}{\sin C}$。 **2. 推广拓展，探究证明** 【**问题2**】在锐角$\triangle ABC$中，如何构造、表示"a与$\sin A$、b与$\sin B$"的关系呢？ **探究1** 能否构造直角三角形，将问题转化为已知问题？ 学情预设：此处，学生对直角三角形中证明定理的方法记忆犹新，可能通过以下三种方法构造直角三角形。 生1：如图1，过C作BC边上的垂线，交BA的延长线于D，得到直角$\triangle DBC$。 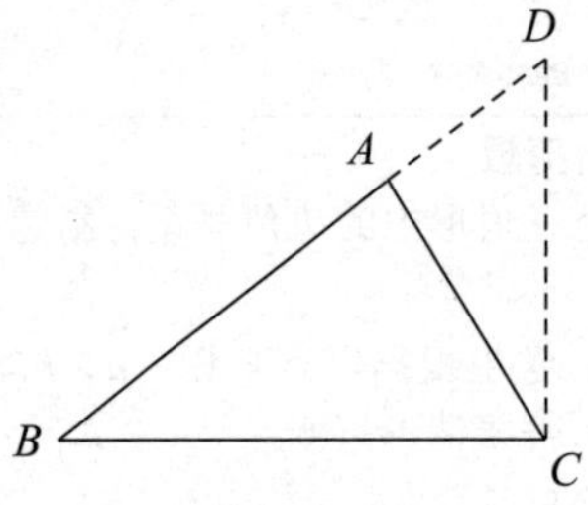 图1 生2：如图2，过A作BC边上的高线AD，转化为两个直角三角形问题。 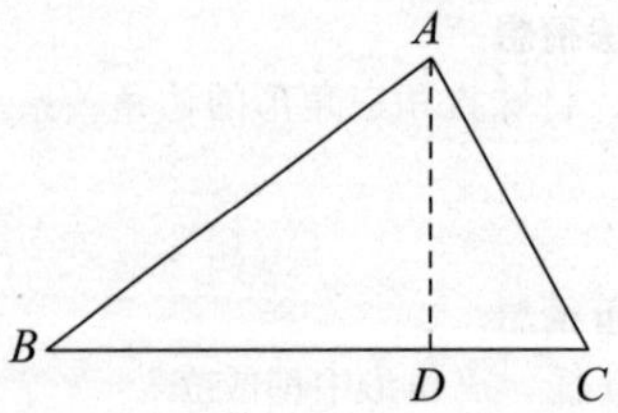 图2	

学习过程		
学习环节	主要学习活动	设计意图
证明探究	生3：如图3，分别过B、C作AB、AC边上的垂线，交于D，连接AD，也得到两个直角三角形。 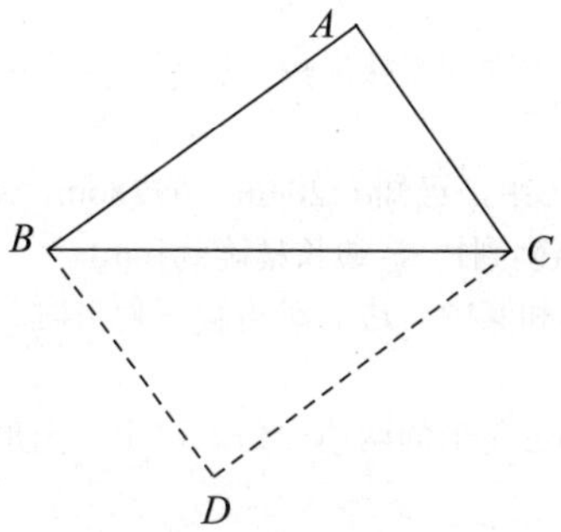 图3 经过师生讨论得出：方法2简单明了，容易得到"a与$\sin A$、b与$\sin B$"的关系式。 **探究2** 能否引入向量，归结为向量运算？ (1) 图2中蕴含哪些向量关系式？ 学生探究，师生、生生之间交流讨论，得出$\overrightarrow{AB}+\overrightarrow{BC}=\overrightarrow{AC}$，$\overrightarrow{AB}+\overrightarrow{BC}+\overrightarrow{CA}=\vec{0}$，$\overrightarrow{AB}=\overrightarrow{CB}-\overrightarrow{CA}$，(这三个式子本质上是相同的)，$\overrightarrow{AD}\cdot\overrightarrow{BC}=0$等， (2) 如何将向量关系转化为数量关系？ (3) 可取哪些向量与(1)中向量关系做数量积运算？ 学情预设：此处，学生可能会做如下种种尝试，如等式两边自乘平方、等式两边同时与向量$\overrightarrow{AB}$(或$\overrightarrow{BC}$、$\overrightarrow{AC}$)进行数量积运算，均无法如愿。此时教师引导学生在等式两边同时点乘向量$\overrightarrow{AD}$，并说出理由：数量积运算产生余弦，垂直则实现了余弦与正弦的转换。 **【问题3】**钝角三角形中如何推导正弦定理？(可留做课后作业)	
理解定理 基本应用	**1. 正弦定理** 在一个三角形中，各边和它所对角的正弦的比相等，即 $$\frac{a}{\sin A}=\frac{b}{\sin B}=\frac{c}{\sin C}$$ **【问题4】**定理结构上有什么特征，有哪些变化形式？ (1) 从结构看，各边与其对角的正弦严格对应，成正比例，体现了数学的和谐美。 (2) 从方程的观点看，每个方程含有4个量，可知三求一：①已知三角形的任意两角及其一边可以求其他边；②已知三角形的任意两边与其中一边的对角可以求其他角的正弦值	

(续表)

学习环节	主要学习活动	设计意图
理解定理基本应用	**2. 例题分析** 【例1】在△ABC中，已知$A=32°$，$B=81.8°$，$a=42.9$cm，解这个三角形。 评述：本题是对定理的直接应用，在解三角形中的复杂运算可使用计算器。 【例2】在△ABC中，已知$a=20$cm，$b=28$cm，$A=40°$，解这个三角形(角度精确到1°，边长精确到1cm)。 评述：已知两边和其中一边的对角解三角形时，可能有两解的情形。 课后思考：已知三角形的两边一角，这个三角形能唯一确定吗？为什么？ **3. 课堂练习** (1) 引题(即问题1) (2) 在△ABC中，$\sin A > \sin B$是$A>B$的(　　) A. 充分不必要条件 B. 必要不充分条件 C. 充要条件 D. 既不充分也不必要条件	设置练习(1)的目的是首尾呼应、学以致用。 练习(2)将正弦定理、简易逻辑与平面几何知识整合，使学生及时巩固定理，运用定理
课堂小结	【问题5】请同学们用一句话表述学习本课的收获和感受。 在同学们的热烈讨论的基础上，用课件展示以下总结内容。 (1) 在正弦定理的发现及其证明中，蕴含了丰富的思想方法，既有由特殊到一般的归纳思想，又有严格的演绎推理。在定理证明中，我们从直观几何角度、向量运算角度探求了数学工具的多样性。 (2) 正弦定理反映了边与其对角正弦成正比的规律，据此，可以用角的正弦替代对边，具有美学价值。 (3) 利用正弦定理解决以下三类三角形问题：①已知两角和任一边，求其他两边和一角；②已知两边和其中一边的对角，求另一边的对角，进而求出其他的边和角；③实现边与角的正弦的互化	通常，课堂小结均由老师和盘托出，学生接受现成的结论。本教学设计充分发挥学生的主动性和创造性，通过师生合作，得出课堂小结，让课堂小结成为点睛之笔

教学反思

(1) 本课就新课程理念下定理教学课的课堂模式，做了一些探索。本课以问题解决为中心，通过提出问题、完善问题、解决问题、拓展问题，采用实验探究、自主学习的研究性学习方式，重点放在定理的形成与证明的探究上，努力挖掘定理教学中蕴含的思维价值，培养学生的思辨能力；本课改变了定理教学中简单的处理方式(简单直接呈现、照本宣科证明、大剂量的"复制例题"式的应用练习)。

(2) 本课践行"用教材教，而不是教教材"这一观点。尽管教材中只介绍了通过作高将一般三角形变换为直角三角形，再将三角比变换得到等式的化归方法，但教学不仅是忠实执行课程标准，还是师生共同开发课程，将教材有机裁剪，并融入个性见解的过程。如在正弦定理的证明探究中，学生完全可能围绕"如何构造直角三角形"这一问题，多方联系，广泛联想，分别应用平面几何四点共圆、向量的数量积运算、向量的坐标运算等知识解决问题。本课还充分预设各种课堂生成，尽量满足不同思维层次学生的需求。

（续表）

教学反思
(3) 本课的教学突出数学的本质。正弦定理的本质是"定量地描写三角形边角之间的关系"，是"大角对大边，小角对小边"的定量化。但量、算、猜不能代替数学思考与逻辑证明，而定理的证明实质是用垂直做媒介，将一般三角形化为直角三角形。本课设计既讲类比联想，又讲逻辑推理，让学生不仅"知其然"，还"知其所以然"。   (4) 本课内容来源于生活实际，又回到生活中，强调了数学应用意识

第二节 中学数学习题课教学设计

一、习题课概述

(一) 概念

习题课是新授课的补充和提炼，通常是教师在某小节的教学或某些新知识点教学完成后，对所讲授的知识进行总结、巩固和应用。习题课主要是教师有针对性地讲解习题，或学生在教师的指导下自主练习。习题课能够帮助学生巩固知识、熟练技能，进而达到灵活运用的目的。

习题课一般安排在某小节教学完成后，或某些重要或较难的新知识点教学完成后。某小节后的习题课的重点是集中练习该小节知识，帮助学生建立知识之间的联系，将知识有机结合起来；某些知识点的习题课的重点是进行该知识点的强化练习，帮助学生巩固重点、突破难点，有计划地进行查漏补缺、提炼升华。

(二) 教学过程

习题课的授课过程一般概括为复习(整理前阶段课程的主要知识点)、练习、总结(分析习题中的错误)、布置作业。习题课的教学有以下几个策略：第一，把握重点和关键，注意习题的筛选和设计，注意结合变式练习；第二，习题要有一定的梯度，注重不同学生的发展水平；第三，注重提炼数学思想，适当总结解决规律，探讨解题思路和策略；第四，避免枯燥乏味的题型训练，激发和保持学生的学习兴趣。习题课的设计应关注和凸显学生的主体性，积极鼓励学生的主动参与。

二、习题课设计的要素提示

(一) 例题和复习

数学学科的特点是抽象，其具体表现形式多种多样，同一内容的考题可以有各种形式，学生对知识技能的理解和巩固显然不能寄希望于进行大量的题目练习，而是要专注于解决某一类真正有代表性的问题，所以教师在选取例题进行讲解时要注意其层次性，循序渐进地组织例题。为了避免"处处都考虑而导致处处不到位"的情况，教师最好预先给每堂课设置一个课堂主题，这样既能在有限的课堂时间内充分展开主题，又能在课程总结时有所依托，不至于旁支错杂，显得尾大不掉，使学生难以吸收[1]。

虽然习题课和新授课都有例题讲解环节，但讲解的侧重点不同。新授课侧重知识的理解与巩固，而习题课注重数学知识的迁移，培养学生运用所学知识综合解决问题或尝试解决新问题的能力。

(二) 学生自主练习

在实际教学中，习题课频繁出现教师"一言堂"的现象。因此，习题课要充分调动学生的积极性和主观能动性，在教师进行适当讲解和例题演示后，学生可以在教师的监督下进行自主练习。根据学生水平和目标层次的不同，习题课有以下几种形式。

1. 全班整体练习

全体学生一起练习，并自由交流。这种方法可以给尚未理解知识和不太自信的学生提供机会，让他们不至于直接暴露自身不足，可以有机会向他人寻求帮助，或聆听教师的讲解。但此方法也存在一定缺陷，即在练习过程中，并不是每个学生都能得到关注和反馈，因此建议教师在巡视时要有意识地关注重点学生。

2. 分组或同伴练习

学生分小组(两人或多人)，进行交流和练习，教师给予适当的关注和反馈。在初次使用这种练习方法时，教师需说明如何分组，如何与同伴进行合作交流，大致的角色分工或练习流程如何，以避免部分学生的低效参与。

3. 学生个人练习

学生个人练习，即学生独自进行练习。这种方法和全班整体练习在形式上相似，但学生之间不进行交流讨论。在学生独立练习期间，教师有更加充分的时间和机会进行监督和个性化辅导。需要注意的是，教师不是等学生提问才反馈，而是在巡视中通过学生的解题进度、动作行为、面部表情等及时发现问题。

---

[1] 张硕，王潇. 关于高中数学习题课教学的调查与研究[J]. 数学教育学报，2013，22(3)：33-38.

在进行习题课的教学设计时，教师可以根据实际需要灵活组合运用这三种方法。前两种方法促进了学生之间的交流，可以提高学生自主学习的能力，第三种方法可以充分暴露学生知识掌握方面的问题，给教师教学提供更多信息。学生自主练习是习题课教学设计中的重要组成部分，一方面可以调动和激发学生学习的积极性，另一方面可以帮助教师了解学生对知识的理解运用水平，使教师及时调整后续教学计划、教学设计和相应教学策略。

(三) 审题与反思

在出示习题后，教师要留足时间让学生仔细审题。审题是解题的重要一环，深入细致的审题是顺利解题的前提，因此教师要不断强调审题的重要性，适时指导学生如何正确审题。除了必要的指导，教师还要尽可能让学生自己对问题进行分析与解答。这样的习题教学活动由浅入深、层层递进，才是系统的、高效的。

在习题课的结尾，教师不应忽略对习题课进行小结与反思。教师应带领学生回忆这类习题的解法，分析习题类型、知识点考查的形式，归纳总结解题思路等。在回顾反思中，学生自己总结出数学解题经验，方能全面地提升自身数学解题能力。

(四) 课外拓展练习

课外拓展练习是课堂教学设计的一部分。对于中学数学教学而言，有计划、有针对性地进行课外拓展练习能够帮助学生加深理解课堂知识，综合运用已学知识解决新的问题，从而熟练、准确和灵活地掌握知识。

需要注意的是，习题课的拓展练习目的是练习，切忌使之变成教学的延续。教师可以鼓励学有余力的学生通过书籍、网络等其他资源进行拓展学习，但不能以拓展练习为驱动，要求全体学生在课外学习新的知识。拓展练习实际上是教学的一种延伸，习题的设计可以具有梯度，除了及时发现和分析学生的问题之外，教师还可以尝试组建练习互助小组，促进同伴交流和学习。

三、教学设计案例

■【案例4-3】 "利用导数求函数的单调区间"教学设计

"利用导数求函数的单调区间"教学设计由北京市北京中学胡园燕老师编写，具体内容如表4-3所示。

表4-3　"利用导数求函数的单调区间"教学设计

教学基本信息				
单元/主题名称	利用导数求函数的单调区间			
学科	数学	学段	高中	年级	高二年级

主要教材	书名：普通高中课程标准实验教科书数学选择性必修2-2 出版社：人民教育出版社 出版日期：2020年7月

教学目标及教学重点、难点

教学目标：

(1) 回顾导数与函数的单调性的关系，巩固利用导数求函数的单调区间的基本方法；

(2) 通过对含参函数的单调性的研究，培养学生分类讨论、数形结合的思想；

(3) 借助利用导数研究函数的单调性问题，提升学生的数学运算及逻辑推理的核心素养。

教学重点： 运用导数公式和运算法则求函数的单调区间。

教学难点： 对含参函数的单调性的研究

学习过程		
学习环节	主要学习活动	设计意图
忆中答	函数是贯穿高中代数的一条主线，单调性是刻画函数变化规律的一类重要性质。 【问题1】如何判断函数的单调性呢？ 常用的方法有三种：定义法，图象法和导数法。 【问题2】导数与函数之间有怎样的关系？ 　在某个开区间$(a，b)$内，如果$f'(x)>0$，那么函数$y=f(x)$在这个区间内单调递增；如果$f'(x)<0$，那么函数$y=f(x)$在这个区间内单调递减；如果恒有$f'(x)=0$，那么函数$y=f(x)$在这个区间内是常数函数	导数是研究函数的单调性的一种工具。教师在这个学习环节运用提问的方式，帮助学生回忆导数的正负与函数的单调性之间的关系
做中学	【例1】求下列函数的单调增区间： (1) $f(x)=x^3+x^2-x$；(2) $f(x)=2x-\sin x$； (3) $f(x)=(x-3)e^x$；(4) $f(x)=\dfrac{1+\ln x}{x}$ 【问题3】利用导数的方法，求函数的单调区间的基本流程是什么呢？ 　一般会有四步： 第一步，求函数的定义域； 第二步，求函数的导数； 第三步，求解导数大于零或者小于零的不等式； 第四步，写出函数的单调区间。 【问题4】观察函数的导数值，你有什么发现吗？ 　分析：第(1)小题中的函数导数值在定义域内是既有正又有负的，而第(2)小题中的函数导数值在定义域内都为正，所以导数值在定义域内的正负情况是不同的，由此可以将导函数值分为三类：非负，非正，既有正又有负。	【问题3】通过求解一组函数的单调递增区间的问题，在巩固导数运算公式和法则的基础上，熟悉利用导数的方法判断函数单调性的基本流程。 【问题4】引导学生观察导函数值的正负，为含参函数的分类讨论积累分类的经验。

(续表)

学习过程		
学习环节	主要学习活动	设计意图
做中学	【问题5】要想准确求出函数的单调区间，在解题过程中有哪些是需要我们注意的呢？ 分析：不能忽视定义域，需要弄清楚函数的构成；熟练掌握初等函数的导数公式和导数的四则运算；求解不等式的过程中，要有化简意识，运算要准确；结果写成区间形式，多个单调区间之间用逗号分隔。	【问题5】关注书写，提高数学运算的能力
探中思	【问题6】思考：我们为什么要研究函数的单调性呢？它有什么作用？ 分析：它能反映出函数值是随自变量的增大而增大还是随自变量的增大而减小的，由此就能看出函数图象在某个区间是上升还是下降。这样可以画出函数的图象，有了图象就能更加直观地研究函数的其他性质。 【问题7】探究：你能画出【例1】中的函数 $f(x) = \dfrac{1+\ln x}{x}$ 的图象的大致形状吗？根据前面的过程，用表格形式呈现。 追问1：为了能够更加准确地画出函数图象，同学们想一想，这部分的图象会穿过 x 轴吗？ 追问2：$x \in (1, +\infty)$ 的区域，函数是单调递减的，那这部分的图象会穿过 x 轴吗？ 分析：根据函数解析式的分式结构，分别看分子、分母的正负	【问题6】学会利用函数单调性进行画图。 【问题7】通过画图的过程，体会研究函数的单调性的意义
升中练	【例2】已知函数 $f(x) = e^x - ax - 2$，$a \in \mathbf{R}$，求 $f(x)$ 的单调区间。 【问题8】这道题与例1有何异同？ 追问1：参数对问题的解决带来什么影响？ 追问2：要怎样分类呢？ 分析：根据导数值的类别将 a 分为 $a \leq 0$ 和 $a > 0$ 两类。 解析：当 $a \leq 0$ 时，$f'(x) > 0$，所以 $f(x)$ 的单调递增区间为 $(-\infty, +\infty)$，无单调递减区间。 当 $a > 0$ 时，令 $f'(x) = 0$，解得 $x = \ln a$，$x \in (-\infty, \ln a)$，$f'(x) < 0$；$x \in (\ln a, +\infty)$，$f'(x) > 0$，所以，$f(x)$ 在 $(-\infty, \ln a)$ 内内是单调递减的，在 $(\ln a, +\infty)$ 内是单调递增的。 综上，当 $a \leq 0$ 时，$f(x)$ 在 $(-\infty, +\infty)$ 内单调递增；当 $a > 0$ 时，$f(x)$ 在 $(-\infty, \ln a)$ 内是单调递减的，在 $(\ln a, +\infty)$ 内是单调递增的。 【问题9】求含参函数的单调区间，在解题过程中要注意什么？ 分析：对于参数分类，我们要明确为什么分类，怎样分类；要养成画图的好习惯，因为数形结合有利于思考。	例题从不含参函数转变成为含参函数，使学生体会出参数所起的作用，理解为何要对参数进行分类，明确分类标准，从而提升学生的逻辑推理能力

（续表）

学习过程		
学习环节	主要学习活动	设计意图
升中练	【例3】变式：已知函数 $f(x) = e^x - ax - 2$，$a > 0$，求 $f(x)$ 在区间 $(0, 1)$ 上的单调区间。 【问题10】被改变的条件起了什么作用？ 【问题11】为什么分类？如何分类？ 　分析：导数为零的根 $\ln a$ 不一定在定义域内，所以要对 $\ln a$ 进行分类，按照 $\ln a$ 与0和1的大小关系，分为三类。 　解析：当 $\ln a \geq 1$，即 $a \geq e$ 时，$x \in (0, 1)$，$f'(x) < 0$。当 $0 < \ln a < 1$，即 $1 < a < e$ 时，$x \in (0, \ln a)$，$f'(x) < 0$；$x \in (\ln a, 1)$，$f'(x) > 0$。当 $\ln a \leq 0$，即 $0 < a \leq 1$ 时，$x \in (0, 1)$，$f'(x) > 0$。 　所以，当 $a \geq e$ 时，$f(x)$ 的单调递减区间为 $(0, 1)$，无单调递增区间；当 $1 < a < e$ 时，$f(x)$ 的单调递减区间为 $(0, \ln a)$，单调递增区间 $(\ln a, 1)$；当 $0 < a \leq 1$ 时，$f(x)$ 的单调递增区间为 $(0, 1)$，无单调递减区间	
结中理	请同学们回答三个问题： (1) 今天主要讨论的是什么内容？ (2) 运用了怎样的解题方法？ (3) 有哪些是需要我们注意的？	引导学生梳理本节课研究的主要内容，以及涉及的知识与方法，从而形成小结

Ⓕ 第三节 中学数学复习课教学设计

一、复习课概述

(一) 概念

从中学数学教学实施过程来说，复习课是新授课和习题课在开展到一定阶段后(如单元结束、期中、期末，甚至是学段结束)梳理知识点之间的逻辑关系，对学生所学知识进行回顾总结、整理归纳的课程。复习课能够帮助学生系统化、综合化地认识与理解所学知识，帮助学生形成良好的知识图谱，达到灵活运用所学知识的目的。

从实际效果来看，复习课可以是一个或多个单元新授课和习题课的高度提炼，可包含基本知识和技能的复习讲解，也可包含习题训练。对于单元或期中的复习课，教师应以阶段性的整理和归纳为主，达到复习巩固、承前启后的目的；而对于涉及内容较多、范围较广、时间较长的期末或学段结束的复习课，教师应对所讲知识进行系统化的梳理，建立知识结构，再配备适当习题进行练习。

常用的中学数学复习课教学策略包括以下几种：事先准备好复习提纲或有部分空缺的框图，通过串讲、学生互动提问的方式梳理、归纳所学知识；讲解典型例题，以例题为线索梳理出知识点，适当补充需要调用多个知识点的复杂习题；以精心设计的习题作为驱动，学生做练习和教师讲解穿插进行，达到复习效果。教师可以根据学生的学习能力和已有基础，合理选择恰当的教学策略。

(二) 教学过程

本节列举两种数学复习课的教学过程设计模式。

第一种，在《建构主义学习环境下的高三数学复习课教学模式初探》一文中，张素虹提出数学复习课的"四环八步"教学模式：第一环回忆，包括两个基本步骤——阅读教材、巩固练习；第二环讨论，包括一个基本步骤——协作学习；第三环归纳，包括两个基本步骤——归纳小结、构建网络；第四环拓展，包括三个基本步骤——拓展练习、反思回顾、意义建构[1]。

第二种，在《关于高三数学复习课的教学设计思考》一文中，孙居国认识到当前的数学复习课主要是以精讲多练为主，将课堂教学基本环节分为回忆知识要点、分析例题、反馈练习、巩固提高等环节[2]。

二、复习课设计的要素提示

(一) 梳理和讲解

复习课的重点是复习，习题只是辅助，切不可设计成"中高考原题选讲课"，所以教师对知识点的梳理和讲解在复习课设计中占据十分重要的地位。教师在课程实施过程中要注重对知识技能的梳理和数学思想方法的提炼。

对知识技能进行梳理，不仅能够帮助学生系统化地认识过去所学内容，达到融会贯通的目的，还能使学生综合运用所学知识和技能解决陌生情境下的复杂问题。对数学思想方法的提炼体现了数学的本质特性，教师可以适当总结常用数学方法，如数形结合、反证法、待定系数法等，帮助学生感悟基本的数学思想，达到触类旁通的目的。

(二) 课堂提问

在复习课中，虽然教师对知识点的梳理和讲解占据重要地位，但也不能忽视学生的主动参与。在复习课中采用提问，特别是复习特定内容时有计划、有目标地提问，是教师获得学生信息的高效方法。在复习课中，教师在提问时应当注意以下几点。

[1] 张素虹. 建构主义学习环境下的高三数学复习课教学模式初探[J]. 山西师大学报(社会科学版)，2004(S1)：55-57.

[2] 孙居国. 关于高三数学复习课的教学设计思考[J]. 数学通报，2020，59(8)：36-39+45.

1. 适应学生的认知规律

在复习课中，教师应避免提出缺少认知冲突的问题，应激发学生的参与，鼓励其尝试进行自主梳理和应用。当然，问题的设定要视学生原有基础而定，问题不能难度过大，使大部分学生望而却步，丧失了课堂参与的积极性。

2. 关注全体学生

在复习课中，教师应关注所有学生，保证所有学生都有的学习机会。教师的提问要有一定梯度，可以面向特定学生，但不可在设计时主动放弃部分学生。

3. 保护学生的积极性

教师应充分保护学生的积极性，即使学生回答错误，也应当及时识别学生犯错的问题所在，进行启发性的引导，切不可给予消极反馈，挫败学生的自尊心，以致扼杀其学习兴趣。

(三) 习题练习

进行少而精的习题练习同样可以达到复习的目的。教师应事先设置好复习提纲，选择形式多样、覆盖面广的典型习题。习题的具体组织形式可以参考学生自主练习的三种形式，根据实际情况灵活选用。

三、教学设计案例

■【案例4-4】 "一次问题"专题复习课教学设计

"一次问题"专题复习课教学设计由易良斌老师编写，具体内容如表4-4所示。

表4-4 "一次问题"专题复习课教学设计教学设计

教学基本信息					
单元/主题名称	"一次问题"专题复习课				
学科	数学	学段	初中	年级	九年级
主要内容	一次函数与一次方程(组)、一元一次不等式之间具有紧密联系。本节课主要从其他知识与函数的联系出发进行研究，即表面是式或方程的问题，实际上却是用函数思想来解决的问题，引导学生站在函数的视角审视包括一元一次方程、一元一次不等式、二元一次方程组在内的"一次问题"。　　九年级学生对于一元一次方程、二元一次方程组、一元一次不等式、一次函数等单个知识点较为熟悉，但是对它们之间的本质联系并不十分清晰。教学中，预设几组形式上属于不同领域但求解过程十分类似的练习，通过比较，让学生感悟出数学问题的多元化表征，让学生理解这些问题的本质，感悟函数思想、转化与化归思想				

(续表)

教学目标及教学重点、难点

教学目标:

　　(1) 通过自主学习,体会一次函数、一次方程、一次不等式之间的联系;

　　(2) 能用函数思想解决方程和不等式问题,感悟转化与化归、数形结合、分类讨论等数学思想;

　　(3) 归纳总结出学习代数的路径,类比得到二次函数与二次方程的联系。

教学重点:探究一次函数、一次方程、一次不等式之间的本质联系。

教学难点:利用函数思想解决方程和不等式问题

学习过程		
学习环节	主要学习活动	设计意图
自主学习 引出课题	**七年级:初识代数式** 　　在导入阶段,教师给出下列 4 个问题,引发学生思考。 　　【问题1】代数式 $2x+1$ 是_____次_____项式。 　　【问题2】当 $x=3$ 时,代数式 $2x-1$ 的值为_____。 　　【问题3】已知代数式 $2x-1$ 的值等于5,则未知数 x 的值等于_____。 　　【问题4】若代数式 $2x-1$ 的值大于5,则未知数 x 的取值范围是_____。 **八年级:遇见一次函数** 　　【问题5】你能构造一个一次函数来解决问题吗?	通过回顾七年级代数式中的"次数"概念、求代数式的值、根据已知代数式的值求未知数的值,逐步过渡到八年级一次函数的概念、求函数值、求自变量取值范围,同时复习一元一次方程、一元一次不等式等学生熟悉的知识,让学生感悟到它们之间的联系,为后续阶段基于函数的视角看待已学过的概念服务,进而引出课题
题组练习 思维提升	**九年级:再探函数** 　　【问题6】函数 $y=2x-1$ 的图象与 x 轴有交点吗?与 x 轴交点的横坐标可以看成哪个方程的解?图象在 x 轴上方时,求 x 的取值范围。 　　【问题7】若在同一坐标系中,继续画出另一条直线 $y=-x+2$,则这两条直线有交点吗?交点坐标是什么?解题过程让你想起了哪些数学知识? 　　【问题8】若直线 $y=2x-1$ 的图象在直线 $y=-x+2$ 的图象上方时,则对应的自变量 x 的取值范围是什么? 　　【问题9】若直线 $x=a$ 分别交上面两条直线于 P、Q 两点,当 $PQ=1$ 时,求 a 的值	本组练习将代数式的概念及求值、方程的解、不等式的解集等问题用函数的背景加以包装,引导学生从函数的角度看待问题、分析问题、解决问题,体现了函数思想、转化与化归思想。 　　【问题6】让学生体会到一次函数图象与坐标轴的交点问题可以转化为一元一次方程来求解;【问题7】让学生明白两个一次函数图象的交点问题可以转化为二元一次方程组来求解,以方程的视角来看,一次函数其实是一个二元一次方程;【问题8】让学生感受到图象的位置关系可以转化为不等式的解集问题;【问题9】需要分类讨论,讨论的过程涉及数形结合和函数思想

学习过程		
学习环节	主要学习活动	设计意图
辨识A、B面	第一组：A. 在同一坐标系中，直线$y=2x-1$与直线$y=-x+m$交于点A(1，1)，求m的值。 B. 关于x,y的方程组$\begin{cases} 2x-y=1 \\ x+y=m \end{cases}$的解为$\begin{cases} x=1 \\ y=1 \end{cases}$，求$m$的值。 第二组：A. 关于$x，y$的方程组$\begin{cases} 2x-y=1 \\ x+y=m \end{cases}$的解满足$x-y=0$，求$m$的值。 问题：根据上述信息，你能自己编一道函数题吗？ B. 在同一平面直角坐标系中，若三条直线$y=2x-1$，$y=-x+m$与$y=x$相交于同一点，求m的值。 第三组：以方程组$\begin{cases} x-y+2m=0 \\ x+y=4 \end{cases}$的解为坐标的点$P(x，y)$一定不在第_____象限	通过"辨识A、B面"环节，对比含参数的一次函数与一元一次方程(或一元一次不等式)之间的联系，引导学生进一步理解函数问题与方程、不等式问题之间的一致性，进一步明确一次函数与方程、不等式的关系，完善知识结构。 第一组的两道题一起呈现，让学生自主选择做题顺序，从而使其感到函数问题与方程问题可以相互转化；第二组先呈现一个以方程为背景的问题，然后提示学生从函数的角度编题、解题，让学生体会到函数思想解决问题的优越性；第三组题干中既有方程又有函数表述，让学生感受解决复杂的融合问题时需要分析其真正的本质内涵。 通过题组的训练和自主探究过程，学生不仅能从方程和函数两个独立的角度进行思考，还能发现更有效的解决方法，养成做题时举一反三的好习惯。 "辨识A、B面"环节的三组练习完成后，学生已经对于"一次问题"有了全新、全面的认识。此时，教师需要引导学生一起观察、归纳、总结出一次函数与方程、不等式的关系，通过归纳小结促使学生及时反思新知的形成与发展过程；通过体会题组练习中蕴含的数学思想方法、解决问题的思维路径及需要注意的问题，促使学生数学思维的提升和学习经验的有效积累
头脑风暴	如图1，在同一平面直角坐标系中，直线$y=-0.5x$与直线$y=2x+3$相交于点M。根据图象，你能提出哪些数学问题？(至少一个函数问题、一个方程问题和一个不等式问题) 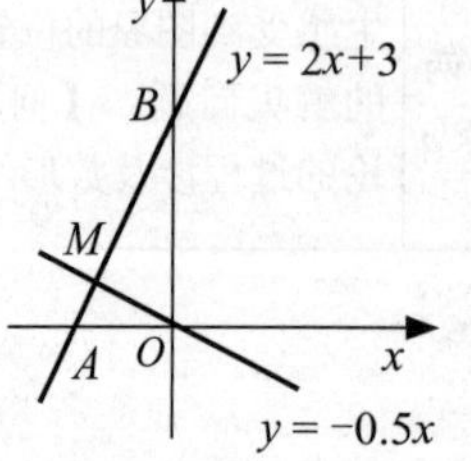 图1	通过自主探究、小组合作交流，学生编写出在同一图象条件下分别以函数、方程、不等式为表述的题目，进一步掌握"一次问题"的本质联系

（续表）

学习环节	主要学习活动	设计意图
回顾小结	(1) 今天我们学习了哪些知识？ (2) 我们是如何学习的？与之前学习知识的方法有什么不同？ (3) 我们可以怎样学习以后的二次函数问题？	通过本节课的学习，学生能够感悟到"一次问题"之间可以相互转化，能够从函数的角度解决方程和不等式问题，这是本节课的重点。 在学生做完题目后，教师需要引导学生进行必要的反思归纳，将解题的经历转化为思维活动的经验。新知的形成和解题后的反思归纳是尝试把书"读薄"，同时丰富自身知识结构的过程。 小结时，首先要研究新知在数学体系中的地位和作用，厘清新知与旧知之间的关系，归纳新知形成、发展、应用过程中蕴含的数学思想和问题解决的策略；其次要引导学生梳理新知、比较新旧知识，帮助学生类比得到今后的学习方法

学习过程

教学反思

"学为中心"的核心是以学生的学习为中心，鼓励学生自己学(起点)，教会学生如何学(过程)，实现今后不教也能学(目标)。要实现这样的目标，我们的教学应当关注学生的知识水平和已有经验，激发学生的学习兴趣，引发学生的数学思考，鼓励学生的创造性思维，培养学生养成良好的数学习惯，使学生获得问题解决的一般途径。总而言之，教师在进行教学设计时需要做好以下两个方面。

(1) 注重教学目标的低起点、高立意。教学目标的高立意对于课堂教学的重要性无须赘述，因为唯有这样才能使学生在学习数学知识的过程中学会用数学思维思考问题，培养理性精神，从而真正体现数学教育的育人功能。教师在教学中要挖掘数学知识中蕴含的丰富的育人资源，并融入课堂教学的具体实践中。"学为中心"理念下的教学设计应当以学生已有的认知基础为出发点，充分体现数学活动的低起点。

在学习"一次问题"这节课之前，学生已经学习了代数式、一元一次方程、一元一次不等式、二元一次方程(组)、一次函数等知识，对各自的概念、性质、应用都有所了解，因此教师应当引导学生进一步思考一次函数与一元一次方程、二元一次方程组、一元一次不等式之间的紧密联系，引导学生基于函数的视角看一元一次方程、一元一次不等式、二元一次方程组等知识，从而实现教学目标的低起点、高立意。

(2) 注重从知识技能到数学能力和数学思考的有效提升。数学课程目标是以知识技能的学习为载体，培养、提升学生数学能力和数学思考的，通过这堂课，学生不仅掌握了知识，更重要的是学会了思考，思考知识是怎么来的，为什么要这样想。教师需要不断思考：如何进行知识概括，如何揭示知识中蕴含的数学思想方法，如何在教学过程中渗透知识。因此，教师需要经过充分的分析、筛选，提炼出教材中蕴含的数学思想方法，熟知数学学科知识的整体结构，把握知识体系的核心，理解学科的本质与内涵。此外，本节课能够让学生从知识的整体结构出发来研究和拓展知识，明确发现研究问题的一般途径与方法，了解学科的结构。

本节课在"辨识A、B面"与"头脑风暴"两个环节设计了学生自主编题活动，通过这样的体验，学生感悟出数学命题的多元化表征，理解了这些问题在本质上都是一致的。小结环节提出了新的问题：通过本节课的学习，以后的二次函数问题可以怎样学习？通过问题设计的方式，引导学生反思其中蕴含的数学思想、问题解决的策略、需要注意的问题等，帮助学生积累有效、长效的学习经验，培养正确的学习习惯，切实提升学生的数学素养

⊕ 第四节　中学数学活动课教学设计

一、活动课概述

(一) 概念

活动课是教师引导学生自主进行数学活动，通过主动探究或合作交流，以获得直接经验和培养实践能力的课程。与知识技能的教学相比，活动课因其课堂组织形式和课程目标的特殊性，能更好地实现一些育人功能，如激发学生的学习兴趣和动机、促进学生与他人合作交流的能力、积累数学活动经验等。此外，着眼长远目标是活动课的重要设计理念。活动课可能并不着眼于特定的、可测量的、短期教学目标，而要求从多元的角度关注和促进学生的成长与发展，从而全面提高学生的核心素养，实现全面育人。

活动课注重学生的主体性，强调学生参与整个活动过程，教师作为指导者和协作者，引导学生进行活动的设计、组织、实施和评价。活动课有着独特的功能和价值，具体体现为活动主题(内容)选择的广泛性、活动场所的开放性、师生交流的平等性、活动组织形式的多样性。活动课更加强调实践性和创造性，即学生有更多机会动手操作、亲身实践，在实践活动的过程中创造性地理解和使用已有数学经验，尝试解决实际问题。

(二) 教学过程

通常来说，数学活动课包括确定选题、设计方案、研讨方案、实施执行、总结评价几个主要环节。根据活动课实施场景的不同，活动课的活动可分为课内活动和课外活动两种。课内活动偏重某些数学知识和经验的验证、应用和体验，而课外活动可以更多地借助社会调查、实践操作、劳动体验等弥补课内教学的不足，增加数学学习和数学应用的趣味性。无论选择哪种形式的活动，学生都需要经历收集信息、处理信息和得出结论的完整过程，不论是提出问题，还是分析问题，或者是选择解决问题的策略，都需要由学生主导完成。

《普通高中数学课程标准(2017年版2020年修订)》认为数学建模素养是一种数学学科核心素养，并将数学探究活动和数学建模活动纳入课程内容中。因此本书将中学数学活动课分为数学建模课和数学探究课两类。

1. 数学建模课

数学建模课是对现实问题进行数学抽象，用数学语言表达问题、用数学方法构建模型解决问题的过程。数学建模课的具体步骤：在实际情境中从数学的视角发现问题、提出问题；分析问题、构建模型；确定参数、计算求解；检验结果、改进模型；最终解决实际问题。数学建模活动是基于数学思维运用模型解决实际问题的一类综合实践活动，是高中阶段数学课程的重要内容[1]。

2. 数学探究课

数学探究课是围绕某个具体的数学问题，开展自主探究、合作研究并最终解决问题的过程。数学探究活动的具体步骤：发现和提出有意义的数学问题、猜测合理的数学结论、提出解决问题的思路和方案、通过自主探索与合作研究论证数学结论。数学探究活动是运用数学知识解决数学问题的一类综合实践活动，也是高中阶段数学课程的重要内容。

数学建模活动与数学探究活动以课题研究的形式开展，在必修课程中，要求学生完成其中的一个课题研究。

二、活动课设计的要素提示

(一) 兴趣与动机

在设计活动课时，教师应当重点考虑如何调动学生的学习兴趣，激发学生的学习动机。这就要求选择贴近学生生活，有意义、有需要、有价值的活动主题；充分考虑学生已有的知识经验，建立活动课与学生已有知识技能课程之间的联系。

(二) 合作与交流

教师应当合理利用活动课的开放性，促进学生非认知技能的发展。随着社会和科技的发展，人们在未来学习工作中遇到的任务和问题会越来越复杂，很难依靠个人能力独立解决，因此学生应当学会合作与交流，这类社会性技能被很多国家视为21世纪学校教育改革的要点。教师在鼓励学生进行合作与交流、商讨与研究活动方案的同时，还应当约定合作交流的规则、设计合作交流的程序、分享合作交流的技巧。

(三) 过程的监督

虽然活动课充分强调学生的主体性，但也不能忽视教师的作用。在活动课设计中，教师应预先设置好引领与协作的触发点和具体方式，监督学生活动的过程，在适当时给予学生帮助，为学生提供针对性的辅导，关注学生在活动过程中认知发展和情感态度的培养。

(四) 评价与反思

活动课不能陷入"看起来热闹"的形式主义误区，教师应当设计必要的评价环节，得出相应的评价方式、评价维度，形成评分表或评价手册，建立适当的评价机制，组织学生就活动结果或成果进行小组汇报和展示，并进行研讨和相互点评，从而使学生在获

---

[1] 中华人民共和国教育部. 普通高中数学课程标准(2017年版2020年修订)[S]. 北京：人民教育出版社，2018：4.

得活动经验的同时，积极反思。

三、教学设计案例

■【案例4-5】 "与勾股定理有关的画图操作"的教学设计

"与勾股定理有关的画图操作"的教学设计由北京市宣武外国语实验学校韩苗苗老师编写，具体内容如表4-5所示。

表4-5 "与勾股定理有关的画图操作"的教学设计

教学基本信息					
单元/主题名称	与勾股定理有关的画图操作				
学科	数学	学段	初中	年级	八年级
主要教材	书名：义务教育教科书《数学》八年级 出版社：人民教育出版社 出版日期：2014 年 4 月				

教学目标及教学重点、难点

教学目标：

(1) 应用勾股定理知识、数学阅读方法理解文字、符号、图形的意义，明确题意需要解决的问题，参与画图操作活动，积累数学阅读和画图操作方面的活动经验；

(2) 在阅读画图操作活动的过程中，发展独立思考、画图操作的能力，体会解决阅读画图操作活动问题的基本思想方法；

(3) 经历数学实验和画图操作的过程，体会设计画图操作方案，梳理画图操作活动流程、思路的基本方法，提高数学阅读能力和画图操作能力；

(4) 在问题解决的过程中，积极参与数学活动，养成独立思考、动手操作、反思质疑的学习习惯，渗透数形结合、类比转化的思想方法。

教学重点： 积累解决阅读画图操作活动问题的经验和方法。

教学难点： 通过阅读提取有用信息，动手实践解决画图操作的相关问题

学习过程		
学习环节	主要学习活动	设计意图
前期准备	勾股定理是非常重要的知识，围绕着勾股定理，出现了许多形式新颖、内容丰富的数学活动，画图操作问题就是其中典型的一类。这类问题一般文字叙述较长，信息量较大，对同学们的数学阅读理解能力和信息处理能力有一定要求，这就需要我们在平时的学习中不断实践，积累经验。今天就让我们一起应用数学阅读方法和勾股定理知识进行数学阅读理解中画图操作类问题的学习。 　　【环节1】回顾勾股定理的内容。 　　总结：我们需要从文字语言、符号语言、图形语言三方面掌握勾股定理。在直角三角形中，已知两边求第三边，可利用勾股定理。	在活动之前，学生要进行基础复习。复习的内容体现知识间的联系，符合学生的认知规律，为活动做好知识、技能、方法方面的准备

(续表)

学习过程		
学习环节	主要学习活动	设计意图
前期准备	【环节2】填写表1。 表1 | 直角三角形		| |---|---|---| | 第一条直角边长度 | 第二条直角边长度 | 斜边长度 | | 1 | 2 | | (后略) 　　总结：填表时，要利用勾股定理，这是勾股定理作用的具体体现。 　　【环节3】尺规作图：作一条线段等于已知线段。 　　总结：要熟练掌握基本作图，注意作图中圆规的正确使用。 　　【环节4】回顾数学常用阅读方法。 　　总结：灵活使用各种阅读方法进行数学阅读，准确理解阅读材料	
活动一：在数轴上画出表示 $\sqrt{n}$ 的点(n是正整数)	【环节1】数学实验：尝试在数轴上画出表示 $\sqrt{5}$ 的点P。 　　思路分析：数轴上的点P要表示 $\sqrt{5}$，需满足点P在数轴的正半轴上且离原点O的距离等于 $\sqrt{5}$，将问题转化为"找到从原点O出发的、长为 $\sqrt{5}$ 的线段OP"。 　　(1) 构造以 $\sqrt{5}$ 为斜边的直角三角形(详情略) 　　(2) 在数轴上画出长为 $\sqrt{5}$ 的线段OP (详情略) 　　【环节2】操作活动：画出表示长为 $\sqrt{13}$ 的线段。 　　在之前的课程学习中，我们尝试画过表示长为 $\sqrt{2}$、$\sqrt{3}$、$\sqrt{5}$ 的线段，在初步学习了勾股定理的相关内容之后，就能更好地理解这个画图过程是如何利用勾股定理来实现的。 　　(1) 回顾构造斜边为 $\sqrt{5}$ 的直角三角形的过程(详情略)。 　　(2) 画图操作活动的步骤分解(详情略)。 　　【环节3】数轴上的几何图形：在数轴上画出表示 $\sqrt{13}$ 的点Q。 　　在前一环节的基础上，在数轴上画出表示 $\sqrt{13}$ 的点，请依据以下思路完成画图。 　　第一步：画长为 $\sqrt{13}$ 的线段。 　　分别以环节2中所取的两个正整数(　　)、(　　)为两条直角边长画Rt△OEF，使O为原点，点E落在数轴的正半轴上，∠OEF=90°，则斜边OF的长即为 $\sqrt{13}$ 在数轴上的长度。画图(图略)。 　　第二步：在数轴上画表示 $\sqrt{13}$ 的点。 　　在数轴上画出表示 $\sqrt{13}$ 的点Q，保留画图痕迹，并描述第二步的画图步骤。	通过学生独立思考并尝试完成【环节1】，让学生经历动手画图操作的过程，再通过后面的学习进行反思和完善，使学生体会阅读材料间的关系，积累数学阅读画图操作类问题的活动经验。 　　通过综合运用数学阅读方法厘清【环节2】的基本框架，准确理解阅读材料内容和操作指令，培养学生的阅读理解能力。此处进行了步骤分解，为后面的学习做了铺垫，使学生能够初步体会解决此类活动的方法。 　　在【环节3】中，启发学生进行画图操作之前一定要准确分析条件，通过正确的分析尝试找到符合条件的三角形，再画出相应图形，培养学生分析问题解决问题的能力。

(续表)

学习过程		
学习环节	主要学习活动	设计意图
活动一：在数轴上画出表示$\sqrt{n}$的点(n是正整数)	【环节4】回顾反思与方法迁移：在数轴上画出表示$\sqrt{5}$、$\sqrt{20}$的点。 (1) 回顾反思：在数轴上画出表示$\sqrt{5}$的点。 目的：对【环节1】的画图尝试进行补充、完善。 反思：我在【环节1】的试验中是成功还是失败了？是哪个环节出现了什么样的问题？ (2) 方法迁移：在数轴上画出表示$\sqrt{20}$的点。 画图操作活动的分解为以下几步。 第一步：代数计算。 尝试满足$\sqrt{20}=\sqrt{a^2+b^2}$，使其中a, b都为正整数，且$a \geq b$。所取的正整数$a=$＿＿＿＿＿，$b=$＿＿＿＿＿。 第二步：画长为$\sqrt{20}$的线段。 以第一步中所取的正整数a, b为两条直角边长，画出$Rt\triangle OEF$，仿照【环节3】中第一步的叙述，使O为原点，描述$Rt\triangle OEF$的位置，并在数轴上画图(图略)。 第三步：在数轴上画表示$\sqrt{20}$的点。 在数轴上画出表示$\sqrt{20}$的点M，保留画图痕迹，并仿照【环节3】中第二步的叙述，描述第三步的画图步骤。 【环节5】画图操作活动的数学阅读反思。 (1) 再次阅读教材27页前三段，结合前面的活动梳理"在数轴上画出表示$\sqrt{20}$的点"的画图操作流程，思考、借鉴"画图操作活动类的数学阅读材料"的阅读方法，补全表格。 明确操作目标：＿＿＿＿＿＿＿。 对操作任务进行分解：对整段的阅读材料的画图操作过程进行动作分解，设计操作方案和流程操作任务分解为如下4个阶段，完成表2。 表2 表2内容： (2) 通过上述活动：①在数轴上画出表示$\sqrt{5}$的点，②在数轴上画出表示$\sqrt{13}$的点，③在数轴上画出表示$\sqrt{20}$的点，选择其中一个活动叙述画图过程。 (3) 写出通过上述活动的学习你感悟到的数学学习方法。	一是，让学生反思在数轴上画出表示$\sqrt{5}$的点时是怎么想的，怎么做的，总结自己的体会和收获。教师在这个过程中要引导学生体会如何进行这类问题的反思总结；二是，通过类比之前环节的活动思路和方法进行步骤分解，完成活动，使学生体会类比的思想方法在解决问题中的重要作用；三是，通过对此类型问题的分析，让学生体会画图中需要注意的问题，培养学生分析问题、解决问题的能力。 通过上述活动的分析和总结，让学生体会解决数学阅读画图操作问题的思路和方法，使学生形成活动经验，能迁移到以后的数学活动中。在此过程中，使学生感悟数学学习方法，培养和锻炼学生的归纳总结能力。

表2

阶段	厘清操作流程	操作流程的具体实施	梳理操作思路
阶段1	代数计算，设计构图方案	$\sqrt{20}=$(　　)	
(后略)			

(续表)

学习过程		
学习环节	主要学习活动	设计意图
活动一：在数轴上画出表示 $\sqrt{n}$ 的点(n是正整数)	【环节6】观看视频。 　　通过学习，大家已经能够把形如 $\sqrt{n}$ (n是正整数)的无理数在数轴上用点表示出来，那么大家知道这样的无理数是怎么被发现的吗？让我们一起来观看视频吧！ 　　总结：通过观看视频，大家会发现，由面积是2的正方形的边长引发的数学危机，让人们发现了像 $\sqrt{2}$、$\sqrt{3}$、$\sqrt{5}$ 这样的新数，也就是我们熟悉的无理数，而通过学习可知，利用勾股定理可以构造斜边分别为 $\sqrt{2}$、$\sqrt{3}$、$\sqrt{5}$ 这样的直角三角形，也就是说，勾股定理沟通了数与形，可以把像 $\sqrt{2}$，$\sqrt{3}$，$\sqrt{5}$，…，$\sqrt{n}$ (n是正整数)这样的无理数在数轴上用点表示出来	通过观看视频，学生能够了解无理数产生的数学史，既总结呼应活动一中【环节1】的活动结果，又形象说明勾股定理在构造无理数中的作用，对前面动手操作活动也是个补充，可以激发学生学习数学的兴趣
活动二：等腰直角三角形的斜边与直角边不可公度问题	【环节1】阅读并画图。 　　已知：如图1，在等腰直角三角形ABC中，边$AB=a_1$，另有线段$MN=a_1$。按照以下操作步骤，可以以该等腰直角三角形为基础，构造一系列的等腰直角三角形，它们之间的直角边满足一定的关系，并且一个比一个小。具体步骤如表3所示。 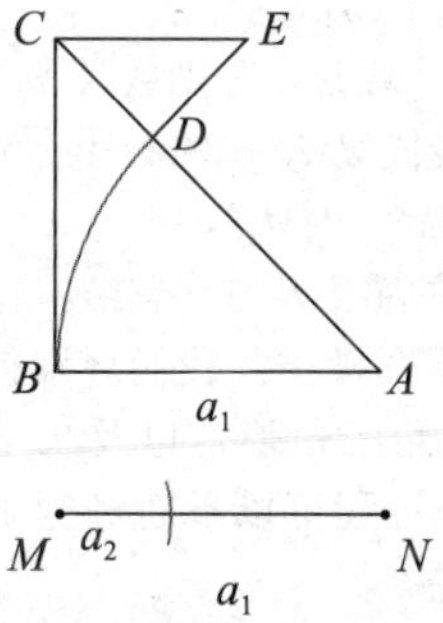 图1	通过综合运用数学阅读方法厘清材料框架，明确活动目标，理解画图操作步骤、作法，明确需要解决的问题，利用类比的思想方法完成后续的画图方案设计和作图，并在阅读画图操作的过程中发现规律解决问题，使学生更好地理解类比的思想方法，提高学生的阅读理解能力和画图操作能力。

表3

操作步骤	作法	由操作步骤推断
第一步	在第一个等腰直角$\triangle ABC$的斜边AC上截取$AD=a_1$，再作$DE \perp AC$于点D，使$DE=CD$，记$CD=a_2$	(1) 用含a_1的式子表示a_2：____
第二步	连接CE，得到第二个等腰直角$\triangle CDE$	
第三步	在第二个等腰直角三角形的斜边CE上截取$EF=a_2$，再作$FG \perp CE$于点F，使$FG=CF$，记$CF=a_3$	(2) 用只含a_1的式子表示a_3：____

(续表)

学习过程		
学习环节	主要学习活动	设计意图

(续表)

操作步骤	作法	由操作步骤推断
第四步	连接CG，得到第三个等腰直角三角形_____	
第五步	_____ _____	(3) 用只含a_1的式子表示a_4：
第六步	_____，得到第四个等腰直角三角形CHK(其中H为直角顶点)	

这个过程可以不断进行下去，若第n个等腰直角三角形的直角边长为a_n，用只含a_1的式子表示a_n：_____

活动二：等腰直角三角形的斜边与直角边不可公度问题

请解决以下问题：

(1) 阅读以上操作步骤，并根据第三步、第四步的作法在图1中画出第三个和第四个等腰直角三角形。

(2) 完成表3，其中第五步、第六步请仿照前四步，写出得到第四个等腰直角三角形CHK的作法。

(3) 在线段MN上以点M为端点，分别截取线段$MM_2=a_2$，$MM_3=a_3$，$MM_4=a_4$，其中线段$MM_2=a_2$的画图已完成，请仿照图中示例继续画出线段MM_3，MM_4。

【环节2】阅读操作中的感悟及方法总结。

(1) 感悟。经过以上画图操作，我们分别得到了一系列面积逐渐缩小的等腰直角三角形，以及长度不断缩短的线段$a_1\sim a_4$，体会到这个过程可以不断进行下去，以及"(_____)"这样一个结论。

(2) 通过上述画等腰直角三角形的活动，总结画等腰直角三角形的过程。

(3) 写出线段$MM_3=a_3$，$MM_4=a_4$的作法。

【环节3】拓展阅读：正方形的对角线与边长不可公度问题。

(1) 类比【环节1】中构造一系列的等腰直角三角形的作法，画出正方形$ABCD$中的相关情形。

(2) 用一句话写出你对"正方形的对角线与边长不可公度"的理解。

(3) 视频展示在正方形$ABCD$中"构造一系列的正方形"的过程，并探究这些正方形之间的边长满足的关系

设计意图：

通过以上画图操作，可得到一系列面积逐渐缩小、直角边有规律的等腰直角三角形，从而使学生体会"等腰直角三角形的斜边与直角边是不可公度的"这个结论。

【环节3】通过类比【环节1】中的作法，使学生体到会作图方法，猜想这些正方形之间的边长满足哪种关系，体会这两个不可公度问题的联系和区别。

通过视频展示，学生了解了古希腊的西帕索斯恰恰就是用这样画图的方法证明了"$\sqrt{2}$是无理数"的观点。

【环节3】类比前面的作图方法，让学生设计出更多的图形，这样可调动学生学习数学的热情，激发学生学习数学的兴趣

(续表)

学习环节	主要学习活动	设计意图
	学习过程	
课程小结	数学阅读的画图操作问题必须是在准确理解阅读材料的基础上才能进行，综合运用各种阅读方法准确理解阅读材料是活动的前提。 　　数学阅读的画图操作的要点有以下几项。 (1) 明确活动目标； (2) 对操作任务进行活动分解； (3) 动手进行画图操作； (4) 梳理画图操作步骤、流程、思路； (5) 回顾反思与方法迁移	"课程小结"引导学生回顾本课所学内容，梳理解决阅读画图操作问题的步骤和方法，有利于培养和锻炼学生的归纳总结能力
课程彩蛋	总结：前面活动中"重复、无限进行下去"的画图过程，相信大家印象深刻吧，在数学中有一类与之相关的数学分支就是"分形"。下面请大家欣赏分形之美，这是勾股树的分形图(见图2)，漂亮吧！可以说分形图具有无可争议的美学感召力，这是送给大家的课程彩蛋。对"分形"有兴趣的同学可以自己去寻找相关资料，相信这些图片一定会震撼你。 图2	"课程彩蛋"能够拓宽学生视野，使学生初步欣赏到分形图的美，激发学生的学习兴趣和创作热情

◎ 第五节　中学数学问题解决课教学设计

一、问题解决课概述

(一) 概念

　　传统的问题解决就是指数学问题解决，也就是传统教学中的解"纯数学问题"，即问题解决课就是教学生解各类数学题。这个定义本身并没有错，但不太符合课程改革、学生个体发展和将来参与社会生活或国际竞争的需要。

随着科技和社会的发展，人们普遍认识到学生在学校教育中需要培养更加广泛的技能。从农业经济到工业经济的转变，再从工业经济向信息化知识经济的转变，人们不但改变了生活方式和工作方式，也改变了思维方式。《义务教育数学课程标准(2011年版)》提出："注重发展学生的应用意识和创新意识。"《普通高中数学课程标准(2017年版2020年修订)》则是继课标强调"问题解决"后进一步指出："在实际情境中从数学的视角发现问题、提出问题，分析问题……最终解决实际问题。"此外，西方国家将跨学科的问题解决能力视为21世纪人才培养的焦点，大型国际学生测评项目(PISA)也专门设计了学生(合作)问题解决能力测试。由此可见，基于实际情境的问题解决，或跨学科综合性的问题解决，已成为我国课程改革和国际教育发展的趋势。

虽然我国的教育政策已经开始关注学生的问题解决能力，但在PISA问题解决能力的测试中，2012年上海学生的表现与其数学、阅读、科学成绩出现巨大落差；2015年北京、上海、江苏、广东组成的中国部分地区联合体未达到经济合作与发展组织(OECD)的平均成绩，这都在一定程度上反映了我国传统学校教育存在的问题。图4-1为问题解决流程，其中虚线部分是我国传统学校教育中的"问题解决"，解决的是现实问题经过抽象模式化和设置了诸多理想条件后的"问题"。可见，通过长期大量的训练，我国学生应用知识解决此类问题的水平较高，但这种"问题解决"缺失了从"现实世界"到"数学世界"的过程，或者说，是教师和教材帮助学生简化了的过程。我国学生在"数学世界"中表现良好，但对于"怎么从'现实世界'中来，又怎么回到'现实世界'中去"这个问题，学生明显经验不足。

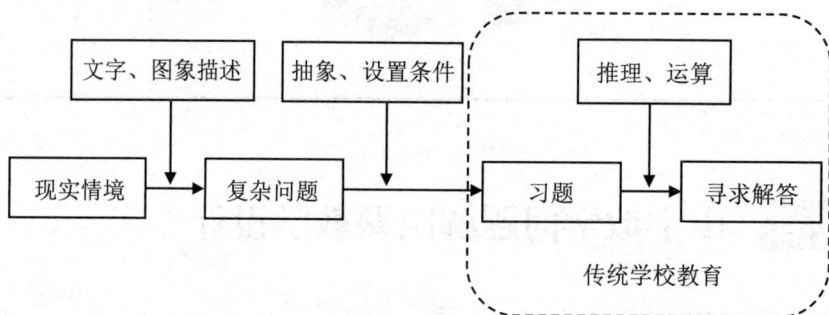

图4-1　问题解决流程

因此，问题解决课应当充分引入真实情境，让学生经历问题解决的全过程，获得从现实世界抽象出数学问题，运用数学知识解决问题，用数学知识解释现实世界，以及评价反思结果的经验。引入真实情境问题，不可避免地会涉及其他学科，如物理、化学、生物、地理、艺术、人文等，因此"跨学科"的问题解决自然也不可回避。教师应当积极鼓励学生激活其他学科知识，建立数学模型，在解决实际问题的过程中，发现数学的魅力，体验数学学习和应用的乐趣。

(二) 教学过程

各学术领域的学者对问题解决的程式描述各异，但综述起来可以抽出共同的成分。此处采用朱德全教授对数学问题解决教学设计程式的总结，即情境激活程式→方案构想程式→假定施行程式→系统改良程式[1]。

1. 情境激活程式

情境激活程式属于问题解决出发点的形成阶段，这一阶段的教学任务在于创设好问题解决的情境，从而引发全体学生主动参与审题。数学问题并非"读而知之"，而应"思而知之"，所以审题并非读题，教师应以读题为手段，引发学生回顾题中所牵涉的知识要点，以此有效调动学生的认知经验系统。

2. 方案构想程式

方案构想程式属于问题解决的试探阶段，这一阶段的教学任务在于搜索知识经验系统中的相关信息，引发全体学生主动探求解决方法，以此形成所有学生解题方法都能涵盖的方法系统，再由学生择优选取其中的最佳方案。在此阶段，师生应当处于一种平等的对话关系，每一位学生都能分享各自的方法与想法。

3. 假定施行程式

假定施行程式属于方案的选择或证明阶段，这一阶段的教学任务在于师生共做，或让最佳者口头报告其问题解决的思维过程。在此阶段，教师应充分尊重学生自主合作交流的权利，暂不抛出自己的预设方案，体现出学生的主体性；激发学生的自我认同感，使其从问题解决中感受到点滴成功，以强化学生在数学学习中的成功体验。

4. 系统改良程式

系统改良程式属于问题解决后师生对问题解决过程和结果的反思与修正阶段，这一阶段的教学任务在于师生共同评判问题解决的质量，强化学生问题解决的策略意识，引发学生元认知活动的参与。在这一阶段，教师首先应尊重学生之间的互评权利，然后抛出预设的解题方案以供评判。此外，教师既要信服学生的优选方案及具体实施过程，也要以自己预设的方案去改良学生的优选方案，真正体现教学相长。

二、问题解决课设计的要素提示

(一) 情境创设

创设情境和提出问题是问题解决教学的出发点，也是"现实世界"到"数学世界"的重要起点。教师在情境创设时可以策略性地选择有利于进行数学建模的现实问题，立足数学学科进行跨学科的问题解决。

---

[1] 朱德全. 数学问题解决教学设计类型与程式[J]. 中国教育学刊，2010(1)：53-55.

在问题解决课教学初期，教师应关注学生已经具备的基础经验，适当向学生介绍一些常见的数学模型，如线性规划、函数最值等，以及常见的问题假设策略，从简单的问题出发，帮助学生初步了解和体验现实问题数学化的过程，使学生学会发现问题和提出问题。切不可为了节约时间，教师直接"帮助"学生简化现实问题，而走回"伪情境"的道路。

(二) 问题设计

除了情境创设，问题的设计也是数学问题解决教学过程设计的关键，在设计问题时要注意以下几点。

(1) 问题应当具有较强的探索性。正如美国数学家和数学教育家波利亚所指出的，我们这里所指的问题，不仅是寻常的问题，还包括具有某种程度的独立见解、能动性和创造精神的问题。这里所指的"探索性"的要求是与学生的实际水平相适应的。

(2) 问题应当具有一定的开放性。一个好问题常常可以用许多不同的方法解决，这样学生可以通过不同的途径去"解剖"本质，明白解题不仅仅是简单地获得答案，而是数学思想的探索与发现。

(3) 问题应当具有一定的发展余地，可以推广或扩充到各种情形。此类问题能够引出新的问题和进一步的思考，是丰富的数学探索活动的起点，能够给学生提供"做数学"的机会。

(4) 问题应当具有一定的现实和启示意义，蕴含数学思想方法，富有趣味，能够使学生逐步认识到数学价值和数学之美，感受到数学学习是一种有意义的活动。这个问题不是"偏题""怪题"，而是真正引发学生思考的问题，不仅本身具有价值，其解决问题所涉及的思维模式同样具有价值。

(三) 数学问题解决

一旦学生能够成功从现实情境中成功提出数学问题，识别或建立数学模型，问题解决其实就成功了一大半。"纯数学问题"的解决并不是中学数学教学的难点，教师可以灵活运用前文介绍的学生自主练习和教师提问的方法来解决。在解题过程中，教师要注重学生的独立探究和合作交流，根据学生原有水平和所用到数学模型的复杂程度，选择恰当的方式来引导。

(四) 学生活动

数学问题解决教学强调的是学生的自主学习活动。在整堂课中，什么时候让学生独立思考、独立操作，什么时候让学生讨论、交流信息，怎样组织讨论和交流等，教师都要精心设计。问题解决教学主要通过个体探究和群体交流两种活动来进行，与此相适应的教学组织形式有全班教学、个别教学和小组教学三种。

学生活动通常可以这样安排：第一步，理解问题，可由学生自己读题，也可以师生一起观察和磋商。第二步，寻找问题与已有知识的联系。第三步，讨论和个体探究，可先个体探究，后讨论；也可先讨论，后个体探究；也可以个体探究和讨论一起进行。第四步，交流结果和心得。

(五) 反思和评价

如果说从"现实世界中来"是问题解决教学的重要起点，那么"回到现实世界去"则是问题解决教学的终点。教师应当引导学生将数学世界中获得的"解"放到现实世界加以评判，考虑现实情况的合理性，进而反思问题解决过程，优化数学模型，调整解决策略。

教师应充分尊重学生的主体性，组织学生采用多种方式相互交流和相价，使学生认识到"数学解"和"现实解"之间的差异，掌握优化模型和调整策略的方法，体验问题解决的全过程。对于学生集中表现出的困难点和共性问题，教师可以引导学生展开更广泛的讨论或分析，并鼓励学有余力的学生进行课外学习和进一步探索。在这个过程中，学生对自己问题解决结果的反思评价，学生对他人解决策略的反思评价，教师对学生问题解决过程的反思评价都是重要的。

三、教学设计案例

■ 【案例4-6】 "安装楼梯问题"的教学设计

"安装楼梯问题"的教学设计由北京市第三十五中学刘颖老师编写，具体内容如表4-6所示。

表4-6 "安装楼梯问题"的教学设计

教学基本信息			
单元/主题名称	安装楼梯问题		
学科	数学	学段	初中
主要内容	空间观念是指根据物体特征抽象出几何图形，根据几何图形想象出所描述的实际物体；想象出物体的方位与相互之间的位置关系；描述出图形的运动和变化；依据语言的描述画出图形等。它包含观察、想象、比较、综合、抽象分析等较为复杂的过程。空间概念的培养和发展离不开操作和图形。图形不仅是培养空间观念的重要载体，也是帮助学生理解题目、表征问题的好方法。波利亚在他的著作《怎样解题》中指出，在理解题目这个环节"画张图，引入适当的符号"，将图形和符号与数学思维紧密相连，有助于思考及对题目条件和目标的把握。本节课尝试通过观察实物模型(或借助生活经验)——对空间物体进行抽象概括——利用图形表征位置关系画图——建立模型——求解模型一系列过程，在解决实际问题的过程中发展学生的空间观念		

(续表)

教学目标及教学重点、难点

教学目标：

(1) 经历观察、想象的过程，学生能够根据图象和文字将情境抽象为平面图形；

(2) 能够通过适当的简化、假设，建立平面几何模型，并运用勾股定理、相似等知识，计算最短距离，解决楼梯安装问题；

(3) 能够有条理、准确地表达抽象的过程和解决问题的方案。

教学重点： 理解安装楼梯问题的情境，想象出相应的位置关系，并用平面图形进行表征。

教学难点： 能正确理解楼梯、楼梯开口及床垫间的位置关系，抽象出正确的平面图形，并找到相对应的数量关系，从而通过计算最短距离解决床垫能否通过的问题

学习过程		
学习环节	主要学习活动	设计意图
提出问题 理解题意	教师出示【问题1】，出示图1。学生读题，独立思考题目，全班交流。学生独立计算，解决问题。 **【问题1】** 小艾家是高为5.2米的复式，其中第一层高为2.73米(含楼板27厘米)。两层之间铺满楼板相隔。现需在两层中间的楼板开一个口连接楼梯。根据人体需要，每级楼梯步长为24厘米，高为21厘米，宽为80厘米。厂家将楼梯定价为每级台阶1500元，单独制作台阶立面时，每个费用为500元。 (1) 购买这个楼梯需多少元？ (2) 为节省空间，同时又要保证身高1.74米的爸爸可以不低头通过楼梯，楼板开口最小需要多长？ (a)　　　　　(b) 图1 **【学生表现分析】** 学生对题目中的"步长""宽""立面"等表达不理解。此外，学生可能的争议点有以下几个：1500元是否包含立面价格；最后一阶楼梯是否仅设计立面；爸爸站在第几层(在第几层上方开口)是保证楼梯开口最小的位置、楼板是否对画图有影响。(具体分析略)	教师给楼梯出示意图，帮助学生理解题目中的名词，提供楼梯微缩实物模型，降低学生对于实际情景理解的难度，师生共同分析解决。教师引导学生在实际情境和平面图形两者间进行转化，经过学生不断的交流，使其画出平面图形，获取关键信息，感受图形作用，理解题目描述情境

(续表)

学习过程		
学习环节	主要学习活动	设计意图
小组讨论解决问题	【问题2】受施工方限制，楼梯安装工人只上门一次，将楼梯和护栏同时安装完毕。在装修期间，小艾家准备在二楼购置一张长2米、宽1.8米、厚25厘米的床垫(不能折叠)。这个床垫能否在安装楼梯后送达二楼？如果能，请说明理由；如果不能，给出楼梯设计改进建议。 呈现问题后，给学生3分钟独立解答时间，小组研讨5分钟，全班交流17分钟。请小组派代表介绍本组成果。介绍内容包括展示抽象出的几何模型、解决问题的方案及原理。其他组进行补充、质疑。教师要关注学生在做了什么事情之后就找到了解决思路。(提供模型、图形等直观工具的支持) 【学生表现分析】 有的学生不能理解楼梯及开口所形成的空间，或无法抽象出【问题2】的平面图形；有的学生在抽象出平面图形后，无法利用垂线段最短的原理找到解决本问题的关键，也就是计算哪条线段的长。 (具体能力表现分析及水平划分略)	教师鼓励学生认真观察楼梯模型，或让学生在观察模型实物的基础上用手中的物品模拟床垫通过的情境，使学生在观察与体验的基础上理解问题情境中的空间图形，从而进一步将其转化为平面图形。教师要抓住学生好的解决策略和思维中的关键点进行板书和引导；发展学生的空间观念，利用相似三角形和勾股定理解决问题
反思提升感悟交流	(1) 学生反思解题过程，总结解题策略、经验和感受。例如，在解题过程中面对较复杂的情境、数字时的心情；再如在解题策略上，根据题目画出示意图，并将数据上图，将已知和未知尽可能地集中呈现，对于理解题意及将实际情景数学化有着积极作用；通过这个问题的解决，体会到数学在生活中的应用价值。 (2) 教师根据学生发言进行点评，给予学生信心及毅力方面的肯定与鼓励，并在抽象方法上再次归纳提升。例如，告诉学生在解决实际情境问题时需要进行必要的假设、简化和抽象；又如床垫厚度是否需要考虑在内；等等。 (3) 教师在点评的基础上抛出引申问题，激发学生进一步思考。例如"如果不加限制，为了解决床垫上楼问题，可以修改情境中的哪些数据""如果楼梯开口一定，那楼梯的步长和台阶数如何设计可以解决【问题2】中的爸爸上楼问题"。(此环节是否在课堂上提出，视教学过程而定)	通过反思解决问题的全过程，通过交流，将解题策略和解题感悟作为全班同学的共同经验固化下来

(续表)

学习过程		
学习环节	主要学习活动	设计意图
学生评价设计	【作业】(1) 独立完成"楼梯安装问题":将问题数学化,画出示意图,写出已知、问题,并完成解答。 (2) 完成练习:左右并排的两棵大树高分别为8米和12米,两棵树相距5米。一个人估计自己眼睛距地面1.6米,他沿着这两棵树所在的直线走进它们。当他与左边这棵较矮的树相距多远时,就看不到右侧较高的树的顶端了? 两道试题的设置分析如表1所示。	由于【问题1】"安装楼梯问题"难度较大,课上对【问题2】也只是做了解决方法的讨论与探究,没有落实解题过程,教师可通过作业(1)检测学生对该问题的理解程度。 作业(2)采用了比"安装楼梯"简单一些的情境,通过将此情境抽象为平面图形,最终解决问题,从而检测学生通过课上学习,空间观念是否有所提高

表1

题号	题目类型	能力	知识	情境	认知需求
(1)	解答题	应用	视图与投影、垂线段最短、勾股定理、相似三角形	空间与图形	难
(2)	解答题	应用	相似三角形	空间与图形	中

教学反思

(1) 理解情境:操作和画图是帮助学生将空间图形平面化的重要手段。"安装楼梯问题"的情境较为复杂,没有相关生活经验的学生对于空间的想象和理解存在较大的难度。在解决问题过程中,教师先给学生出示的是楼梯空间的图象,在学生理解题意遇到困难后再出示实物模型,使学生切实感受到,当从现实情境提取平面图形困难时,只有经常进行实物和图形的转化,才能积累想象的经验,从而提高学生联系物体之间关系的能力。

(2) 组织教学:选择思路不完善的学生作品作为讨论的起点。在学生交流解题思路时,教师选择了思路不完善的作品首先进行展示,这样选择有以下两点考虑:一是,经过巡视,发现这些不完善作品表现的问题具有一定的普遍性,说明学生在思考时犯了类似的错误,因此对这样的思路进行纠错时,受众面比较广;二是本情境较为复杂,学生不易一步理解到位,而通过共同对错误进行讨论再次纠错能够降低理解难度,激发学生对问题的思考,学生在思考、想象过程中发展了空间观念;三是选择不完善的作品作为讨论的起点,可以使学生看到如何完善的过程,从而得到正确解答的完整思维,使学生学会思考。

(3) 解题策略的反思:领会方法的最佳时机。反思和回顾是问题解决过程中非常重要的环节,波利亚在《怎样解题》一书中写道:"解题,如同在黑暗中走进一间陌生的房间。回顾,则好像打开了电灯。这时一切都清楚了,在以前的探索中,哪几步走错了,哪几步不必要,应当怎样走。"因此,反思和回顾是"领会方法的最佳时机"。教师在解题策略和解题信念方面带领学生反思,能够有助于学生发展创造性思维,形成质疑和独立思考的习惯,使学生由接受型学习转变为自主探索型学习,对提升学生终身学习能力有深远影响

【案例4-7】 "借助函数图象解决行程问题"教学设计

"借助函数图象解决行程问题"教学设计由杨丽娟老师编写,具体内容如表4-7所示。

表4-7 "借助函数图象解决行程问题"教学设计

教学基本信息					
单元/主题名称	借助函数图象解决行程问题				
学科	数学	学段	初中	年级	八年级
授课对象	学生来自市区的一所初中,基础较好,具有一定的自学能力、推理能力及运算能力				
教材分析	行程问题的一次函数试题是中考数学的热点题型。这类试题将行程问题蕴含在一次函数中,以函数图象、表格、文字的形式呈现,涉及面广,灵活性强,对学生分析问题、解决问题的能力要求较高,对学生的创新意识要求较高				

教学目标及教学重点、难点

教学目标:

(1) 经历借助函数图象解决行程问题,学会由函数图象来获取信息,提高收集、整理、加工信息的能力;

(2) 掌握行程问题中路程、速度和时间三者的基本关系;

(3) 比较不同的解题方案,感受借助函数图象解决问题的优越性。

教学重点: 借助函数图象给出部分数据信息,探求变量之间的关系。

教学难点: 应用有关函数知识多维度地分析条件,解决实际问题,体现函数图象的数学功能

学习过程

1. 观察函数图象,捕获有效信息

一次函数的图象是一条直线,若一次函数图象具有某种实际意义时,自变量的取值范围将会受到限制,此时的直线将会以线段、射线、折线等形式呈现,这在行程问题中经常出现。本节课研究如何借助函数图象解决行程问题。

【问题】甲、乙两车分别从相距480km的A、B两地相向而行。乙车比甲车先出发1小时,并以各自的速度匀速行驶,途径C地。甲车到达C地停留1小时,因有事按原路原速返回A地。乙车从B地直达A地,两车同时到达A地。甲、乙两车距各自出发地的路程y与甲车出发所用的时间x的关系如图1所示。结合图象信息解答下列问题:

(1) 乙车的速度是_____km/h, t=_____小时。

(2) 求甲车距出发地的路程y与时间x的函数关系式,并写出自变量的取值范围。

(3) 乙车出发多长时间两车相距120km?

【设计意图】该题是用函数图象解决行程问题,难度较大。从行程问题的角度分析:运动对象有两个——甲车和乙车,运动方向有两种——相向运动和同向运动,并且两车出发时间不同,出发地点不同,中间还有一个停靠点C地。从函数图象的角度分析:两车运动时间不同,参照地点不同。如此多的不同,会让学生感觉题目条件纷繁复杂,无从入手。

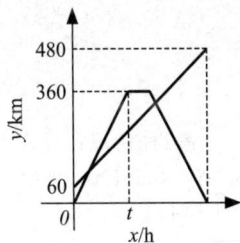

图1

如果结合函数图象捕捉有效信息,可以轻松解决第(1)小题。根据乙车比甲车先出发1小时,确定乙车在函数图象中的对应线段,并获知乙车的速度是60km/h,则乙车行完全程需8小时;根据甲车到达C地停留1小时,因有事按原路原速返回A地,确定甲车在函数图象中的对应折线,对照乙车,获知甲车全程用时7小时,从而得到图中t=3小时,进而可知甲车的速度是120km/h。根据分析所得,将有关信息标注在函数图象上。

学习过程

2. 加工函数图象信息，厘清变量关系

通过对函数图象信息的加工整理，感受变量关系，分析变量关系，加深对函数图象表示的理解，有条理地运用数学语言对函数图象进行表达，感受变量关系呈现的函数图象在实际生活中的应用，体会数学的实际价值。

根据之前的分析，可以对题中函数图象信息进行适当补充，增加几个点的坐标，可得甲、乙两车距各自出发地的路程 y 与甲车出发所用的时间 x 的关系，从而解决第(2)题。关系式如下：

$$y_{甲} = \begin{cases} 120x, & 0 \leqslant x \leqslant 3, \\ 360, & 3 \leqslant x \leqslant 4, \\ -120x + 840, & 4 \leqslant x \leqslant 7, \end{cases} \qquad y_{乙} = 60x + 60 \left(0 \leqslant x \leqslant 7 \right)$$

3. 进行数学建模，感受函数图象魅力

在初中阶段，学生对函数问题掌握起来较为困难，如果函数问题再与实际生活相联系，更是感觉无从入手。事实上，用函数图象处理实际问题，关键在于将实际问题置于已有的知识背景中，明确数学问题，充分利用函数图象来渗透数形结合的思想，建立函数模型，用数学知识重新解释，以此逐步形成解决实际问题的能力。解题中注意函数与不等式、方程之间的联系，以及学科之间的知识渗透：借助函数图象，把其中提供、蕴含的信息转化为与函数有关的知识进行思考分析；通过分析，把实际问题中的数量关系转化为数学问题中的数量关系；通过构建数学模型，利用函数思想解决问题。针对第(3)题，分类讨论可知甲、乙两车相距120km有三种可能的位置：两车相向而行相遇前、两车相向而行相遇后、两车同向而行，引导学生通过分析，获得以下三种不同的解题方案，进一步说明利用函数图象进行数学建模解决问题的优越性。

【方案1】 利用已经获得的相关信息，脱离函数图象，仅仅依靠行程问题的解题经验来解决问题。

【设计意图】 问题中求乙车出发多长时间两车相距120km，所以设乙车出发 a 小时两车相距120km，根据甲、乙两车可能的位置，分三种情况通过列一元一次方程解决。

第1种情况：两车相向而行相遇前，两车相距120km，结合行程图(见图2)，利用相等关系 $S_{甲}+S_{乙}=480-120$，列出方程 $120(a-1)+60a=480-120$，解得 $a = \dfrac{8}{3}$。

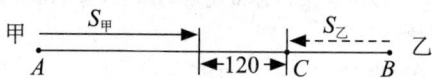

甲 $\xrightarrow{\quad S_{甲} \quad}$ $\quad \xleftarrow{\ S_{乙}\ }$ 乙

$A \quad \longmapsto 120 \longmapsto C \quad B$

图2

第2种情况：两车相向而行相遇后，两车相距120km。结合行程图(见图3)，利用相等关系 $S_{甲}+S_{乙}=480+120$，列出方程 $120(a-1)+60a=480+120$，解得 $a=4$。此时甲车正好到达C地，即将在C地停留1小时。

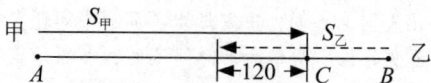

甲 $\xrightarrow{\quad\quad\quad S_{甲} \quad\quad\quad}$ $\xleftarrow{\ S_{乙}\ }$ 乙

$A \quad\quad\quad \longmapsto 120 \longmapsto C \quad B$

图3

第3种情况：甲车按原速原路返回A地，两车同向而行，甲车在乙车后面，两车相距120km。结合行程图(见图4)，利用相等关系 $(S_{乙}-120)-(S_{甲}-360)=120$，列出方程 $60a-120)-[120(a-2)-360]=120$，解得 $a=6$。

(续表)

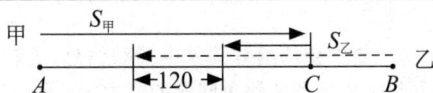

图4

综上，乙车出发 $\frac{8}{3}$ 小时，4小时，6小时，两车相距120km。

【方案2】利用甲、乙两车距各自出发地的路程y与甲车出发所用的时间x的函数关系，让函数图象与行程示意图结合。

还是以上述三种情况对两车相距120km进行分析。

第1种情况：两车相向而行相遇前(0≤x≤3)，两车相距120km。将函数图象与行程示意图结合(见图5)，发现相等关系$y_甲+y_乙=480-120$，即$120x+(60x+60)=480-120$，解得$x=\frac{5}{3}$，此时乙车出发 $\frac{8}{3}$ 小时。

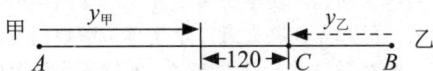

图5

第2种情况：两车相向而行相遇后(0≤x≤3)，两车相距120km。将函数图象与行程示意图结合(见图6)，发现相等关系$y_甲+y_乙=480+120$，即$120x+(60x+60)=480+120$，解得$x=3$，此时乙车出发4小时，而甲车正好到达C地，即将在C地停留1小时。

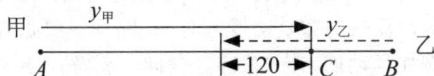

图6

第3种情况：甲车按原速原路返回A地，两车同向而行，甲车在乙车后面(4≤x≤7)，两车相距120km。将函数图象与行程示意图结合(见图7)，发现相等关系$y_甲+y_乙=480+120$，即$(-120x+840)+(60x+60)=480+120$，解得$x=5$，此时乙车出发6小时。

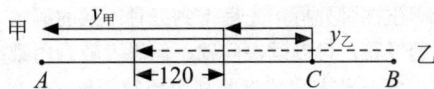

图7

综上，乙车出发 $\frac{8}{3}$ 小时，4小时，6小时，两车相距120km。

【方案3】充分利用函数图象，简单直观。

方案1、方案2都是将甲、乙两车分别以A、B两地为参照对象进行分析的，函数图象利用不够充分，感觉要考虑的因素较多。如果能充分利用函数图象，仅以A地或B地为参照对象，减少干扰思考的因素，分析过程就会简单直观，更能体现利用函数图象解决问题的优越性。

【设计意图】题目问乙车出发多长时间两车相距120km，如果以A地为参照对象，甲、乙两车相距120km，即两车距离A地的路程差为120km，其中甲车距离A地的路程是$y_甲$，乙车距离A地的路程是$480-y_乙$，则$\left|y_甲-(480-y_乙)\right|=120$。根据甲车是从A地到B地，停留在C地，还是从C地返回到A地，分上述三种情况解决。

(续表)

学习过程
4. 课堂小结 借助函数图象解决行程问题，要学会从函数图象中捕获信息，综合应用数学知识进行分析、加工、提炼，逐步形成利用函数知识分析问题和解决问题的能力，从而形成深入而牢固的函数思想
教学反思

(1) 重视解决实际问题的审题过程。数学解题包含两方面内容：分析问题方法的选择以及用所选方法准确、完整无误地解决问题。因此，解决实际问题时，首先要引导学生细心、耐心地读题、审题，理解关键词与量，使学生准确把握题目中的每一个符号、数据、图象、表格，并找出题目中的等量关系，然后准确地解答问题。本题题目信息量大、分析对象多，必须综合所有已知条件，再从题目中挖掘隐含条件，提炼全部线索，才能获得对题目的整体认识，为形成解题思路提供全面可靠的依据，启发解题思路。

(2) 发挥学生学习的主体地位。有效的教学活动是学生学与教师教的统一，学生是学习的主体，教师是学习的组织者、引导者和合作者。教师在教学中不能简单地向学生展示实际问题的解决方法，要善于激发学生积极思考、独立解决问题，使学生实现知识的深入理解和迁移应用。本题由简单到复杂、层层递进的数学问题串组成，低起点、高立意，学生逐步解决问题。教师在教学中要给学生充分的时间思考，指导学生逐层深入地对题目进行自主探究，发挥学生学习的主体地位，展示学生不同的探究思维深度，激活学生不同层次的思维活动。

(3) 感受函数图象解决行程问题的优越性。初中阶段的行程问题大多是反映物体匀速运动的应用题，涉及的研究对象较多：有的甚至涉及三个物体的运动；涉及两个物体运动的，有"相向运动"(相遇问题)、"同向运动"(追及问题)和"相背运动"(相离问题)三种情况。其实归纳起来，不管是"一个物体的运动"还是"多个物体的运动"，不管是"相向运动""同向运动"还是"相背运动"，它们的特点是一样的，反映的都是速度×时间=路程。要正确解答有关行程类问题，必须弄清物体运动的具体情况，例如运动的方向(相向、同向、相背)，出发的时间(同时、不同时)，出发的地点(同地、不同地)，运动的路线(封闭、不封闭)，运动的结果(相遇、相距多少、交错而过、追及)。

用函数解决行程问题必须结合函数图象，充分挖掘已知条件，并将已知条件体现在函数图象中，利用函数图象让学生感受到对应、感受到变化、感受到直观，从而加深学生对函数的理解。

本题第(3)小题，针对甲、乙两车相距120km三种可能的位置：两车相向而行相遇前、两车相向而行相遇后、两车同向而行，由学生探讨分析，先后得到三种不同的解题方案：第一种方案，脱离函数图象，仅仅依靠行程问题的解题经验，可以解决问题，但思考较为困难；第二种方案，函数图象与行程示意图结合，学生容易理解；第三种方案，充分利用函数图象，仅以A地为参照对象，分析过程简单直观，更能体现利用函数图象解决问题的优越性

◉ 第六节　中学数学试卷讲评课教学设计

一、试卷讲评课概述

试卷讲评课是复习课的一种重要形式，临近学期结束前或者中高考前的复习，多采

用这种类型的复习课形式。试卷讲评课是教师已经通过考试结果事先获得了学情反馈信息，从而进行的"修订式"复习。

正是因为有考试试卷信息，教师应充分做好试卷分析，这是试卷讲评课的基础。目前不少学校引入的阅卷系统和数据反馈可以帮助教师比较容易地进行学生典型作答梳理和集中问题识别。教师应当根据当次考试信息，甚至是多次考试信息，组织和设计试卷讲评课提纲，针对学生的典型错误和共性问题，进行知识点梳理、解题思路和策略讲解。同时，教师还应当积极反思教学中存在的问题，如有必要，可挑选部分学生进行访谈和交流，关注学生的认知特点和情感需求，根据学生反馈及时做出教学调整。

二、试卷讲评课设计的要素提示

(一) 做准备

在对试卷进行统计分析、分发试卷之后，教师应要求学生开展"二级"改错活动。一级改错是指学生对自己的试卷进行分析，对于一般基础类失误、计算失误、审题不对、答题不规范等问题，进行个体的自查自纠活动，从而让学生主动纠正"会而错"的错误；二级改错是指在学生完成自查自纠后，以小组为单位，回忆相应知识点，对题目进行再分析、再研究。所有出错的题目的题号填入下面的试题分析归类表(见表4-8)中。对于学生自查自纠和同学互助活动仍不能解决的典型问题，教师在课上要重点讲解。

表4-8　试题分析归类

你对本次考试的成绩感到: (A) 满意　　(B) 一般　　(C) 不满意		
错题剖析		
错误原因	题号	共扣去的分数
(1) 审题错误		
(2) 因粗心而导致的计算错误		
(3) 表述不规范或解题格式不正确		
(4) 对数学公式、法则或性质的运用不熟练		
(5) 解题速度慢而没时间做		
你觉得你掌握得最薄弱知识点是哪一个?		
你最希望老师给你讲解哪道题?		
加入"会而错"的分数，你的最后得分是多少?		

(二) 立目标

在评讲试卷内容前，首先对本次测试结果展开数据分析。通过介绍试题的基本背景(如试题来源、难度等)、平均分、最高分、各分数段分布人数等，让学生了解此次测试的基本情况，并对比自己的得分情况，明确自己的定位及努力目标，查漏补缺。

(三) 重方法

教师在讲评中需要关注数学思想方法的归纳与总结。数学试卷讲评课的目的不仅在于就错改错，更需要渗透数学思想方法，帮助学生习获得解题技巧经验。在一套试题中，重难点知识和方法的考查往往会在选择题、填空题及解答题中反复出现，教师通过归类讲评，让重难点知识以不同方式多次再现，从而让学生经历"听懂—类比—内化"的过程。

(四) 宜拓展

试卷讲评不能只停留在试题本身的难度上，还需要适度拓展。在讲评过程中，教师可以通过一题多解、一题多变、多题一解等方式适度拓展，从而拓展学生的思维宽度和深度。同时，对一题多解试题的讲评应注意顺序，一般先重点讲通性、通法，在此基础上优化某种方法，最后再讲其他方法，并注意评析各种方法的优劣。

(五) 适评价

在试卷讲评课中，教师应加强对学生的多样化评价，适时鼓励学生，让他们既有学习的压力，更有学习的动力。不仅如此，教师应重视学生对自身的评价，因为"内需力"比"外驱力"更重要，学生对自己的如实评价常常起到事半功倍的效果。在试卷讲评结束时，留3～5分钟时间让学生对失分原因进行反思和分析，找到自身不足，并允许学生把因"会而错"的分数加到卷面成绩上，重新认识到自己的真实水平，获得进步的希望和自信。

(六) 重落实

为了避免学生一错再错，在试卷讲评课中，教师应重视通过学生自主练习来落实试卷讲评。在试卷讲评之前，教师可以提前设计好5～10道题的试卷反馈小题单，小题单上的题可以是试卷中的原题，也可以是覆盖重点知识和方法试题的变式。教师可以根据讲评进度，让学生在课堂最后几分钟或课后完成，其目的是让学生有机会再次内化知识，达到从"听懂"到"会做"的思维提升。不仅如此，对于学生易出错的试题，教师还可以将它们分类收录到"错题集"中，在之后的周练月考中，教师可以有意识地将这些题"滚动再现"，从而落实试卷讲评反馈[1]。

---

[1]　牟天伟，张玉华. 初中数学试卷讲评课学情分析及教法研究[J]. 数学通报，2017，56(4)：5-7+11.

三、教学设计案例

■【案例4-8】 "解析几何综合问题(三点共线问题)"教学设计

"解析几何综合问题(三点共线问题)"教学设计由北京市昌平区第二中学吴照洋老师编写,具体内容如表4-9所示。

表4-9 "解析几何综合问题(三点共线问题)"教学设计

教学基本信息				
单元/主题名称	解析几何综合问题(三点共线问题)			
学科	数学	学段	高中	年级	高中三年级

主要内容	本节课是高三数学一模试卷讲评课。讲评的试题是解析几何综合问题,本质是用代数方法研究三点共线问题。本类型的题起点低、层次多,解题思路多样,立意深刻,主要考查以下几点内容。 (1) 数学知识:直线方程、椭圆的标准方程、直线和椭圆的位置关系。此类知识在高考考试说明中均为"掌握"层次。 (2) 数学能力:推理论证、运算求解、分析问题和解决问题能力
主要内容	数学思想方法:等价转化、方程思想、特殊到一般等的思想方法。 数学学科核心素养:逻辑推理、数学运算等

教学目标及教学策略

教学目标:

(1) 掌握三点共线问题的代数条件的转化;优化解析几何综合题的常用运算策略。

(2) 经历用代数方法研究几何问题的过程,体会等价转化、特殊到一般等数学思想方法。

(3) 通过问题的解决,养成分析问题和规范答题的良好习惯,树立攻克解析几何综合题的信心。

教学策略:本节课是高三数学一模试卷讲评课,为提升课堂容量和课堂效率,主要采用变式教学的教学策略。通过一题多解,挖掘题目内涵,实现方法探究和思想方法总结;通过一题多变,拓展题目外延,落实基础知识、基本技能和基本思想方法

学习过程		
学习环节	主要学习活动	设计意图
答题情况反馈	【试题呈现】(三点共线问题) 已知椭圆 W: $\dfrac{x^2}{4m}+\dfrac{y^2}{m}=1$ 的长轴长为4,左、右顶点分别为 A, B, 经过点 $P(n, 0)$ 的直线与椭圆 W 相交于不同的两点 C, D(不与点 A, B 重合)。 (1) 当 $n=0$, 且直线 $CD\perp x$ 轴时, 求四边形 $ACBD$ 的面积; (2) 设 $n=1$, 直线 CB 与直线 $x=4$ 相交于点 M, 求证:A, D, M 三点共线。 1. 得分情况(见表1) 表1 	第(1)问	第(2)问	总平均分
4.85(满分5分)	8.30(满分9分)	13.15(满分14分)		通过答题情况反馈,研读错解,提醒学生避免类似错误发生,进行优解示范

(续表)

学习环节	主要学习活动	设计意图
	学习过程	
答题情况反馈	2.典型错误反馈 8名同学没有考虑到计算式的对称性或几何对象选择不当，造成计算量大，计算失败。 典型错误一：斜率选择不当(图略) 典型错误二：直线选择不当(图略) 正确解法：证明斜率相等(图略)	
解题方法探究 (一题多解)	【举例】讲解第(2)问(见图1) 图1 　　教师：本题是三点共线问题，在你们的答卷中都用了哪些方法来证明？ 　　学生1：(证明斜率相等)A, D, M 三点共线$\Leftrightarrow$ $k_{AD}=k_{AM}$。 　　学生2：(证明向量共线)A, D, M 三点共线$\Leftrightarrow$ 向量$\overrightarrow{AD}$, $\overrightarrow{AM}$ 共线。 　　学生3：(证明点在线上)A, D, M 三点共线$\Leftrightarrow$ 点M在直线AD上。(图略)	多角度转化问题，实现一题多解，多法一题，充分挖掘题目的内涵；让学生认识和展示自己已有的经验水平，同时比较和借鉴他人的思维经验，在解题活动中融合、积累和拓展更多经验，提高复习效率；解题后的回顾反思、总结分析是提升学生分析问题和解决问题能力最有意义的阶段
变式问题研究 (一题多变)	教师：一个好的数学问题值得我们深入研究，如果我们改变要证明的结论，那么我们可以得到下面的三线共点问题，请同学们思考又该如何证明？ 　　【变式1】(三线共点问题)证明：直线AD、直线BC和直线$x=4$交于一点。(图略) 　　学生4：转化为证三点共线问题。 　　(具体方法略) 　　学生5：证两线交点在第三条直线上。(具体方法略) 　　学生6：证三线的任意两个交点重合。(具体方法略) 　　教师：如果我们再次改变要证明的结论，那么我们可以得到下面的直线过定点的问题，请同学们思考又该如何证明？	对已解决问题进行拓展研究，体会相同本质问题的不同呈现方式和解法的差异；多角度研究问题和多方法解决问题，体现化归与转化的思想；将已有方法运用于求解新问题，对不同解法和转化方法进行概括，对比总结不同解题策略的差异和优劣，使数学解题活动更加深入。

(续表)

学习环节	主要学习活动	设计意图
学习过程		
变式问题研究 (一题多变)	【**变式2**】(直线过定点问题)记直线AC与直线$x=4$相交于点N，证明：直线DN过定点。(图略) 　学生7：先猜后证，转化为三点共线问题； 　学生8：猜想定点位置，求直线DN，算出定点	在三点共线问题基础上提出直线过定点问题，最佳策略是先猜后证，多题一法，回归本质；将新问题的解题活动经验再次融入已有经验体系中，提升学生的分析问题和解决问题的能力，落实数学学科核心素养
知识方法小结	教师：本节课你有哪些收获？ 　(1) 掌握了三点共线问题(三种转化方法)和三线共点问题(三种转化方法) 　(2) 定点问题要大胆猜想，小心求证。 　(3) 计算策略要适当优化(结构的对称性，直线选择尽可能简单)。 　(4) 数学思想方法方面掌握了由特殊到一般的数学思想等。 　教师：对解析几何综合题的复习，你有哪些经验和感悟和大家分享？ 　(1) 要有克服困难的决心和勇气，认准目标，敢想敢算。 　(2) 用多种方面来解题，感受解法差异，形成解题经验。 　(3) 抓住问题的本质，形式上或叙述上不同的问题实际上本质相同，注意问题的转化，要多总结、多归纳，积累解题经验	例题从不含参函数转变成了含参函数，由此体会参数所起的作用，理解为何要对参数进行分类，明确分类标准，提升学生的逻辑推理能力
课后拓展研究 (课后作业)	教师：刚才我们研究了三点共线问题、三线共点问题和直线过定点的问题，下面请同学在本题的基础上研究垂直问题。 　【**变式3**】(垂直问题)记直线AC与直线$x=4$相交于点N，请问：x轴上是否存在定点Q，使得$QM \perp QN$？若存在，求出定点；若不存在，说明理由。(图略)	在共线问题的基础上类比研究垂直问题，拓展已知问题的外延，再次巩固已知解题思想方法，强化已有解题活动经验

教学反思

　　本节课是高三一模考试后的试卷讲评课。在高三的复习中利用好高三一模考试中发现的问题，充分挖掘试题的内涵和外延，做好知识查漏补缺和思想方法的落实，帮助学生积累数学解题活动经验(包括思维的经验和实践的经验)，有助于发展学生的数学学科核心素养，对提升课堂复习效率是非常重要的。

　　本节试卷讲评课主要采用变式教学的教学策略，变化中紧扣问题本质，提升学生的分析和解决问题能力，落实基本思想方法，突出数学学科核心素养，提升课堂效率。

　　首先，本节课从斜率相等、向量共线和点在直线上等多角度转化三点共线问题，通过一题多解，多法一题，充分挖掘题目的内涵，实现多方法探究，积累丰富的解题活动经验。

(续表)

教学反思
其次，在三点共线问题的基础上继续研究变式问题(三线共点和直线过定点)，通过一题多变形式，拓展问题的外延。虽然变式问题的呈现形式发生变化，同时解答方法也略有不同，但其问题本质基本相同，实现多题一法，多题归一。教学中，通过两个变式问题的解决，学生分析和解决问题的能力得到了提升，解题的基本思想方法得到多次落实，数学学科核心素养得到很好发展，提升了复习效率。 　　最后，在课后拓展研究(课后作业)中，由三点共线(平行)问题类比研究垂直问题，再次巩固基本思想方法和提升解题活动经验

【案例4-9】 "北辰区八年级数学第一学期期末检测试卷"讲评设计

"北辰区八年级数学第一学期期末检测试卷"讲评设计由天津市北辰区实验中学金树芋老师编写，具体内容如表4-10所示。

表4-10 "北辰区八年级数学第一学期期末检测试卷"讲评设计

教学基本信息					
单元/主题名称	"北辰区八年级数学第一学期期末检测试卷"讲解				
学科	数学	学段	初中	年级	八年级
主要内容	本课是试卷讲评课，讲评内容为"北辰区八年级数学第一学期期末检测试卷"				

教学目标
(1) 梳理本册书的知识体系和考点； (2) 对本册书中的知识点进行查漏补缺； (3) 增强分析问题和解决问题的能力，增强解题策略

学习过程

(一) 师生备卷，诊断错因

1. 教师备卷

教师从以下三个方面对试卷进行分析。

(1) 对试卷本身进行分析，并填写考点分布统计表(见表1)。

表1 考点分析统计

章节	题型分布及分值			难易分布及分值		
	选择题	填空题	解答题	简单题	中等题	难题
第11章	2分×2	—	8分×1	10	2	
第12章	2分×2	3分×1	8分×1	8	7	
第13章	2分×2	3分×2	—	10	—	
第14章	2分×5	3分×3	8分×2	22	2	11
第15章	2分×4	3分×4	8分×1	20	6	2
总分	30	30	60	70	17	13

这份试卷考查的范围是八年级上册第11~15章，内容涉及第11章"全等三角形"、第12章"轴对称"、第13章"实数"、第14章"一次函数"、第15章"整式的乘除与因式分解"。题型分为选择题、填空题、解答题三部分。其中，选择15道题(共30分)，填空10道题(共30分)，解答5道题(共40分)。

(续表)

学习过程

这份试卷中的简单题占70分，中等题占17分，难题占13分。可以看出，这份试卷既注重了基础知识的检测，又注意了选拔性，题目难度梯度合适。试卷的难题集中在期中考试后学习的第14章"一次函数"、第15章"整式的乘除与因式分解"两章。

(2) 对学生答题情况进行分析(见表2、表3)。

表2　成绩分析统计

考试人数	总分	平均分	及格人数	及格率	优秀人数	优秀率	最高分	最低分
39	3060	78.5	35	89.7%	23	59%	96	24
分数段及人数统计								
100	90+	85+	80+	70+	60+	50+	40+	40-
0	8	15	3	5	4	0	1	3

通过对分数段的分析得出，这一阶段对几个临界生和优秀临界生的关注得到了预期的效果，原来几个临界及格的学生都已经及格，优秀临界生也只有3位学生了。

表3　各题得分情况统计

选择题									
题序	1	2	3	4	**5**	6	7	8	9	10
错误人数	0	6	3	1	**10**	4	3	4	1	5
错误率	0	15.4%	7.7%	2.6%	**25.6%**	10.3%	7.7%	10.3%	2.6%	12.8%
题序	11	12	13	**14**	**15**				
错误人数	0	6	6	**12**	**15**				
错误率	0	15.4%	15.4%	**30.8%**	**38.5%**				
填空题									
题序	16	17	18	19	20	21	22	**23**	**24**	**25**
错误人数	3	3	3	6	5	5	3	**14**	**16**	**18**
错误率	7.7%	7.7%	7.7%	15.4%	12.8%	12.8%	7.7%	**35.9%**	**41.0%**	**46.2%**
解答题									
题序	26	27	28	29	**30**				
满分值	8	8	8	8	**8**				
平均得分	6.46	6.62	6.59	6.44	**1.59**				

通过统计，可以清楚地看到学生的错误比较集中在选择题"第5、14、15题"、填空题"第23、24、25题"、解答题"第30题"。教师要在讲评课中重点讲解这些题目。

(3) 对考题设计进行分析。

针对学生错误率较高的这7道题目，教师均设计了相应的变式练习，同时预设了出题可能的变化方向。

2. 学生备卷

教师在试卷分析课的前一天，把批改好的试卷和试卷分析表发给学生，以作业的形式，让学生自主订正错题，并填写试卷分析表(见表4)。

(续表)

学习过程

表4　试卷分析(学生用)

你对本次考试的成绩感到：(A) 满意　　(B) 一般　　(C) 不满意

错题剖析		
错误原因	**题号**	**共扣去的分数**
(1) 审题错误		
(2) 因粗心而导致的计算错误		
(3) 表述不规范或解题格式不正确		
(4) 对数学公式、法则或性质运用不熟练		
(5) 解题速度慢而没时间作答		
你觉得你掌握得最薄弱的知识点是哪个？		
你最希望老师给你讲解哪道题？		
加入"会而错"的分数，你的最后得分是多少？		

(二) 公示数据，准确定位

上课时，首先利用课件通报这次考试的有关数据(表1～表3)，让学生做到心中有数，找到自己在班级的准确定位。

(三) 重点讲评，变式练习

1. 中等题——"慢移"

【例1】 选择题第5题，题目如下：如图，已知△ABC的三个内角度数、三条边长，根据图中甲、乙、丙三个三角形标明的角度和边长，能确定与△ABC全等的是　　　　　(　　)

A. 只有乙　　　　B. 只有丙　　　　C. 甲和乙　　　　D. 乙和丙

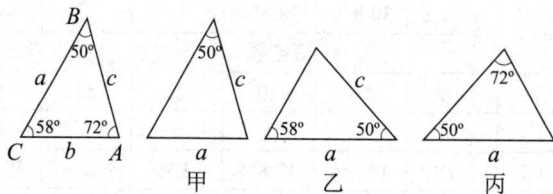

第5题

分析：该题考查对全等三角形的判定定理的掌握情况。学生可能对全等三角形的判定定理掌握得比较熟练，但是该题的考查较为灵活，通过给一些角的度数和一些边的长度，让学生自己去找全等的条件，再加上几个三角形放置的方向不同，一些学生就会找不全与已知三角形全等的三角形。

策略：一个三角形中，只要知道两个角的度数，就要立刻算出第三个角的度数。如果三个角的度数都标在图上了，再认真分析边角的相对位置，这道题就不难解决了。

这道题由教师讲评。因为解答这道题的方法比较明确，课堂中教师只需强化学生的做题技巧即可，所以采用教师讲评的方式便能提高学生做题的正确率。

【例2】 选择题第14题，题目如下：一家电信公司给顾客提供两种上网收费方式，方式A：以每分0.1元的价格按上网所用时间计费；方式B：除收月基费20元外，再以每分0.05元的价格按上网所用时间计费。若上网所用时间为x分，计费为y元，如图，在同一直角坐标系中，分别描述两种计费方式的x与y函数关系的图象。有下列结论：

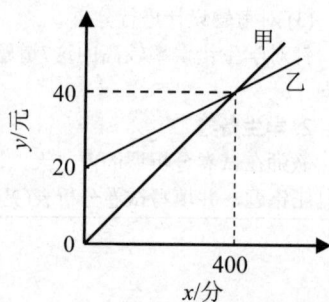

第14题

(续表)

学习过程

① 图象甲描述的是方式A；

② 图象乙描述的是方式B；

③ 当月上网所用时间为400分时，两种方式计费相同；

④ 当月上网所用时间为500分时，选择方式B省钱。

其中，正确结论的个数是

A. 1   B. 2   C. 3   D. 4

分析：该题考查函数的图象和性质。因为这道题是以实际情况为背景，一些学生没有读懂题目，所以失分较多。

这道题采用让学生上台讲的方法。因为这道题如果按照常规方法，根据已知条件确定函数图象的大致形状，就比较麻烦了。做对这道题的学生多采用排除法，或者找特殊值的方法，做题方式更加简单。会通法，而不一定用通法，是选择题常用的解题策略。

【例3】填空题第23题，题目如下：已知$a=2^4$，$b=8^2$，若$ab=2^m$，则$m=$_____。

分析：这道题考查同底数幂的相关计算。

这道题教师不需要详细讲解，只需要提示学生将8改写成2^3，学生就能够自己解决了。大部分做错该题的学生，在课前通过与其他同学讨论就能够解决这道题。

【例4】填空题第24题，题目如下：图(a)面积表示的等式是$(a+b)^2=a^2+2ab+b^2$，请你观察图(b)，可得图(b)面积表示的等式是：_____。

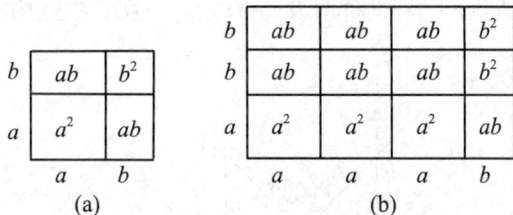

第24题

分析：这道题考查整式乘法的几何意义。

这道题教师也不需要详细讲解，只需要简单点拨。大部分做错该题的学生，在课前通过与其他同学讨论就能够解决这道题。

2. 难题——"特写"

【例5】选择题第15题，题目如下：已知$M=4+4(a+b)+(a+b)^2$，$N=4(1+a)(1+b)$，且$a\neq b$，则下列结论一定成立的是( )。

A. $M<N$ B. $M>N$ C. $M\leqslant N$ D. $M\geqslant N$

分析：这道题考查作差法比较大小。因为$a\neq b$，所以$M-N=4+4(a+b)+(a+b)^2-4(1+a)(1+b)=(a-b)^2>0$，即$M>N$。

作差法比较大小是一种常见的比较大小的方法，学生接触得较少，所以这道题先由老师进行通法的讲解，再由学生上台讲一些技巧、方法，如代特殊值等方法。

【例6】填空题第25题，题目如下：如图，直线$y=-\dfrac{1}{2}x+1$交x轴于点A，交y轴于点B，点P是直线AB上的一点，过点P作$PQ\perp y$轴，垂足为Q，若$\triangle AOB\cong\triangle PQB$，则点$P$的坐标是(,)。

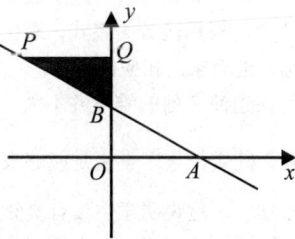

第25题

学习过程

分析：这道题综合考查"全等三角形""对称""一次函数"三章的内容，较为综合。首先利用"一次函数"的知识求出该条直线与坐标轴的交点，然后利用全等判断出点A与点P关于点B对称的关系，最后利用对称的性质求出点P的坐标。

变式练习：将题目中的直线方程换成$y=2x-10$。

【例7】 解答题第30题，题目如下：如图，点$P(x, y)$在第一象限，且在直线$y=-x+8$上，点$A(6, 0)$。设$\triangle OPA$的面积为S。

(1) 用含x的解析式表示S；

(2) 当点P的横坐标为5时，求S的值；

(3) 当$PO=PA$时，求S的值；

(4) 当$\triangle OPA$的周长最短时，求点P的坐标。

解：(1) 过P作$PH\perp x$轴于点H，则$PH=y$。

$$\therefore S=\frac{1}{2}OA\times PH=\frac{1}{2}\times 6\times(-x+8)=-3x+24。$$

(2) 把$x=5$代入$S=-3x+24$，得$S=9$。

(3) $\because PO=PA$，$\therefore OH=\frac{1}{2}OA=3$。

$$\therefore S=-3x+24=-3\times 3+24=15。$$

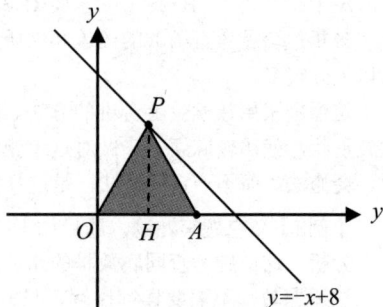

第30题 图1

(4) 点D和点E分别为直线$y=-x+8$和y轴及x轴的交点，过O、E分别作$OO'\perp DE$，$EO'\perp x$轴，交于点O'，如图2所示：

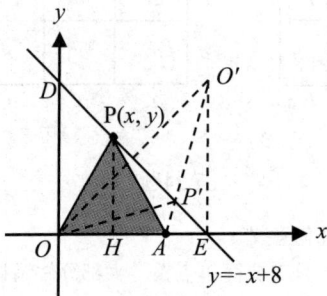

第30题 图2

$\because OD=OE$，$\angle DOE=90°$，$\therefore$ 可证$\triangle O'OE\cong\triangle DOE$，$\therefore O'(8, 8)$，且可得点$O'$为点$O$关于直线$DE$的对称点，得直线$O'A$的表达式为$y=4x-24$，解得直线$O'A$与直线$DE$的交点$P'\left(\frac{32}{5}, \frac{8}{5}\right)$，此时$\triangle OP'A$的周长$=OA+OP'+P'A=OA+AP'+P'O=OA+AO'$，为$\triangle OPA$的最短周长。

分析：该题考查一次函数的相关知识。第(1)小题，根据三角形面积计算公式列出函数关系式；第(2)小题，根据函数关系式，求出当自变量为5时的函数值；第(3)小题，根据对称的性质，得到点P的横坐标，进而求出相应的函数值；第(4)小题，涉及的知识面较广，学生根据现有的知识很难解决。

该题前三问的难度并不大，可是学生的平均得分只有1.59分，说明学生对函数的本质还不是特别理解。其实，很多学生是能够表示出$S=\frac{1}{2}OA\cdot PH=\frac{1}{2}\times 6\times y$的，但是想不到根据"$y=-x+8$"将"$y$"换成"$-x+8$"，这说明学生没有真正理解"函数是表示两个变量之间关系的式子"。

变式练习：如果将题目中的点A换成$(0, 6)$，该题如何解决？

(续表)

学习过程

(四) 反思小结，达标检测

1.简单题——"快闪"

除了学生知识与技能方面的欠缺，本张卷组的错误肯定还有一些是由非智力因素引起的，比如审题错误、数学表述不规范等，学生课前已经通过表4整理了这部分的错因，上课时，教师可以让学生利用展台展示自己的错误，既可以使学生加深印象，也可以警醒其他同学。

最后，出示本堂课的达标检测。

当堂达标检测(内容：期末试卷讲评)

姓名：_____　班级：_____（　　组　　号）　分数：_____

一、选择(共4分)

1.图中全等的三角形是(　　)。

A.Ⅰ和Ⅱ　　　B.Ⅱ和Ⅳ　　　C.Ⅱ和Ⅲ　　　D.Ⅰ和Ⅲ

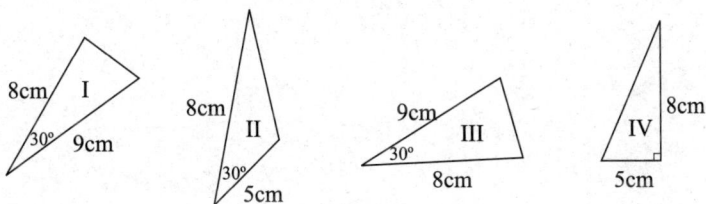

第1题

二、填空(每题4分，共8分)

2.已知 $8 \cdot 2^{2m-1} \cdot 2^{3m} = 2^{17}$，则 $m=$ _____。

3.根据下图所给的条件，你能写出一个你熟悉的公式吗？

_____

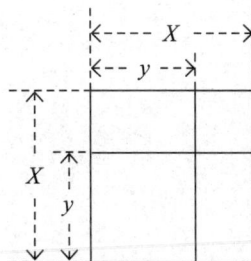

第3题

二、解答(共8分)

4.在一次蜡烛燃烧实验中，甲、乙两根蜡烛燃烧时剩余部分的高度 y 与燃烧时间 x 的关系如图所示。请根据图象所提供的信息解答下列问题：

(1) 甲、乙两根蜡烛燃烧前的高度分别是_____，从点燃到燃尽所用的时间分别是_____；

(2) 分别求甲、乙两根蜡烛燃烧时 y 与 x 之间的函数关系式；

(3) 当 x 为何值时，甲、乙两根蜡烛在燃烧过程中的高度相等？

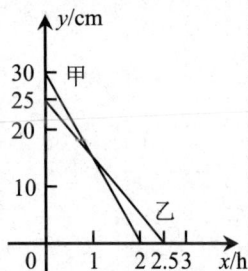

图 象 与 信 息

第4题

(续表)

学习过程

达标检测的4道题均是试卷上错误率较高的题目的类型题，这样能够及时巩固、检测学生的学习效果。

(五) 梳理考点，整理错题

课后，教师让学生以作业的形式，在试卷每道题的旁边注明考点和所用到的知识点，然后在错题本上再次订正错题。这份试卷考查的知识点非常全面，涉及第11～15章中的绝大部分知识点，通过这种梳理过程，学生既温习了第11～15章知识的体系，又明确了考点，能够做到心中有"点"、点中有"题"、题中有"法"

第五章 中学数学单元教学设计

当前关于学科核心素养的探讨如火如荼，如何落实学科核心素养成为整个教育界关注的重点，单元教学便给出了答案。《普通高中数学课程标准(2017年版2020年修订)》指出："重视以学科大概念为核心，使课程内容结构化，以主题为引领，使课程内容情境化，促进学科核心素养的落实。"[1]这表明落实数学学科核心素养要求改变单一的课时教学设计，增强学科内与学科间的衔接协调，呼唤单元教学。

第一节 数学单元教学设计概述

一、开展数学单元教学设计的必要性

数学单元教学设计以系统论思想为基础，站在整体的高度，综合考虑学生学习的过去、现在和未来的不同阶段，对一个相对完整的数学内容进行整体教学设计，帮助学生真正理解学习内容，促进学生能力、素养的发展。这不仅符合数学知识的内在逻辑和教材编写的模块化要求，还是落实学科核心素养的良好载体和促进课堂教学转型的重要手段。

(一) 单元教学设计是体现数学知识整体性的基本单位

数学作为一门研究数量关系和空间形式的科学，其知识、方法和思想都具有高度的逻辑性和系统性，因此学生的学习需要统筹兼顾，对学习过程进行科学有效的整体规

---

[1] 中华人民共和国教育部. 普通高中数学课程标准(2017年版2020年修订)[S]. 北京：人民教育出版社，2018：4.

划。单元教学设计从整体目标出发，统揽全局[1]，不仅体现数学知识的整体性，更关注不同部分的关联性，考虑不同模块和内容领域下各阶段、各课时的衔接性，能够突出数学内容的主线以及知识间的关联性，帮助学生协同思考、形成整体性的认知结构，促进学生更好地理解数学。此外，数学教材作为学生学习的直接材料，也是按照模块、以单元章节的形式、采用"螺旋上升"式的结构进行内容编排的，这说明了单元教学设计在体现数学的整体性、逻辑的连贯性、思想的一致性、方法的普适性、思维的系统性，帮助学生系统化、结构化把握学习内容，形成整体思维意识等方面有着不可替代的作用。

(二) 单元教学设计是落实数学学科核心素养的良好载体

2018年1月，我国教育部发布了20个学科的普通高中课程标准，提出了各个学科核心素养。学科核心素养是育人价值的集中体现，明确了学生通过学科课程学习后形成的正确价值观念、必备品格和关键能力。可以说，学科核心素养的出台倒逼教学设计进行变革，教学设计要从设计一个知识点或课时转变为设计一个大单元[2]。以课时为单位进行教学设计容易将教学内容碎片化，不利于学生对知识形成整体认知，在解决问题过程中容易产生思维断裂，难以真正理解数学知识及其所包含的思想方法，削弱整体教学效果。此外，数学学科核心素养的培养实际指向数学能力和数学素养的培养，而能力和素养目标一般不能通过一节课的教学来实现，需要一个中长期的培养过程。单元教学设计将本质相同或有内在联系的内容作为一个单位进行设计，保证了一段时间内教学的连续性，能够在一定程度上反映素养、能力的培养要求。通过多个单元循序渐进、螺旋上升式的培养，促进学生数学学科核心素养的发展。

(三) 单元教学设计是促进数学课堂教学转型的重要手段

长期以来教学设计存在两大误区："聚焦灌输"和"聚焦活动"。这两种模式的弊端显而易见，这意味着传统课堂教学亟须转型。中国学生发展核心素养体系的提出为课堂教学转型提供了方向。钟启泉教授指出："'核心素养—课程标准(学科素养/跨学科素养)—单元设计—课时计划'是课程发展与教学实践中环环相扣的链环，一线教师基于'核心素养'展开的单元设计创造是撬动课堂转型的重要支点。"[3]单元教学设计要求教师从学生的认知水平和心理特征出发，创造性地进行单元—课时规划，发挥教育智慧，促进学生全面发展。这一过程关注的是学生的学，而非教师的教，要求教师与学生进行"对话"，即在真实的情境中，教师恰当地引导学生全身心参与探究的全过程，而非教师单方面灌输、学生被动记忆或学生漫无目的地活动、教师手忙脚乱地维

[1] 吕世虎，杨婷，吴振英.数学单元教学设计的内涵、特征以及基本操作步骤[J].当代教育与文化，2016，8(4)：41-46.

[2] 崔允漷.学科核心素养呼唤大单元教学设计[J].上海教育科研，2019(4)：1.

[3] 钟启泉.单元设计：撬动课堂转型的一个支点[J].教育发展研究，2015(24)：1-5.

持。同时，这一过程从关注学生整体转向关注每个学生，要求教师为每个学生"量体裁衣"——了解每个学生的想法，进行适时引导、开展合作交流，促进学生间的思维碰撞，奏响"交响乐"[1]。

二、数学单元教学设计的内涵

开展单元教学设计首先要明确什么是"单元"。从辞源学上看，单，一也，后引申为"单一的、独立的"；元，始也，后引申为"起端、根源"以及"基本、基本要素"。"单元"一词是现代才有的，《汉语大词典》将其解释为"相对独立自成系统的单位"[2]，《辞海》则将其解释为"学习的段落"[3]。"单元"这一概念在教育中的运用是由德国教育家赫尔巴特所提出的。而后，赫尔巴特的学生席勒将"单元"这一概念的内涵缩小为教学单元[4]。实际教学中，教师们往往将学科教学中教科书已经确定好的章节作为单元进行教学，即教材单元。1995年，我国学者覃可霖提出，在单元教学中可将几个单元组成一个更大的单元，使得单元教学不再局限于教科书中的"单元""章"或"篇"，教师可以在教材的基础上，创造性地进行组合，构成"大单元"[5]。钟启泉指出：单元是基于一定目标与主题所构成的教材及经验的模块、单位，可以大体分为基于学术与艺术等文化遗产、以系统化的学科为基础所构成的教材单元(学科单元)，以及以学习者的生活经验为基础所构成的经验单元(生活单元)[6]。在数学学科中，教师往往会从内容的视角认识单元，即倾向于"教材单元"。

从课程开发的立场来看，单元是依据课程标准或课程纲要，围绕主题(专题、话题、问题)或活动等选择学习材料，并进行结构化组织的学习单位。单元目标向上承接课程目标，向下统领单元内的课时目标、内容、活动、作业、评价、资源等。从学习的立场看，单元是一个包含知识、技能和活动的完整的学习过程。学生参与单元学习活动、完成相应作业、完成评价任务、运用学习资源所蕴含的思考过程构成了整个单元的基本学习经历。由此我们可将单元定义为：在充分研究课程标准、教材设置和学生特征的基础上，为了实现一定的教学目标，按照教学内容的内在逻辑(知识技能、思想方法、核心素养等)而组织起来的教学活动的基本单位，其大小是"相对的"。

单元教学设计将单元视为一个系统，通过分析单元的整体结构和功能，厘清各要素之间的联系和规律，结合学生的认知基础和学习特点，对单元内容进行组织加工，形

[1]　佐藤学.静悄悄的革命：课堂改变，学校就会改变[M].李季湄，译.北京：教育科学出版社，2014：34-36.

[2]　汉语大词典编辑委员会，汉语大词典编纂处.汉语大词典(第三卷)[M].上海：汉语大词典出版社，1992：419.

[3]　辞海编辑委员会.辞海[M].上海：上海辞书出版社，1998：660.

[4]　孙丛丛.小学语文单元整体教学研究[D].武汉：华中师范大学，2014.

[5]　覃可霖.单元教学漫谈[J].广西师范学院学报，1995(1)：81-85.

[6]　钟启泉.学会"单元设计"[N].中国教育报，2015-06-12(009).

成系统的、科学的教学计划，以达到"整体大于部分之和"的效果，提升教学效益，帮助学生真正理解学习内容，促进学生能力、素养的发展。单元教学设计是课程实施者分解、传递和落实课程目标的关键一环，是统领单元内所有课时目标、各个教学要素的主要手段，是对教学内容做"结构化"处理的主要抓手[1]。

吕世虎[2]等人指出：数学单元教学设计是在整体思维指导下，从提升学生数学核心素养的角度出发，通过教学团队的合作，对相关教材内容进行统筹重组和优化，并将优化后的教学内容视为一个相对独立的教学单元，以突出数学内容的主线以及知识间的关联性，在此基础上对教学单元整体进行循环改进的动态教学设计。总体来说，数学单元教学设计具有以下几个特征。

(一) 整体关联性

数学单元教学设计的整体关联性主要表现在4个方面：①知识内容的整体性。数学单元教学设计将碎片化的数学知识与思想方法等进行模块式整合，有助于从整体上把握教学内容，确保知识结构的完整性，明确单元内容在课标以及整个学段中的定位与要求。②教学安排的整体性。数学单元教学设计在单元整体思维的统领下，从单元教学的整体目标出发，统揽全局，将教学活动的每一步、每一个环节都放到教学活动的大系统中考量，而不是片面地突出或者强调某一点。③对学生认知把握的整体性。由于数学单元内容往往会涉及不同的年级甚至不同的学段，而不同阶段学生认知水平存在较大差异，因此数学单元教学设计需要从整体上去把握学生的认知规律和心理特征。④数学单元教学设计在关注整体的同时，更关注部分与部分之间的联系，凸显了关联性。由于数学单元教学设计囊括的内容较多，且设计也相对复杂，因此需要将其教学过程划分为不同的阶段，每一个阶段又划分为不同的课时，使得数学单元教学设计在大单元的统领之下，阶段与阶段之间、课时与课时之间既相对独立又相互联系。因此在设计的过程中，教师既要从单元整体角度考虑，也要注意所划分的这些阶段之间以及每个阶段的课时之间的衔接、铺垫等。

(二) 动态发展性

动态发展性是单元教学设计的重要特征，正如钟启泉所言，单元教学设计不可能一蹴而就，也不可能一劳永逸，数学单元教学设计是一个不断改进和完善的动态发展过程。单元教学设计的动态发展性主要体现在两个阶段：第一阶段为教学设计的实施过程。在教学设计的实施过程中，以单元为单位进行教学设计，会克服课时教学设计因留给教师调整教学方案的空间相对较小所带来的僵化性与机械性，进而可以留有充足的时

[1] 上海市教育委员会教学研究室. 数学单元教学设计指南(初中数学)[M]. 北京：人民教育出版社，2018：1.
[2] 吕世虎，杨婷，吴振英. 数学单元教学设计的内涵、特征以及基本操作步骤[J]. 当代教育与文化，2016(4)：41-46.

间与空间去调整教学节奏，教师会针对前期教学中出现的问题或者涌现出的新想法，对原有的教学方案加以调整、完善。第二阶段为教学设计实施后。单元教学设计实施后，教师需要反思教学设计的内容，但并不是反思后弃之不用，而是通过教研活动使之得到改进，改进后的设计既可用于下一轮教学，也可为下一届教师们的教学服务，使得教学设计一直处于改进完善之中。

(三) 团队合作性

数学单元教学设计非常耗费时间和精力，某一个教师很难单独完成。因此，在单元教学设计中往往需要以教学团队或者学校教研组为单位，并适时地邀请专家、学者参与其中，通过团队成员之间的合作来完成。这就避免了以往课时教学设计中教师彼此之间缺乏交流所造成的教学设计较为片面的问题。数学单元教学设计的团队合作性体现在以下三个阶段：①教学设计的前期准备阶段。在这个阶段，教师们高度协作、集思广益，明确单元划分，对教材内容进行统筹重组，梳理内容主线，确定单元教学目标与具体阶段教学计划，从而形成初步的单元教学方案。②教学设计的实施阶段。由于最初的教学方案是分工合作完成的，所以每一个教师对各个教学环节的熟悉程度并不相同，如果教师在实施这一方案的过程中发现最初的预设与学生的实际情况不一致，就需要通过教师间的集体交流来对最初方案进行适当调整。③教学设计的评价修改阶段。教师通过对学生学习结果的评价，总结本次教学的经验与不足，修改教学设计，同时将教学中发现的问题及时反馈给对应年级的教师，使其能够及时对教学做出调整。

三、数学单元教学的相关概念

(一) 深度教学

深度教学的提出源于深度学习，而深度学习的提出源于自20世纪后期以来人们在计算机、人工智能等领域对机器学习模型的不断研究。30多年来，加拿大多伦多大学计算机系辛顿教授(Geoffrey Hinton)于2006年在*Science*(《科学》)上发表的*Reducing the dimensionality of data with neural networks*(《利用神经网络降低数据维度》)一文中首先提出了深度学习(Deep learning)的概念，他指出深度学习的实质是"一种算法，是模拟人脑复杂的、深层次的认知和学习过程，目的在于促使计算机达成并进一步完善对复杂的数据的处理"[1]。深度学习不仅攻克了计算机、人工智能领域一直存在的难题，并且在教育领域也产生了重大影响。"从深度学习走向深度教学，是教与学的一致性与相融性

---

[1] 王玉婷. 基于深度教学知识观的课堂导入策略研究[D]. 武汉：华中师范大学，2018.

所决定的必然选择。"[1]郭元祥教授是国内提出"深度教学"概念的第一人。他认为："深度教学不是指无限增加知识难度和知识量，不是对知识的表层学习、表面学习和表演学习，不是对知识的简单占有和机械训练，而是基于知识的内在结构，通过对知识完整处理，引导学生从符号学习走向学科思想和意义系统的理解和掌握，是对知识的深度学习。"深度教学强调为理解而教、为思想而教、为意义而教、为发展而教，不再仅仅把知识作为教学的对象，而是把学生作为教学和促进教学的对象，教学过程切实由以知识为中心转向以学生发展为中心[2]。郭元祥认为，要实现知识教学的丰富价值，必须由表层的符号教学走向深度教学，实施"4R教学"[3]。"4R教学"具体表现为以下4点：第一，丰富性教学(Richness teaching)。在教学目标上，强调从多维度、多层面预设和实现目标；在教学内容上，整合学科知识的符号、逻辑形式和意义教学，把握知识的不同表现形式，处理好不同类型知识间的关系。第二，回归性教学(Recursion teaching)。回归性教学是从知识处理转到对学生的关注，建立知识与学生现实间的必然联系，引起学生的反思与体悟。在教学目标上，要求培养学生尊重其他文化的意识与态度，帮助学生形成对自身文化的认同感与自豪感；使学生有能力从不同的文化视角审视和理解同样的事件和经验，提高对文化差异性的欣赏能力；学生通过与环境、与他人、与文化的反思性相互作用形成自我感。通过教学实现知识意义的多种可能性，学生不仅能够理解和把握知识内在固有的"假定性意义"，而且更应生发出知识的个人意义与现实意义。第三，关联性教学(Relation teaching)。教学要密切联系社会背景、学生经验，加强知识之间的内在联系。第四，严密性教学(Rigor teaching)。教学要促进学生学习的理性化和反思[4]。

(二) 主题教学

主题教学的理念最早可以溯源至20世纪50年代。当时美国学校教育展开了一场教学改革运动，产生了以主题教学为代表的一系列新课程教学模式。对于主题教学的概念内涵，美国学者哈纳(L. A. Hanna)于1955年首次进行了较为系统的界定，他认为主题教学基于"对某一具有社会意义的课题的理解而展开的有目的的学习体验"[5]。到了20世纪80年代，主题教学的理论研究继续发展，并且在教学实践领域产生了更加广泛的影响。此后，美国教育的主题教学理念开始逐渐传入我国，我国一些教育学者逐渐关注主题教学理念，并尝试对主题教学的基本内涵进行分析和探索。顾小清认为："主题教学是指在一定的问题情境下，以学生的自主建构为活动主线，旨在促进学生多元智能发展的教

---

[1] 郭元祥. 论深度教学：源起、基础与理念[J]. 教育研究与实验，2017(3)：1-11.

[2] 郭元祥. 课堂教学改革的基础与方向：兼论深度教学[J]. 教育研究与实验，2015(6)：1-6.

[3] 郭元祥. 知识的性质、结构与深度教学[J]. 课程·教材·教法，2009，29(11)：17-23.

[4] 吴素琴. 小学数学深度教学研究[D]. 武汉：华中师范大学，2018.

[5] HANNA L A. Unit Teaching in the Elementary School[M]. New York：Rinehart，1955：177-183.

学活动方式。"[1]李诗伟指出："主题教学是在综合实践活动中由不同学科的教师或教师团队与学生合作，共同开发与选择主题，从而围绕这些主题展开教学活动的规范化教学模式。"[2]肖平认为，主题教学是通过围绕某一主题，让学生借助各种探究手段和活动以及与主题相关的各类资源，使学生认知发生迁移，提高解决问题的能力以及主动探究精神的有效教学方式[3]。在综合分析前人对"主题教学"界定的基础上，李祖祥指出主题教学的基本内涵可以表述为：主题教学是指在建构主义学习理论和多元智能理论的指导下，通过跨学科领域的主题探究与活动来发挥学生的主体建构性和主观能动性，从而实现学生全面发展的教学活动方式[4]。可见，主题教学不仅关注学生的个体差异及自主建构性，还倡导学科之间的整合，是通过以多学科、跨学科的教学形式围绕某些主题来展开教学活动，促进学生素质的全面发展的教学模式。根据主题教学中各个学科之间的关系，可以将主题教学分为"单学科—主题""多学科—主题"以及"跨学科—主题"三种类型。

第二节　数学单元教学设计流程

　　教育领域深度学习研究的兴起，是人们对信息时代人才发展要求回应的结果，是全面深化基础课程改革的大势所趋，也是发展核心素养、落实立德树人根本任务的必由之路。深度学习是一种学习状态，主要表现为学生在学习过程中能够积极参与知识的建构和整合，能够在相似的情境中进行迁移从而解决非结构化的复杂问题，并在这个过程中获得高阶思维的发展。深度学习是指在教师引领下，学生围绕具有挑战性的学习主题，全身心积极参与、体验成功、获得发展的有意义的学习过程[5]。数学深度学习是指以数学学科核心内容为载体，在教师引导下，学生围绕具有挑战性的学习主题和任务，全身心参与学习活动，开展运算与推理、几何直观、数据分析和问题解决等思维活动，从而获得数学核心知识、提高思维能力、形成核心素养的过程[6]。

　　以深度学习为理论基础构建的指向深度学习的数学单元教学设计流程如图5-1所示。

[1] 顾小清. 促进IT与跨学科课程整合的主题学习模式[J]. 电化教育研究，2003(3)：61-65.

[2] 李伟诗. 环境教育的主题教学模式[D]. 长春：东北师范大学，2005.

[3] 肖平. 基于主题教学的教学设计应用研究[D]. 上海：华东师范大学，2006.

[4] 李祖祥. 主题教学：内涵、策略与实践反思[J]. 中国教育学刊，2012(9)：52-56.

[5] 郭华. 深度学习及其意义[J]. 课程·教材·教法，2016，36(11)：25-32.

[6] 刘晓玫. 数学深度学习的教学理解与策略[J]. 基础教育课程，2019(8)：33-38.

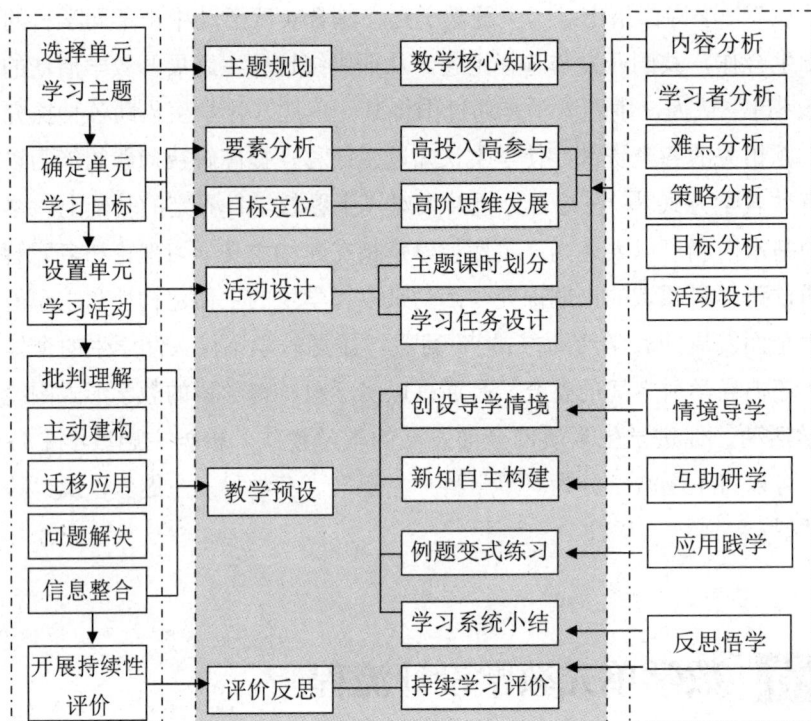

图5-1 指向深度学习的数学单元教学设计流程

一、主题规划

深度学习主题的规划和解读是进行教学设计的基础性步骤，学习主题以数学核心知识为线索。核心知识是数学学科领域下的具有共同要素的知识群，具有共同的学科本质和一致的思想方法，具有相对一致的思维方式，还有一致的教学设计思路。单元主题可以是数学教材中的单元，也可以由数学思想方法组织得出，还可以根据数学核心素养组织得出。单元主题确定之后，教师需要对主题所包括的知识内容进行整体解读，解读的内容包括哪些是基础性的知识，哪些是重点知识，哪些是学生必须掌握的基本技能以及主题单元所蕴含的数学思想方法等，通过解读形成思想方法的结构框图。不仅如此，教师还需关注跨学段知识间的联系、不同的阶段对同一知识的认知情况，因为通过跨学段知识间联系的分析和呈现，不仅能够帮助教师对数学核心知识进行宏观的整合与架构，还能引导学生深层次地理解和迁移知识。

二、要素分析

教学要素分析是深度学习教学设计中的重要一环，对后面的目标定位和活动设计起着重要的基础作用。教师在对教学要素进行分析时，要站在主题单元整体的角度进行宏观的联系和精确的研究，注重知识本质的深入挖掘，注重知识间的逻辑联系，注重思想方法的逐级渗透。《普通高中数学课程标准(2017年版2020年修订)》提出，教学要素的分析包括教学内容分析、课程标准分析、学情分析、教材分析、重难点分析以及教学方式分析。基于此，我们将《普通高中数学课程标准(2017年版2020年修订)》中的要素分析内容进行合并，最终确定为教学内容分析、学生学情分析、教学方法分析，其各个要素具体分析内容如表5-1所示。

表5-1　教学要素具体分析内容

教学要素	分析内容
教学内容	① 不同版本的教材内容 ② 在中小学教材体系中的地位和作用[1] ③ 课程标准对知识内容的要求 ④ 教学的重点
学生学情	① 学生已有的与此主题内容相关的知识基础 ② 此阶段学生的认知水平、学习习惯和对数学学习的态度 ③ 教学的难点
教学方法	① 从教学内容出发，选择合适的教学方法 ② 从学生学情出发，选择合适的学习方法

(一) 教学内容分析

分析教学内容时，首先需要深入剖析教材，分析教材对知识的处理方式以及为学生深度学习提供的知识素材，例如选择何种情境引入新课，以哪些探究性的问题引发学生深入思考，以什么样的例题帮助学生对知识进行巩固等。在此基础上，结合多个版本的数学教材，适当增添或替换素材、情境，使其更适合学生深度学习。其次，分析教学内容需要分析主题在教材体系中的地位和作用，这个主题前承哪些知识，是哪些知识的发展和深化；这个主题后启哪些知识，是哪些知识的铺垫和基础等，建立起一个完整的知识结构体系。最后，分析教学内容要站在整个中小学教学的视角进行分析，分析跨学科知识间的关联，帮助学生进行跨学科知识迁移。对知识内容的分析还要结合课程标准对不同知识学习程度的要求，如"知道""了解""理解""掌握"等，以便教师能够明确不同知识的教学深度，从而选取适当的教学方式。分析了教学内容，便可确定教学的重点。

(二) 学生学情分析

深度学习的课堂上，学生是学习的主体，教师的一切预设和实施都以学生能够积极

[1]　潘超，吴立宝. 教材分析的四条基本逻辑线：以人教版"单调性与最大(小)值"为例[J]. 中小学教师培训，2019(3)：51-56.

主动地建构和探究为前提。因此，对学生学习情况的分析是极其重要的一环，只有深入全面地了解学生，才能创设更有利于学生进行深度学习的课堂环境。首先，分析学生已有的知识基础。深度学习的发生建立在已有知识理解的基础之上，因此教师要深入了解学生已有的知识水平，基于此创设深度学习活动。其次，评估学生对此主题知识的了解程度，明确学生的已有基础与预期学习目标之间的差距。然后，分析学生的思维发展水平，保证学生的探究活动能够在他们的最近发展区之内。最后，分析学生的数学学习习惯和态度，尽量保证大多数学生能够在课堂探究中进行深度学习。分析了学生学情，便可确定教学的难点。

(三) 教学方法分析

深度学习方法重视学习的过程，更强调教与学方法的使用。数学教学方法是指课堂上为完成一定教学任务所采用的师生共同活动的方式、途径和手段，既包括教师教的方法，也包括学生学的方法[1]。教学方法作为数学教学过程中的重要教学因素，对教学过程起着引导和调节作用。数学教学常用的教的方法有讲授法、谈话法、引导探究法、发现法、讨论法等。较为常见的数学学习方法有自主探究式学习、小组合作学习、类比归纳学习等。在选择教学方法时，教师应注意以下两点：第一点，教师应根据课程标准要求、知识内容以及学生学情进行全面的考虑，确定课堂教学的总体方法。例如，对于新的知识点，教师多采用讲授法和自主探究式学习相结合的教学方法。第二点，细化教学方法，对教学活动过程中的具体问题选择具体的处理方式，例如，对学生学习内驱力的激发、对新知的建构、对学习任务完成情况的检测等需要采取合适的教学方法。总体来说，教学有法，但无定法，贵在得法，无论教师选择何种教学方式，都需关注学生的学习情况，始终将学生放在教学的主体地位，帮助学生养成良好的学习习惯，帮助学生学会学习。

三、目标定位

教学目标是教师在开展教学活动之前以及随着教学活动的展开而预设和生成的学生各方面的变化[2]。以深度学习为导向的目标设计需要指向高阶思维[3]。高阶思维是发生在较高认知水平层次上的心智活动或较高层次的认知能力[4]，具体包括问题解决能力、

[1] 何小亚，姚静. 中学数学教学设计[M]. 2版. 北京：科学出版社，2012：306.

[2] 陈旭远. 课程与教学论[M]. 北京：高等教育出版社，2012：1.

[3] 谢发超. 导向深度学习的数学教学目标设计：以"函数的单调性"为例[J]. 中小学教师培训，2019(1)：41-45.

[4] 魏俊杰，魏国宁，解月光. 高阶思维培养取向的信息技术有效应用评价指标体系研究：以初中数学课堂教学为例[J]. 现代教育技术，2012，22(1)：29-33.

元认知能力、团队协作能力、沟通能力与创造性的思维能力[1]。学生高阶思维的发展有助于其深度学习的发生，而深度学习的发生又能够推动学生高阶思维的发展。因此，深度学习目标的确定需要以学生高水平的思维发展作为最终的指向。

吴立宝曾提出，教学目标的设计要明确5个要素：明确目标的主体，明确目标的客体，实现目标的策略，实现目标的条件，目标实现的程度[2]。蒋永贵提出，学生学习目标的设计，应该满足以下6个方面的要求：行为主体应是学生，行为结果指向素养，行为过程突出能力，行为方式注重探究，行为条件要情景化[3]。深度学习目标与普通学习目标也有相似之处，要设定知识与技能目标、过程类目标以及学科素养类目标。基于以上分析，结合深度学习特征，确定目标设计流程模型(见图5-2)。

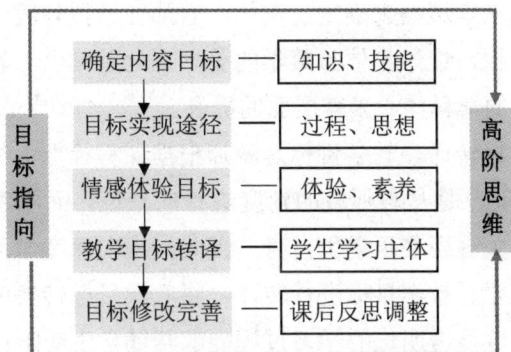

图5-2　目标设计流程模型

第一，确定教学内容目标，即确定学生通过学习所能获得的基础知识以及能够掌握的基本技能。数学中的基础知识包括代数、几何中的概念、法则、性质、公式、定理等以及由其内容所反映出来的数学思想和方法，数学教学中要培养的基本技能是能够按照一定的程序与步骤来进行的运算、作图或画图、简单的推理[4]。基础知识与技能目标应根据数学教材和数学课程标准来确定。这类目标所采用的行为动词有"了解(或认识)""理解""掌握""灵活运用"等。

第二，确定教学目标的实现途径，即说明通过什么样的过程和方法，培养学生的什么数学思想。知识和技能只是学习意义形成的"载体"和"入门线"，不同的过程和方法会导致不同的意义[5]。新课程提倡自主、合作、探究三大学习方式，而深度学习强调以学生为中心，强调学生的自主建构，这与新课程理念所倡导的教学方式不谋而合。故过程与方法的确定都应以能够激发学生自主探究建构为前提，将课堂学习还给学生。

[1]　王靖，崔鑫.深度学习动机、策略与高阶思维能力关系模型构建研究[J].远程教育杂志，2018，36(6)：41-52.

[2]　吴立宝，康岫岩，张晓初.教学目标设计的要素分析[J].教学与管理，2017(19)：1-3.

[3]　蒋永贵.指向核心素养的学习目标研制[J].课程·教材·教法，2017，37(9)：29-35.

[4]　中华人民共和国教育部.九年制义务教育全日制初级中学数学教学大纲(试用修订版)[S].北京：人民教育出版社，2000：1.

[5]　崔允漷.追问"学生学会了什么"：兼论三维目标[J].教育研究，2013，34(7)：98-104.

在此基础上，具体的实现途径还需根据知识的类型以及学生学情进行确定，尽可能地为学生创造出一个和谐的课堂环境。这类目标所采用的行为动词有"经历""体会""感受""关注"等。而学生数学思想方法的培养则需根据具体的知识内容和教学方式来确定。教师要基于学习主题，聚焦学生高阶思维的发展，思考在知识的习得过程中学生的哪些数学思想可以得到发展、通过知识的学习学生能够形成什么样的意识等。

第三，需要明确指出学生经过学习所获得的积极的情感体验。深度学习要求学生进入高投入的学习状态，而帮助学生经历积极的情感体验是学生进入高投入学习状态的路径之一。学生积极的情感体验可以包括学生对数学价值的体验、对数学学习兴趣的激发、在探究过程中成功喜悦的获得、对数学美的感知等。学生经历的积极情感体验需要根据具体的知识内容和教学策略来确定，例如，教师在教授勾股定理时，可以用几何画板软件为学生做出勾股树，让学生体验数学的美。在此基础上，教学目标还要明确指出通过学习学生所能获得的学科核心素养层面的提升。

第四，实现教学目标转译。教学目标是教师根据课程标准、教材内容以及学生的学习实际进行的主观规定[1]，是从教师教的角度进行的预设，而学生才是学习的主体，学生能否进入深度学习的关键还在于学生自身。因此，指向深度学习的目标不能仅从教师的角度进行掌控，还需要对教学目标进行转译，将教学目标转换成学生能够理解的学习目标，并让学生知晓。这种透明化的学习过程能够帮助学生明晰自己的学习目标和学习路径，明确自己与学习目标的差距，及时调整自己的学习方式，促进深度学习的发生。

第五，深度学习目标不仅需要在课前设计阶段不断地进行修订，还需要在课堂教学活动中不断检验和评定，并结合具体的教学情况和课后反思进行调整和完善，为下一轮的深度学习目标设计奠定良好的基础。

四、活动设计

深度学习的活动设计是对学习目标的细化，也是学习目标的实现路径。深度学习的发生要求学生进入高度投入的学习状态，能够在学习中引起情感共鸣，因此学习活动的设计应引发学生积极的情感体验，从而促进学生深度参与。胡久华指出，深度学习的活动设计原则是依据问题解决或者学生认知能力发展的需要，有针对性地设计合适的活动内容和形式，确保学生学科思想方法的建构和素养的发展[2]。刘月霞指出，学习活动的设计需要教师根据学习主题、学习目标和学生已有的知识和经验，设计出具有辨析性、探索性和实践性的学习活动。基于以上两个研究成果，设计出具有深度学习指向的数学

[1] 曾文婕. 从"教学目标"到"学习目标"：论学习为本课程的目标转化原理[J]. 全球教育展望，2018，47(4)：11-19.

[2] 胡久华，罗滨，陈颖. 指向"深度学习"的化学教学实践改进[J]. 课程·教材·教法，2017，37(3)：90-96.

学习活动。数学学习活动可分为两个步骤：课时的划分、学习任务的设计。

　　深度学习的发生并不是一蹴而就的，而是一个持久的过程，而主题单元教学的完成也需要很多课时。因此，需要在活动设计阶段对主题单元教学进行教学内容与课时的安排。教学内容的安排以此主题单元的核心内容为主线，由简到繁、层层递进；根据学生的具体学情去规划具体的课时，关注课时与课时间的逻辑联系，帮助学生在课时学习中建立起完整的知识结构体系。

　　学习任务是对学习目标的具体化，教师在设计学习任务时要保证学生能够通过任务的完成实现预想的目标，而学习目标的达成需要学生进行高投入的深度探究，因此学习任务的设计要能够引发学生的认知冲突，通过认知冲突激发学生的内在学习动机，让学生投入高度的精力去探究。不仅如此，任务的设计还需具有一定的挑战性，即学生需要通过一定的努力才能完成。当然，任务的设计也不能一味地追求难度，还需要结合学生的具体学情，适当地让学生体验到成功的乐趣。通过一个个学习目标细化后的学习任务的完成，学生亲身经历问题的解决过程，深入理解知识的本质，更易于知识的内化和迁移，进而促使深度学习的发生。

五、教学预设

　　为了有效促进学生的数学深度学习，需要认清学生思维认知发展过程，帮助学生经历由浅层次学习到深度学习的过渡，故将教学预设分为4个环节：创设导学情境(已有知识再现)、新知自主构建、例题变式练习以及学习系统小结。具体教学预设环节如图5-3所示。

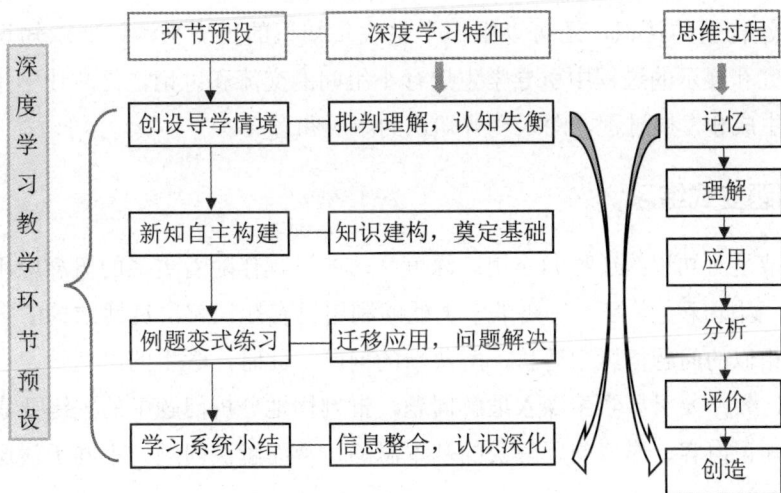

图5-3　教学预设环节

(一) 创设导学情境

深度学习是建立在学生先前知识基础上的概念改变[1]。学生进入新的学习之前并不是一块白板，他们有日常生活经验和先前的概念体系，这些已有的概念体系是学习者学习的起始点，也是学习过程中所使用的工具。在深度学习过程中，无论是新知的建构还是知识信息的整合，都需要学生已有知识的参与，这就需要教师能够在课堂伊始通过有效的教学手段帮助学生再现这些已有的概念体系，使得学生能够以这些体系为基础进行新知识的建构和知识间的多维整合，形成完整的知识体系。已有知识再现是深度学习发生的基础性环节。深度学习的发生，要求学生进入高投入的学习状态，这就要激发学生学习的内驱力。因此，在教学伊始，便可通过适当的情境激发学生的认知冲突，让学生全身心地参与到课堂学习之中。建构主义和情境认知理论认为，真实性的学习情境是有意义的学习发生的基本条件；分布式认知理论和元认知强调学习情境应该是批判性的[2]。所以，通过创设贴近学生生活的真实情境，可以引发他们的好奇，降低学生的认知负荷；创设批判性的学习情境，可以引发学生的认知冲突，推动学生进入深度学习。综上，教学预设的第一个环节为创设导学情境，既包括通过复习再现已有知识，也包括通过真实性或批判性情境的安排引发学生深入思考。

(二) 新知自主构建

这个环节是学生进入深度学习的过渡性环节。在这个环节中，学生在已有知识的基础上积极主动地探究建构新知，鉴别、分析新旧知识间的区别与联系，深入理解知识的本质，为深度学习的发生做准备。在新知的建构过程中，教师需要营造合适的学习环境，例如可根据此环节的学习任务，创设连续性的问题情境，让学生能够基于自己已有的知识结构建构新的认识，还可以组织学生收集知识的历史来源，展示知识的生成背景，并在探究和展示的过程中引导学生进行小组间的交流和讨论，借此让学生在探究中经历知识的生成和发展过程，深入理解知识的本质和意义。

(三) 例题变式练习

这个环节是对知识的迁移和应用。深度学习的过程伴随着更多的概念应用和更快的知识联结[3]，因此深度学习不仅要求学生能够利用已有知识解决良性结构的数学问题，还要能够在相似的问题情境中迁移，解决新的问题。此时，学生的深度学习已经发生。在这个环节，教师要引导学生深入理解问题，批判性地分析问题中的关键要素，找寻与之相关联的知识内容，形成问题解决的基本思路，从而解决问题。不同于浅层学习的机

---

[1] 刘月霞，郭华. 深度学习：走向核心素养[M]. 北京：科学教育出版社，2018：10.

[2] 阎乃胜. 深度学习视野下的课堂情境[J]. 教育发展研究，2013，33(12)：76-79.

[3] 刘伟，戚万学，宋守君. 致力于知识迁移的深度学习探究[J]. 现代教育技术，2019，29(3)：25-31.

械式搬运，深度学习不仅强调对知识的掌握，更强调要"举一反三、融会贯通"，把所学知识运用于新的情境中[1]。因此，解决问题后，还需要引导学生对问题进行拓展和变式，或教师为学生提供新的问题情境，引导学生将知识迁移到其他问题情境中，解决迁移的问题和变式，实现对知识或技能的内化和深化。

(四) 学习系统小结

深度学习的发生，要求学生形成知识网络系统，将新知识整合进原有的认知结构。这种整合既包括学科内新旧知识间的联系，还包括多学科知识多渠道信息间的整合。在这个环节，教师要组织学生回顾知识、思想和方法，并适当渗透与之相关的后续知识。在形成知识系统的过程中，教师可以采用程序框图或者表格的形式帮助学生进行梳理。除此之外，教师还要尽可能为学生普及这些知识在实际生活中的多重应用。通过多方面知识信息的整合，重建学生的认知结构，深化学生对于知识意义的理解，学生更容易进行知识的迁移，进而解决良性结构的数学问题，甚至解决非良性结构的实际问题。

六、评价反思

深度学习的"深度"主要体现在认知的深度、参与的深度以及结果的深度三个方面。深度学习的评价是深度学习的重要环节，是判断深度学习达成的标尺，可以定位深度学习的程度，还可以约束深度学习的发生过程，指导内容设计与实施[2]。因此，对深度学习的评价不能仅仅关注学习的结果，而需渗透到学习发生的整个过程，开展持续性的评价。深度学习的反思多发生于教学后，往往通过持续性评价进行反思，反思教学和学习，从而优化教学的设计与实施。

(一) 持续性评价的表现

1. 持续性评价是发展性的

刘月霞等人在其著作中提出，教师始终需要关注的是学生是否学会了，而不是教师是否教到了[3]。因此，开展持续性评价需要侧重于学生的学，关注学生对知识的理解吸收，对思想方法的渗透，学生核心素养的发展等等。学生间的个体差异是辩证存在的，教师不应该忽视这种差异而以统一的评价标准要求每一位学生，应细致地了解学生的学习水平，为不同能力的学生制定不同的评价标准。教师应帮助能力较低的学生看到自己的出彩之处，也应为那些能力较高的学生设计更高层次的评价标准，帮助他们得到更深层次的发展。

2. 持续性评价是形成性的

形成性的评价也称为过程性评价，它是在教育活动中进行的评价，其目的在于了解被评价者在活动中形成或获得了哪些品质、知识和技能，还存在哪些问题，使教师及时得到反馈信息，以便改进工作，或者是为了协助一种方案的制定[1]。由此看来，形成性的评价不仅关注学生的学习结果，还需要对学生的学习过程进行全面的评价和"矫正"，帮助学生了解他们当前的学习状态和水平、需要追求的学习目标以及目标的达成情况。教师需要及时获取学生个体乃至整体的学习进展，不仅要关注学生知识技能的掌握程度，还要关注学生的思维过程，判断学生是否会用数学的眼光观察，是否会用数学的思维思考，是否会用数学的语言表达。

3. 持续性评价是反馈性的

持续性评价的目的在于对学习目标的达成进行实时监控，对学生的学习活动过程进行实时的监控和调节，使教师及时改进与优化教学。教师尤其要关注学生的思维外显、合作与沟通能力，及时给出反馈意见，帮助学生进行实时调整，优化学生的思维与学习方式，促使学生进一步开展知识间的迁移应用。

(二) 持续性评价的设计

学习评价是以学习目标为依据，运用观察、反思、调查、测验等方法收集学习过程及学习结果等方面的客观资料，并进行相应的处理，进而对学习效果做出鉴定和价值判断，对学习目标进行反思和修订的活动[2]。深度学习评价更是要对教学设计与实施的整个过程进行持续性的学习评价。通过持续性的评价，教师能够对深度学习目标进行及时的、连续性的监控，诊断学生学习过程中的问题，诊断教师教学过程中的长处与短板，进而改进学生的学习与教师的教学。

1. 制定明确的评价目标和标准

制定明确的评价目标和标准，能够帮助学生清楚地知道自己学到了什么、学到何种程度、在哪些方面还有所欠缺，能够使学生时刻对照标准检查自己的学习，及时调整学习方式和学习状态。制定明确的评价目标和标准能帮助教师明确自己的教学行为，监控学生的学习活动过程和结果，以便及时调整教学方式和手段，从而使其适应学生的学习。评价目标的制定要以学习目标为基准。学习目标不仅是"结果"，更指示着"路径"或"方法"[3]。以"路径"和"方法"为指向制定评价目标能够让学生更加清楚学

---

[1] 张治勇，李国庆. 学习性评价：深度学习的有效路[J]. 现代远距离教育，2013(1)：31-37.

[2] 桑新民. 学习科学与技术：信息时代大学生学习能力培养[M]. 北京：高等教育出版社，2004：61.

[3] 曾文婕. 从"教学目标"到"学习目标"：论学习为本课程的目标转化原理[J]. 全球教育展望，2018，47(4)：11-19.

业成功的标准，让教师更加清楚目标的达成情况。标准即要求，评价标准即为学生完成某类评价题目所做出的具体要求，例如，学生能够使用哪个数学知识点进行解题，采用哪些数学方法等。

2. 选择适当的评价题目和方式

评价题目的选择要契合学习目标的要求，能够反映学生的知识掌握程度，还能够推动学生问题解决能力的提升。评价题目的类型有很多种，可以是概念定理的辨析类题目、学生运算能力强弱类题目、数学思想方法的应用类题目、数学核心素养的发展类题目，还可以是实际问题解决类的题目等。评价题目要根据具体的学习内容而确定，题目的难易也要基于学生的具体学情进行制定。评价的方式也是多样的，可以是课堂观察、课堂提问、课堂练习、课后小测，也可以是师生交流、学生互评以及学业考试，还可以利用在线测评实现对学生的个性化诊断反馈，记录学生的数学核心素养发展的成长过程。

3. 重视过程与结果评价的统一

结果性评价多以学生的学业考试成绩作为评价的主要标准，这是一个单向的评价过程，只注重学习的结果，仅关注学生对知识的获得和掌握情况，会使学生在学习过程中的许多信息被隐藏[1]，他们的努力和进步无法显现，分析、应用和综合等高层次的思维认知活动也无法得到体现，这种"唯分数"论的评价方式往往会使学生产生抵触情绪。而过程性的评价更多地关注学生学习过程的变化，关注他们在学习过程中使用了哪些思想方法，获得了哪些知识，掌握了哪些技能，在哪些方面还存在问题，在哪些方面还可以进行拓展或升华等。深度学习关注学生知识技能的掌握情况，更为重要的是关注学生的思维过程。因此，对深度学习的评价应该是过程性与结果性评价的统一，是贯穿于整个深度学习发生始终的持续性评价。

4. 形成自我和他人评价的结合

深度学习强调学生的主动参与，因此，在持续性的评价过程中，不仅要求学生能作为评价对象接受他人的评价，还要求学生能够结合他人的评价做好自我评价，实现自评与他评的统一。他评包括教师对学生的评价，学生间的互评，家长、社会等对学生的评价。需要着重指出的是，教师在引导学生深度学习的过程中，应该重视学生间的互评，例如小组讨论交流、互相批改作业以及课堂交流互动等。研究发现，学生通常更容易接受同学对题目的讲解，而学生在帮助他人理解知识的同时又可以巩固自己的知识，促进学生共同进步。通过不同观点的争论进行学生间的互评在课堂中也较为常见。学生间的辩论，能够显示其思维的发展状况，连续性的追问能够自然而然地暴露出思维有误之处，学生能够明白错在何处以及如何进行纠正。而教师扮演的角色就是适时引导、总结和完善。通过学生自评，学生能够在学习的过程中对自己的知识掌握程度、学习方法

---

[1] 曾文婕. 从"教学目标"到"学习目标"：论学习为本课程的目标转化原理[J]. 全球教育展望, 2018, 47(4): 11-19.

的使用、思想策略的理解以及学习状态和学习习惯等进行科学合理的评判，能够在自评中及时发现问题，找到解决策略，对症下药，及时进行自我优化，真正地成为学习的主人。

5. 关注反馈的及时性与有效性

在对学生的学习做出科学的评价后，还需及时给予学生有效的评价反馈。反馈是指关于学生做过什么的信息，是根据学生的行动——意图与结果，对现实表现与理想表现进行比较得出的[1]。评价反馈能够让学生明确自己的学习状态、与预定学习目标间的差距，从而采取相应措施进行自我调整。正如萨德尔所说，反馈的全部奥秘就是基于学习目标发现学生当前学习水平与预定目标水平之间的差距，并填补这个差距[2]。评价反馈应该具有及时性和有效性的特点，反馈的及时性是指当对学生的学习做出评价后，应该及时将评价的结果反馈给学生，以便学生了解自己的学习结果，能够及时地采取措施进行补救和完善，为下一步的学习打好基础。反馈的有效性是指教师对于学生的评价反馈应该能够让学生清楚地明白自己目前的学习状态，知道自己做到了些什么，还在哪些方面需要完善，采取何种方式补救，以及如何进行提高等。

(三) 及时反思

反思是一种高阶思维能力，不仅能够帮助教师和学生及时发现自己教与学中存在的问题，从而及时进行调整，还能促进学生对知识的深层次理解和应用，促进深度学习的发生。教师的反思主要从课堂呈现效果、持续性的评价两个方面评价教学目标和内容的确定、活动的设计以及流程的安排等是否达到预期，并进行调整和修改，从而优化教学。学生的反思主要思考其学习状态是否良好，通过学习获得了哪些知识、掌握了哪些技能，哪方面还有所不足，哪方面还能改进和优化等。教师通过反思，实时优化自己的教学，促进学生深度学习的发生；学生通过反思，发现自己学习中存在的问题，及时进行调整和解决，保证学习目标的顺利达成。

◉第三节　数学单元教学设计案例

本节以初中"不等式与不等式组"单元为例，对前文所提出的指向深度学习的数学单元教学设计中的主题规划、要素分析、目标定位以及活动设计等步骤进行说明；以初中"变量与函数"课时为例进行教学设计，对教学预设环节进行辅助说明。两个案例

[1] 张治勇，李国庆. 学习性评价：深度学习的有效路[J]. 现代远距离教育，2013(1)：31-37.
[2] 王薇. 基于学习性评价理论的课堂评价研究[J]. 教育理论与实践，2016，36(8)：12-14.

均选自第十一届初中青年数学教师优秀课展示与培训活动中优秀教师的教学设计，案例具有一定的可操作性，许多环节符合深度学习的特征。之后，以人教版八年级上册"分式"单元为例进行单元教学设计，其中教学预设环节以"整数指数幂"课时为例进行教学设计，以此展示指向深度学习的初中数学教学设计的整个过程。

■ 案例5-1 "不等式与不等式组"单元教学设计

"不等式与不等式组"单元教学设计由甘肃省嘉峪关市实验中学的李鹏飞老师编写，具体内容如表5-1所示。

表5-1 "不等式与不等式组"单元教学设计

教学基本信息						
单元/主题名称	不等式与不等式组					
学科	数学	学段	初中	年级		七、八年级
主要内容	相等关系、不等关系是数学中基本的数量关系，是构建方程、不等式的基础。本单元通过梳理等式的性质，理解不等式的概念，掌握不等式的性质，帮助学生通过类比来理解等式与不等式的共性与差异					

基于数学学科核心素养的单元目标分析

根据《义务教育数学课程标准(2011年版)》和《普通高中数学课程标准(2017年版2020年修订)》中课程内容的安排、学生的实际学情、数学建模素养、数学运算素养等的达成要求，本单元的教学目标如下。

(1) 了解一元一次不等式及其相关概念，经历"把实际问题抽象为不等式"的过程，能够"列出不等式或不等式组表示问题中的不等关系"，体会不等式是描述现实世界中不等关系的一种有效的数学模型。

(2) 通过观察、对比和归纳，探索不等式的性质，能利用它们探究一元一次不等式的解法。

(3) 了解一元一次不等式的基本目标(使不等式逐步转化为>或<的形式)，熟悉解一元一次不等式的一般步骤，掌握一元一次不等式的解法，并能在数轴上表示出解集，体会解法中蕴含的化归思想。

(4) 了解不等式组及其相关概念，会解由两个一元一次不等式组成的不等式组，并会用数轴确定解集。

上述目标的关键是使学生经历建立一元一次不等式这样的数学模型并应用其解决实际问题的过程，体会不等式的特点和作用，掌握运用它们解决问题的一般方法，提高分析问题、解决问题的能力，增强创新精神和应用数学的意识。这是本单元的中心任务

内容分析

1. "不等式与不等式组"的主要内容及其地位

(1) "不等式与不等式组"的主要内容。本单元的主要内容包括不等式及其解集、不等式的性质、一元一次不等式(组)及其相关概念、一元一次不等式(组)的解法及其解集的几何表示、利用一元一次不等式分析与解决实际问题。其中，以不等式为工具分析问题、解决问题是重点；一元一次不等式(组)及其相关概念、不等式的性质是基础知识；一元一次不等式(组)的解法及解集的几何表示是基本技能。本单元注重体现列不等式中蕴含的建模思想和解不等式中蕴含的化归思想。图1可以将本单元课程的主要内容系统地展示出来。

(续表)

内容分析

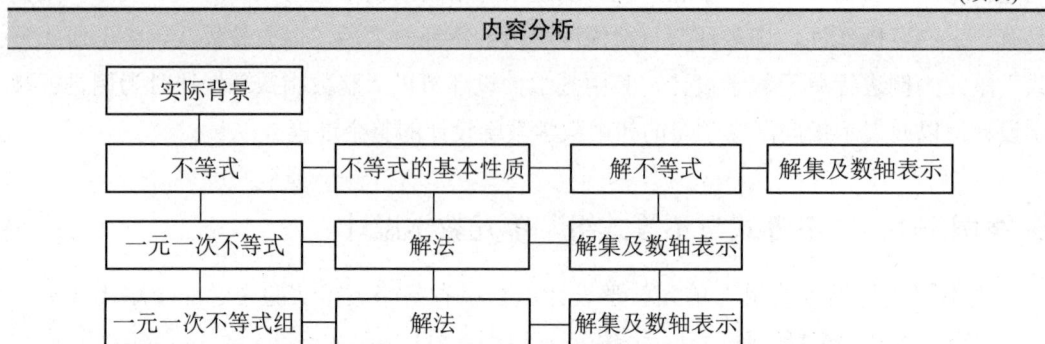

图1 不等式结构

为明确教学内容的结构特征，了解学生的学习特征，使学生在知识技能、数学思考、问题解决、情感态度这4个方面有所收获，根据《义务教育数学课程标准(2011年版)》和《普通高中数学课程标准(2017年版2020年修订)》中课程内容的安排，结合本单元的教学目标，本单元的教学"四基(基础知识、基本技能、基本思想、基本活动经验)"分类如表1所示。

表1 不等式与不等式组的"四基"

内容	基础知识	基本技能	基本思想	基本活动经验
不等式	不等式及其解集、不等式的性质、一元一次不等式及其解法与解集的几何表示、一元一次不等式与实际问题	一元一次不等式的解法及其解集的几何表示	类比思想、分类讨论思想、化归思想、数学模型化思想、数形结合思想	体验一元一次不等式与一元一次方程解法的异同，利用数轴理解不等式解集的意义，体会一元一次不等式解决简单实际问题的数学建模过程
不等式组	由两个一元一次不等式组成的不等式组及其解法与解集的几何表示、一元一次不等式组与实际问题	由两个一元一次不等式组成的不等式组的解法及其解集的几何表示	类比思想、数学模型化思想、化归思想、数形结合思想、交集思想	体验在数轴上寻找一元一次不等式组的解集，体会用一元一次不等式组解决简单实际问题的数学建模过程

在知识技能方面，结合"四基"分类，在进行本单元学习时，体验从具体情境中抽象出不等式的过程，理解不等式；掌握必要的运算技能；探索具体问题中的数量关系，掌握用不等式进行表述的方法。

在数学思考方面，要鼓励学生创新思考，使学生学会用不等式表述数量关系的过程，让学生体会数学模型化思想、建立符号意识；让学生体会通过合情推理探索数学结论、运用演绎推理加以证明的过程；在多种形式的数学活动中，发展合情推理与演绎推理的能力；使学生能独立思考，体会数学的基本思想和思维方式。

在问题解决方面，要加强学生的数学实践，使学生初步学会在具体的情境中从数学的角度发现问题和提出问题，并综合运用数学知识和方法分析、解决简单的实际问题，增强应用意识，提高实践能力；在与他人合作和交流过程中，能较好地理解他人的思考方法和结论；能针对他人所提的问题进行反思，初步形成评价与反思的意识。

(续表)

内容分析
（2）"不等式与不等式组"的地位。不等式是现实世界中不等关系的一种数学表示形式，它不仅是现阶段学生学习的重点内容，还是学生后续学习的重要基础。本单元在学生学习了一元一次方程、二元一次方程(组)的基础上，开始研究简单的不等关系。通过前面的学习，学生已初步体会到生活中量与量之间的关系是众多且复杂的，面对大量的同类量，最容易使人想到的就是它们有大小之分。在此之前，学生已初步经历了建立方程模型解决一些简单的实际问题的"数学化"过程，为分析量与量之间的关系积累了一定的经验，以此为基础展开不等式的学习就顺理成章了。

2. 教学策略分析

《普通高中数学课程标准(2017年版2020年修订)》指出："提倡独立思考、自主学习、合作交流等多种学习方式，激发学习数学的兴趣，养成良好的学习习惯，促进学生实践能力和创新意识的发展。"调查发现，学生的学习方式呈现多样化特征，学生逐渐接受了自主、探究、合作交流的学习方式，接受式学习、自主学习、探究学习、合作交流等是学生经常采用的学习方式。

根据《义务教育数学课程标准(2011年版)》和《普通高中数学课程标准(2017年版2020年修订)》中课程目标、课程内容的安排，结合本单元的教学目标，对本单元的教学方式做以下分析。

首先，数学教学活动重心应从关注"教"转到关注"学"。教师要把教学活动的重心放在促进学生学会学习上，教师教学方式的运用是为了提高学生的自主学习能力，使学生学会学习，自觉地发展数学学科核心素养。

在情感态度方面，要培养学生的理性精神，利用学生的好奇心和求知欲。学生在运用不等式表述和解决问题时，他们可以认识到数学具有抽象、严谨和应用广泛的特点，体会数学的价值，敢于发表自己的想法，勇于质疑，养成认真勤奋、独立思考、合作交流等学习习惯，形成实事求是的科学态度，体现"数学育人"。

其次，积极探索有利于促进学生学习的多样化教学方式。教师要善于根据不同的内容和学习任务采用不同的教学方式以及多元化的学习形式组合，以优化教学，增强学习实效。本单元涉及大量实际情境，抽离出所蕴含的不等关系既是重点又是难点，根据不同情境，要采用不同的教学方式，如阅读自学、独立思考、动手实践、自主探索、合作交流等。

最后，要加强"学法"指导，帮助学生养成良好的数学学习习惯。除了预习、复习、练习等方法外，数学学习方法还应包括在特定学习任务情境中观察、阅读、提问、纠错、反思、梳理、总结、表达、交流等方法。另外，教师还应根据自身教学经历和学生学习的个性特点，引导学生总结出一些具有针对性和个性特点的学习方式，根据不同学生的特点给予方法指导。

3. 不等式知识贯穿于学生学习的各个阶段

不同学段的"不等式知识"学习目标如表2所示。

表2　不同学段的"不等式知识"学习目标一览

学段	学习目标
小学	理解符号"<，>"的含义，能用符号和词语描述万以内数的大小；能结合具体情境比较两个一位小数的大小，能比较两个同分母分数的大小；能比较小数的大小和分数的大小
初中	结合具体问题，了解不等式的意义，探索不等式的基本性质；能解数字系数的一元一次不等式，并能在数轴上表示出解集；会用数轴确定由两个一元一次不等式组成的不等式组的解集；能根据具体问题中的数量关系，列出一元一次不等式，解决简单的问题；能用画函数图象的方法解释一元一次方程的解与一元一次不等式的解集
高中	理解不等式的概念，掌握不等式的性质；掌握基本不等式，结合具体实例，能用基本不等式解决简单的最大值或最小值问题；经历从实际情境中抽象出一元二次不等式的过程，了解一元二次不等式的现实意义，能借助一元二次函数求解一元二次不等式，并能用集合表示一元二次不等式的解集；借助一元二次函数的图象，了解一元二次不等式与相应函数、方程的联系

(续表)

内容分析

在学习了一元一次方程、二元一次方程组之后，本单元又学习了一元一次不等式(组)，学生对这些以线性运算为基础的数学模型有了较为完整的认识，他们有足够的知识储备和认知能力来探讨这些模型之间的关系，为学习一次函数打好基础。通过本课的学习，学生能认识到一次函数图象与轴交点的意义，并能用图象法求一元一次不等式的解集，体会模型转化的过程。从整体上认识不等式，理解函数、方程、不等式在数与代数部分学习过程中的重要意义。

4. 不等式的数学教育价值

(1) 有利于数学思想方法的渗透。不等式解法中蕴含着丰富的数学思想，有类比思想、分类讨论思想、化归思想、数学模型化思想、数形结合思想、交集思想等。

(2) 有利于学生体会数学与生活的联系。本单元的教学过程提供了丰富的实际情境，将实际问题作为大背景贯穿始终，这些都为学生探索实际问题中的不等关系提供了生动、丰富的背景。通过研究这些问题，学生可以发展符号意识，有利于把实际问题抽象为不等式并表示出来，这样既培养了学生的动手实践能力，又有助于学生数学学习兴趣的培养。学生通过本课的学习，能够进一步提高发现问题、提出问题、分析问题、解决问题的能力，更加深刻地体会到"数学来源于生活，又服务于生活"的数学观。

5. 不同版本教材对比分析

结合《义务教育数学课程标准(2011年版)》，将人教版七年级下册第九章"不等式与不等式组"与北师大版八年级下册第二章"一元一次不等式与一元一次不等式组"进行对比分析。

(1) 从单元课程目标来看，两个版本的教材都是基于《义务教育数学课程标准(2011年版)》编写的，既注重知识的前后联系，又强调通过比较来认识新事物。

人教版七年级下册第九章"不等式与不等式组"课程安排： 9.1 不等式；9.2 一元一次不等式；9.3 一元一次不等式组；数学活动；小结。

北师大版八年级下册第二章"一元一次不等式与一元一次不等式组"课程安排：①不等关系；②不等式的基本性质；③不等式的解集；④一元一次不等式；⑤一元一次不等式与一次函数；⑥一元一次不等式组；回顾与思考。

(2) 从教材编排的整体结构来看，两个版本教材的区别如下。

人教版：本单元内容安排在七年级下册，在学生学习过一元一次方程、二元一次方程组之后进行，在教学过程中注重类比，详细讲解从方程到不等式的迁移过程，将不等式与函数之间的联系放在了一次函数(八年级下册)的单元学习中。

北师大版：本单元内容安排在八年级下册，在学生学习过一元一次方程、二元一次方程组、一次函数之后进行，通过具体实例渗透一元一次不等式、一元一次方程和一次函数的内在联系，让学生初步体会不等式、方程、函数之间的内在联系与区别

学习者分析

1. 学生的认知基础

第一，会比较数的大小；第二，理解等式性质并知道等式性质是解方程的依据；第三，知道不等式的概念；第四，具备"通过观察、操作并抽象概括等活动获得数学结论"的经验，有一定的抽象概括能力和合情推理能力等。

2. 学生认知的主要障碍

第一，探索不等式性质2、3时，由于学生思维的片面性，会产生考虑不到不等式两边乘或除以同一个负数的情况；第二，学生对化归思想有所体会，但理解还不够深刻，对于把形式较复杂的一元一次不等式转化为>或<的形式的运用还不够熟练；第三，从简单的实际情境中出发，抽象出隐含在简单的实际情境中的不等关系，并在列出一元一次不等式(组)方面存在困难。

(续表)

学习者分析

3. 主要解决策略

刚步入中学的学生形象思维能力要强于逻辑思维能力，合情推理能力要胜于演绎推理能力，但数学语言的使用能力较弱。针对此情况，可采取以下几种解决策略。

第一，在认识一元一次方程(组)的基础上，通过类比的方式接受新知识——一元一次不等式(组)，充分发挥心理学所说的正向迁移的作用，以达到温故而知新的效果；第二，要充分关注本单元的基本知识和基本技能，在内容安排时，采用"概念—解法—应用"的结构，针对基础知识安排必要的、适量的练习，发展学生的基本能力，帮助学生理解和掌握后续知识；第三，对于学生的认知障碍，在教学难点的突破上要有侧重，例如，对于不等式性质3的探索过程中，可以对比不等式性质2进行；对于一元一次不等式的解法，可以类比一元一次方程的解法；对于解决实际问题，需要正确地理解问题情境，分析其中的不等关系，对比用方程思想表示数学模型和解决实际问题的步骤，体会用不等式解决实际问题的过程等

教学重点分析

了解不等式的意义，探索不等式的基本性质，了解解一元一次不等式的基本目标(使不等式逐步转化为>或<的形式)，熟悉解一元一次不等式的一般步骤，掌握一元一次不等式的解法，并能在数轴上表示出解集，了解不等式组及其相关概念，会解由两个一元一次不等式组成的不等式组，并会用数轴确定解集，能根据具体问题中的数量关系列出一元一次不等式或一元一次不等式组，解决简单的问题

教学难点分析

(1) 不等式的解与不等式的解集之间的关系；

(2) 对不等式的性质2与性质3的探索与理解；

(3) 解一元一次不等式的步骤，在数轴上表示其解集；一元一次不等式组解集与一元一次不等式解集的联系，如何借助数轴确定一元一次不等式组的解集；

(4) 如何从实际问题抽象出不等关系，建立不等式模型进行求解

学习活动设计

基于上述分析，教学中可以设计适宜的问题情境，激发学生学习的兴趣；通过类比方程中的等量关系，更好地理解不等式中的不等关系；类比解一元一次方程的步骤，总结解一元一次不等式的步骤，并利用数轴，通过数形结合，得出不等式和不等式组的解集；也要注重信息技术，使用计算机辅助教学；还可加强社会实践活动，培养学生应用意识和创新意识。

本单元的教学课时计划如表3所示。本单元学习活动如表4所示。

表3　本单元的教学课时计划

教学内容	课时计划
9.1 不等式	约3课时
9.2 一元一次不等式	约4课时
9.3 一元一次不等式组	约2课时
小结	约2课时

表4　本单元学习活动

学习活动	设计意图
从报纸、图书、网络等再收集一些资料，分析其中的数量关系，编成问题。看看能不能用一元一次不等式解决这些问题	经历将一些简单的实际问题抽象为不等式的过程，能更好地了解不等式的意义，进一步体会数学模型化思想，进一步感受数学和生活的联系，体会数学的价值，培养学生的数学学科核心素养，更深刻地体会"数学来源于生活，又服务于生活"的数学观

案例评析：

案例5-1是基于核心素养发展的单元教学设计。

"不等式与不等式组"单元教学设计共分为6个部分，基于数学学科核心素养的单元目标分析、内容分析、学习者分析、教学重点分析、教学难点分析、学习活动设计，其单元教学设计流程对应关系如图5-4所示。

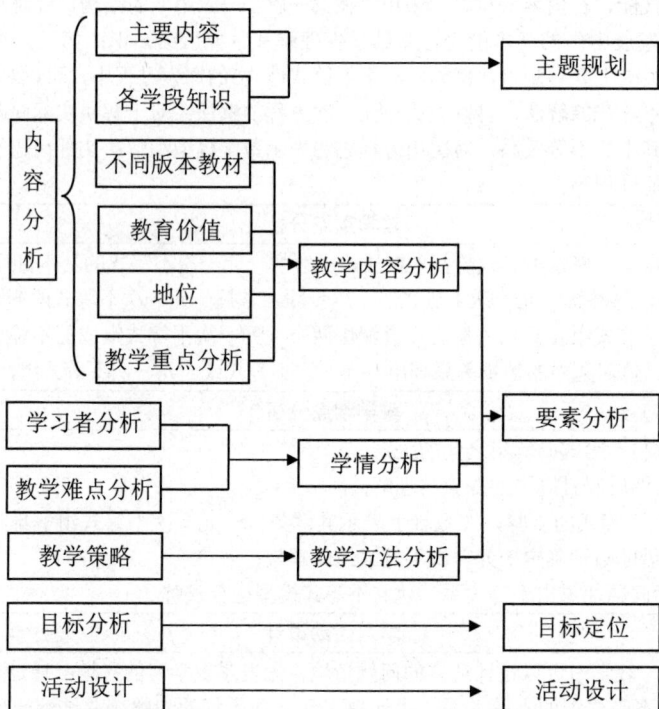

图5-4　"不等式与不等式组"单元教学设计流程对应关系

在这篇教学设计案例中，设计者将内容分析具体化。其中，"不等式与不等式组"的主要内容分析和不等式知识贯穿于学生学习的各个阶段，对应研究中的"主题规划"；"不等式与不等式组"的地位、不等式的数学教育价值、不同版本的教材对比分析以及教学的重点分析等对应教学设计流程"要素分析"中的教学内容分析，教学策略分析对应教学设计流程"要素分析"中的教学方法分析，学习者分析和教学难点分析对应教学设计流程"要素分析"中的学情分析；基于核心素养的单元目标分析可与研究所提出的教学设计流程中的"目标定位"相对应；"不等式与不等式组"的学习活动设计则对应研究中的"活动设计"。下面将具体对"不等式与不等式组"单元教学设计中的各个步骤进行针对性的分析。

1. 目标分析

事实上，"不等式与不等式组"单元教学设计对主题单元目标的分析包括三个层次：第一个层次大致说明了相等关系与不等关系的地位、所在单元的知识内容以及学习方法；第二个层次通过对义务教育阶段和高中阶段的数学课程标准中关于课程内容要求的分析，结合学生的学情以及学生通过学习所要达成的学科核心素养要求，确定单元整体的教学目标；第三个层次则指出了目标实现的关键以及单元教学过程中的中心任务。目标的具体内容包括学生需要掌握的知识目标，如"了解……概念""能够列出……""熟悉……步骤""掌握……解法"等，也包括实现这些目标的过程以及能力的发展，如"经历……过程""通过观察……"，提高分析问题和解决问题的能力，还包括思维和素养发展上的目标，如数学模型思想、化归思想的渗透、创新精神和应用意识的提升、数学建模素养与数学运算素养的发展等。

2. 内容分析

本教学设计首先对"不等式与不等式组"的主要内容和地位两方面进行了分析。本教学设计对主要内容的分析不仅包括各个具体内容，还包括重点内容、基础知识、基本技能、蕴含思想，给出了单元主要内容的结构框架以及"不等式与不等式组"单元对"四基"的教学要求。在内容分析方面，本教学设计对应前文所设计的"主题规划"，即从整体的视角审视教学内容，除去对"四基"的分析，与研究中的"主题规划"所提出的分析内容高度一致。仔细分析本教学设计中"不等式与不等式组"的"四基"，可以发现其与图5-1所提出的"目标定位"的各个环节指向相同，即知识与技能、过程与思想、经验与素养。本教学设计在对地位的分析中首先分析了不等式的重要性，接着分析了之前所学习的与此单元有关联的知识、学生对之前知识的掌握程度以及能够为此单元的学习提供的经验和基础。这样看来，本教学设计仅仅分析了前承的知识，未对后启的知识有所忽略。

其次，设计者对教学策略进行了分析。本教学设计对教学方法的分析可对应图5-1所提出的"要素分析"中的教学方法分析。在这篇教学设计中，设计者提出教学方式要根据课程标准要求、课程内容安排以及单元的教学目标进行分析，据此设计者提出三大要点：教学活动的重心在于关注学生的"学"、教学方式的选择需多样化、加强"学法"指导，这与研究设计中的教学方法所强调的内容高度相似。

接着，本教学设计给出了不等式知识在中小学不同学段的不同表现形式以及能够为今后相关学习所奠定的知识和经验基础。这部分内容，可对应图5-1所设计的"主题规划"。本教学设计关注课时、章节、跨学段知识间的联系，能够帮助学生深层次地整合知识。

再次，本教学设计对不等式的数学教育价值进行了阐述。对不等式数学教育价值的分析可对应图5-1所提出的"要素分析"中的教学内容分析。本教学设计从数学思想方法的渗透、数学与生活的联系这两个方面来解读数学教育价值，不仅梳理了在"不等式与不等式组"单元教学中所要渗透的数学思想，还在教学中提供了丰富的实际生活情境，为学生的学习提供丰富的背景，帮助学生树立"数学来源于生活，又服务于生活"的数学观。

最后，本教学设计对比分析了人教版和北师大版两个版本的"不等式与不等式组"教学单元，分别对比了课程目标、课程安排以及两种教材整体结构的编排等的联系与区别，提出两版教材都重视知识的前后关联，注重知识间的类比和迁移，注重各知识点间的内在联系。

3. 学习者分析

从学习者分析来看，本教学设计大致将学情分析分为三个部分：学生已有的认知基础、学生认知的主要障碍以及解决这些障碍的策略。总体来看，本教学设计与图5-1所提出的"要素分析"中的学情分析和教学方法分析内容相近。对于障碍突破策略的分析，笔者认为在设计教学方法时，基于学情分析确定教学难点，可针对性地根据难点提出具体的方法和策略，故将解决策略的分析放在教学方法中更为合适。

4. 重点难点分析

本案例基于教学内容、课程教材以及课程标准的要求提出教学的重点，在此基础上结合学生的具体学习情况提出教学的难点，而该"不等式与不等式组"单元教学设计所提出的教学重点和难点并未指出明确的依据。

5. 学习活动设计

对于学习活动的设计，在这篇案例共分为了三个层次。第一层次简单阐述了在教授具体内容时可采取的情境、能够使用的数学方法以及注重教师所要使用的辅助教学的策略；第二层次为单元教学的课时计划，包括教学的内容以及各个内容所安排的具体课时；第三层次为单元的学习活动，包括具体的学习活动以及设计意图。

"不等式与不等式组"单元学习活动的大体步骤与本文所提出的深度学习"活动设计"大体分析步骤相同，但"不等式与不等式组"单元教学设计中分析的具体内容相比研究所提出的"活动设计"的分析较为简单，且整个"不等式与不等式组"只设置了一个学习活动，稍显单薄。

案例5-2　"变量与函数"单元教学设计

"变量与函数"单元教学设计由华中科技大学附属中学万兵老师编写，具体内容如表5-2所示。

表5-2　"变量与函数"单元教学设计

教学基本信息					
单元/主题名称	变量与函数				
学科	数学	学段	初中	年级	八年级下
主要内容	本节内容为"一次函数"的第1节。学生已经学习了求代数式的值、二元一次方程和找规律等知识，对变量和常量已有一些模糊的认识。本节课从具体的生活实例出发，让学生认识到现实世界中一个量随另一个量的变化而变化的现象大量存在。本节课将与数学有关的内容(变化过程中的量)抽象到数学内部，并对量进行分类，得出数值变化的量和数值始终不变的量，归纳出变量与常量的概念，这是本章研究的对象。本节课后半部分着力探究变量之间的关系，通过抽象、归纳变量间关系的共同特征，进一步概括函数的概念，体会抽象、推理、模型这三个数学基本思想，为"一次函数"全章的学习打下基础。 　　根据以上分析，本节课的教学重点确定为"常量与函数的意义和函数概念的形成"				

教学目标

教学目标：

(1) 结合生活实例，理解常量与变量、函数的概念；

(2) 通过常量与变量、函数概念的形成过程，培养符号化、分类、类比、归纳、建模等数学思想；

(3) 学生在独立思考和合作探究中感受成功的喜悦，体验数学的价值，提升数学抽象和数学建模的核心素养，增强学生学习数学的兴趣。

分析：本节内容从学生熟悉的实际问题出发，让学生感受一个变量随另一个变量的变化而变化，理解变化过程中变量与常量的概念。通过对变量间关系的抽象，归纳出它们的共同特征，让学生体会变量间的单值对应关系，层层挖掘函数概念的本质，从而概括出函数的概念，加深学生对函数概念的理解与认识。

达成教学目标(1)的标志：在探究过程中，发现一个量随另一个量变化而变化的现象，理解常量与变量的意义，能归纳出变量间关系的共同特征，并概括函数的概念。

达成教学目标(2)的标志：能通过生活实例，抽象出常量与变量的概念及变量之间的共同关键特征，进而提炼出函数概念的本质。

达成教学目标(3)的标志：了解数学从现实世界中抽象而来，通过建模又可以更好地描述现实世界的规律，从而体会到独立思考和合作探究的乐趣，提升数学抽象和数学建模的核心素养

学生学情分析

1. 学生的知识基础

在学习了求代数式的值、二元一次方程和找规律等知识的基础上，学生对变量和常量已有一些模糊的认识，能从行程问题、销售问题、几何问题中抽象出数学关系式。

2. 学生的技能基础

学生在之前的学习中已经学习过"符号化""分类""类比""归纳""建模"等数学思想方法，具备了学习本课时内容的基础。

(续表)

学生学情分析

3. 学生活动经验基础

在以往的数学学习中，学生经历了很多合作学习的过程，具备了一定的合作学习的经验和能力。

本节课的研究内容较为抽象，从有表达式的变量关系到用表格和图象表达变量关系，是学生第一次用数学的眼光看待"万物皆变"这一客观规律，所以在学习的过程中要注意引导学生从具体实例中找到共性，从而抽象出关键属性。

根据以上分析，本节课的教学难点确定为"探究并归纳函数的概念"

教学策略分析

函数概念的发展经历了几个关键阶段，从约翰·伯努利首次明确提出从解析式角度定义函数的概念到后面的对应说、集合说，这是一个由简入难，由具体至抽象的过程，教材的编排也是严格地按照这一规律展开的。在教学中，要有效借鉴历史上数学家对函数概念的认知，充分利用教材资源，层层递进，逐步挖掘常量与变量的概念和函数的本质，通过互助研学的学习模式有效地激发学生的学习兴趣；面对环环相扣的问题，要有效利用学生认知的最近发展区，帮助他们更深入理解函数概念的抽象过程，帮助学生构建更丰富、完备的认知体系，让学生在归纳类比中养成思考问题和梳理知识的意识与能力。

教法：问题引导，探究发现。

学法：合作探究，类比归纳

学习过程		
学习环节	主要学习活动	设计意图
情境导学	**1. 感悟历史进程(微视频)** 公元6世纪，随着欧洲资本主义经济的发展，人们开始渴望冲破封建制度壁垒，由此引发了新思想的发展。那时科学界占有统治地位的观点认为"不变才是高贵、完全的科学"，但意大利科学家伽利略并不赞同，他表示："对于把形成不生不灭、不变化的宇宙的自然界物体看作非常高贵和完整，相反却把有生有灭、易变化的事物视作不完整，我甚感吃惊，并从理智上反对这种谬误。"这句话反映了不是从静止而是从运动角度来观察世界的近代精神。 今天，我们知道，行星在宇宙中的位置随时间而变化，气温随海拔升降而变化，树高随树龄增长而变化……我们充分相信，我们活在一个万物皆变的世界里。 **2. 认识变化过程** 例如，汽车以60km/h的速度匀速行驶，当时间为1h、2h、3h时，汽车行驶的路程分别为多少？ 生：汽车行驶的路程分别为60km、120km、180km。 师：因此当时间发生变化，汽车行驶的路程也在发生变化，如果将时间这个量记为t，路程这个量记为s，我们就可以说，s随着t的变化而变化，这就反映了一个变化过程	本节课内容是这章内容的起始，通过视频再现历史情境，使学生了解从"静止是高贵的"到"万物皆变"是人类思想的发展与进步，是认识事物的必然过程，从而激发学生的学习兴趣。 认识变化的第一步就是要让学生理解什么是一个变化过程，其中存在一个量随另一个量的变化而变化的现象，为学生后面的互助研究活动奠定认知基础

(续表)

学习过程		
学习环节	主要学习活动	设计意图
互助研学	**1. 常量与变量** 【合作学习1】请以小组为单位进行交流并指出图1中这三个变化过程中一个量随另一个量的变化而变化的现象。 (a) 电影票价为40元/张　(b) 湖面上的圆形水波慢慢扩大 (c) 用10m长的绳子围一个矩形 图1 　　生1：电影《我和我的祖国》票价为40元/张，如果将票房收入记为y，卖票数记为x，那么y随着x的变化而变化。 　　生2：湖面上的圆形水波慢慢扩大，如果将圆的面积记为S，圆的半径记为r，那么S随着r的变化而变化。 　　生3：用10m长的绳子围一个矩形，如果将矩形的一边记为x，它的邻边记为y，那么y随着x的变化而变化。 　　师生互动： 　　(1) 上述4个变化过程产生了12个量(见表1)，你将如何对这些量分类？ 表1　12个量	通过大量生活问题引导学生会用"变"的眼光观察现实世界，在事例中感悟一个量随另一个量变化而变化的现象，发展学生数学抽象的核心素养。

表1　12个量

路程s	票数x张	半径r	一边长x米
时间t	收入y元	面积S	邻边长y米
速度60km/s	票价40元	圆周率π	绳长10米

　　(2) 你分类的依据是什么？
　　(3) 如果给这两类量分别取一个名字，你会如何取？
　　(4) 若将图1中的问题情境由"汽车以60 km/h的速度匀速行驶"改为"汽车从A地匀速前往距离它100 km远的B地"，常量与变量分别有哪些？对比分析，你受到什么启发？
　　师：常量与变量具备相对性，因此常量与变量的界定是建立在一个变化过程之上的。
　　概念：在一个变化过程中，我们称数值发生变化的量为变量，数值始终不变的量为常量。

与研究对象的存在性相比，研究对象之间的关系更为本质。引用数学教育名人的著作材料，也是文化引路的一种实施手段，借此让学生明确接下来的研究方向为变量间的关系，为函数概念的引出做出铺垫。

(续表)

学习过程		
学习环节	主要学习活动	设计意图
互助研学	数学教育名人史宁中曾说:"对常量和变量概念的理解要分为两个过程,第一个过程是通过对量的感悟后,对量进行对比,发现有些量的数值是不断变化的,有些量的数值是始终不变的;第二个过程是辩证地理解常量与变量,在同一事件中变量和常量因问题不同而不同,因此变量和常量是相对的,从而准确地理解概念生成的前提条件:在一个变化过程中。我们不仅要抽象出数学所要研究的对象,还要抽象出这些研究对象之间的关系。" **2. 函数的概念** 师生互动: (1) 你能说出上述4个变化过程中变量之间的具体关系吗? (2) 请你任意说出一个符合"周长为10m"这一条件的矩形。 【合作学习2】请以小组为单位讨论并归纳出上述4个变化过程所具备的共同特征,并将讨论的结果填写在导学案上(答案见表2)。 表2 4个变化过程共同特征归纳 师生互动:图2为体检时的心电图,其横坐标x表示时间,纵坐标y表示心脏部位的生物电流;图3为我国人口数统计数据,年份与人口数可以分别记作两个变量x与y。这两幅图片能体现具体的变化过程吗? 图2 图3 【合作学习3】这两个变化过程与前面的4个变化过程有什么共同点?请以小组为单位进行交流,并结合案例做出分析。	通过4个问题得到4组变量间的关系式,从而训练学生的数学建模与数学抽象思维能力。对第4个实例的进一步解读可以更好地帮助学生从本质上认识变量间的关系,即当一个变量取定一个值,另一个变量也有唯一确定的值,突出了函数概念中"唯一对应"这一重要特征。学生在思考、对比、分析、迁移中,亲身经历从大量同类事物的不同例证中发现它们的共同关键属性,有效地培养了学生的抽象概括能力。

表2 4个变化过程共同特征归纳

变化过程	$s=60t$	$y=40x$	$S=\pi r^2$	$y=5-x$
共同特征	在一个变化过程中: ① 有两个变量; ② 一个变量随着另一个变量的变化而变化; ③ 变量间有一个关系式; ④ 当一个变量取定一个值,另一个变量也唯一确定			

年份	人口数/亿
1984	10.34
1989	11.06
1994	11.76
1999	12.52
2010	13.71

（续表）

学习过程		
学习环节	主要学习活动	设计意图
互助研学	生：在这两个变化过程中都有两个变量(图2：时间、心脏部位的生物电流；图3：年份、人口数)，其中一个变量随着另一个变量的变化而变化，但是它们没有解析式，当其中一个变量取定一个值时，另一个变量就有唯一确定的值与其对应。 师：前两个共同特征很好获得，但是在前4个变化过程中，我们是通过关系式来确定第4个共同特征的，这两个变化过程是怎样的？你是怎么看出来的？ 生：根据图象可知，当时间确定，心脏部位的生物电流就唯一确定。由表格可知，当年份确定时，人口数也是唯一确定的。 师：很好，需要给大家作一点补充说明，人口统计中的两个变量之间并不是没有关系式，你们进入高中后就可以表示它，只不过当年份比较多的时候，我们不易于表示它。因此这个变化过程的本质特征就有三个："存在两个变量；一个变量随着另一个变量的变化而变化；当其中一个变量取定一个值时，另一个变量就有唯一确定的值与其对应。"既然这么多变化过程都具备这些共同特征，我们就有必要为这类现象建立一个数学模型来进行研究，数学家们就给这个模型取了一个名字，叫做函数，这也就是我们今天要学习的第二个概念，下面我们能否尝试给函数下一个定义呢？对于数学概念怎么获得，人民教育出版社章建跃老师在他的书中曾说过这样一段话，他说："数学的概念应该怎么获得？可以从大量同类事物的不同例证中找到它们的共同的关键特征。"根据他的指导，请你尝试给函数下一个定义？ 【合作学习4】请在小组内讨论，尝试给函数下一个定义。 生1：在一个变化过程中，有两个变量，其中一个变量随着另一个变量的变化而变化，当一个变量取定一个值，另一个变量可以通过关系式、图象、表格来确定，这样的变化过程称为函数。 师：这位同学很睿智，他把这些共同特征组合在了一起，但是数学概念应该是简明、准确、清晰的，那么我们能否表述得更为精细、简练呢？ 生2：我们来看第4个共同特征，"当一个变量取定一个值，另一个变量也唯一确定"其实就包含了"一个变量随另一个变量的变化而变化"这一特点，在概念中可不必说明。 师：很好，另外解析式、图象、表格是确定第4个共同特征的常见三种方式，在概念中不必特别说明。 **函数的概念**：在一个变化过程中，如果有两个变量x与y，并且对于x的每一个确定的值，y都有唯一确定的值与其对应，那么我们就说x是自变量，y是x的函数。如果当$x=a$时$y=b$，那么b叫做当自变量的值为a时的函数值	通过感受两个不能或不易用表达式刻画变量间关系的生活实例，引导学生比较、概括、分化、类化，舍弃无关特征，使概念的关键属性变得更加清晰。学生自主概括并精简函数的概念，有效地培养了学生的概括能力

(续表)

学习过程		
学习环节	主要学习活动	设计意图
应用实践	【应用1】以下问题中哪些是自变量？哪些是自变量的函数？ 秀水村的耕地面积是10^6m², 这个村人均占有耕地面积y随这个村人数n的变化而变化。 问题：你能举出一些类似例子来考考你身边的同学吗？ 【应用2】图4是一只蚂蚁在竖直墙面上的爬行图，请问：蚂蚁离地高度h是离起点的水平距离t的函数吗？为什么？ 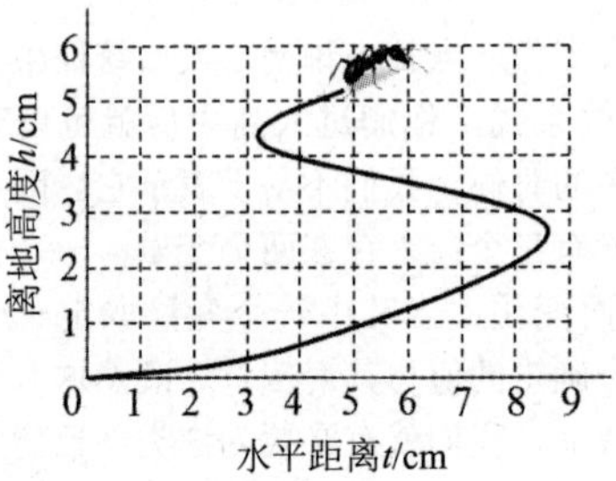 图4 【应用3】用绳子围成一个矩形。 (1) 若矩形的周长为10m，矩形的面积为S，一边长为x，请用含x的式子表示S，S是x的函数吗？ (2) 若矩形的面积为10m²，矩形的邻边长为y，一边长为x，请用含x的式子表示y，y是x的函数吗？	引导学生用概念解释事例，形成用概念作判断的"基本规范"。通过学生自己举例，自己判断，推动学生参与思考、加速概念的领悟过程。 要理解函数的概念，就要深入理解概念的关键词"每一个""唯一确定"，由于学生刚开始接触抽象的概念，相关背景例证应该既要有正例，还要有反例。 函数的概念来源于生活，应用于生活，当问题的背景不同，描述变量间的关系的表达式(解析式)也不同。应用3的设置一方面进一步巩固了函数的概念；另一方面该问题正好蕴含着初中阶段的重要函数类型，使学生对后续的学习充满期待
反思悟学	(1) 请从数学知识、方法、思想三个层面谈谈你本节课的收获。 (2) 绘制本节课的知识框架或思维导图(答案如图5所示) 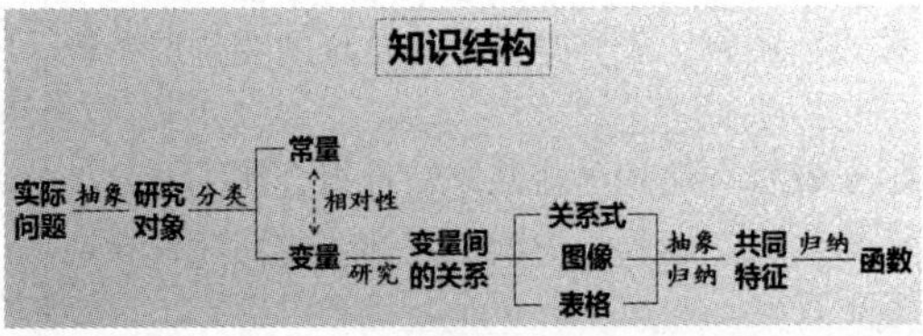 图5 (3) 未来展望：微视频(呈现高一学长视频) (4) 布置作业	学生从不同层面谈学习体会与收获，能及时将新知识纳入已有的知识系统，加深概念的理解与思维的升华，再辅以思维导图，可以让学生对整个学习过程的脉络更加了解。同时，进入高中和大学，还要进一步学习函数的概念，让学长通过视频的方式现身说法，展现不同阶段对同一概念的认知差别，进一步点燃学生对未知世界的探索热情。 利用习题巩固对概念的理解，为后续学习打好基础

（续表）

教学反思

　　本节课分为4个板块，即情境导学、互助研学、应用实践、反思悟学，采取教师问题引导、学生合作探究的方式展开学习，注重学生的思维参与和感悟。本节课教学活动的重心由"重视教"转为"重视学"，由"完成教学任务"转向"促进学生发展"。

　　可取之处：本节课充分借助了章引言和教材案例资源，采取问题引导、合作探究的方式，充分尊重学生的思维，互相启发，引导学生通过分析各事例的属性、抽象概括共同本质、归纳得出数学概念等思维活动而获得概念，使学生获得对概念本质的深刻领悟。

　　需改进之处：在对问题情境讨论后，如果学生能对共性展开辩论，更全面地发表各小组的看法和观点，那么课程将会更加精彩；在结尾总结部分，除了让老师或者学生总结外，怎样呈现会更加精彩，这些都可进一步尝试

案例评析：

　　"变量与函数"选自人民教育出版社《数学》八年级下册第十九章"一次函数"第一节，是一个新的模块的开始，该部分知识对于八年级的学生来说，较为抽象，相关知识间的联系不明显。该教学设计采用了"学本课堂"的教学模式，进行合作学习、探究性学习，注重从整体进行设计，注重学生核心素养的发展，关注学生知识的形成过程和整体性，关注学生基本数学思想的获得，是一篇能够促进学生深度学习的教学设计。下面着重评析该教学设计的学习过程。

　　该教学设计将"变量与函数"的学习过程分为4个环节：情境导学、互助研学、应用实践、反思悟学。而图5-1所提出的教学环节预设也为4个环节，即创设导学情境、新知自主探究、例题变式练习以及学习系统小结，下面将通过对比进行具体分析。

1. 情境导学

　　这个环节分为两个过程，即感悟历史进程与认识变化过程。第一个过程主要通过历史情境的再现为学生展示变与不变的哲理，帮助学生认识事物的必然选择，激发学生的学习兴趣；第二个过程为对变化过程的认识，通过匀速行驶的汽车在不同时刻所行驶过的路程，引导学生初步认识数学中的变化。本教学设计在这个环节中通过两个情境帮助学生认识变化，为后面的互助探究学习奠定认知基础。可见，作为深度学习教学预设的第一个环节，不仅仅需要再现学生已有的知识基础，还需要能够通过适当的情境引发学生的学习兴趣，通过适当相关知识的渗透为后面教学的开展奠定基础。

2. 互助研学

　　在这个环节，学生要学习两个知识点：常量与变量、函数的概念。为了帮助学生理解这两个概念，该教学设计又设置了4个合作学习活动。从这个环节的设计来看，该教学设计在新知识的建构过程中主要以学生的合作互助为主要的学习方式，放心将课堂还给学生，教师仅仅是在适当的时候提出关键性的问题，引导学生跟随思路自主合作学习，这正是深度学习中对学生自主学习能力的培养。学生间的合作学习能够培养学生的合作精神和交往能力，还能增强学生的自主学习意识，以及能够发展学生的自我评价和互评能力。

图5-1"新知自主构建"中也要求学生进行小组合作探究。

3. 应用践学

该教学设计在这个环节设计了三个由易到难的应用题，第一个应用题帮助学生形成利用概念做出判断的基本规范，并通过学生自己举例、判断，推动学生的思维参与，加速学生概念的领悟过程。第二个问题引导学生理解概念中的关键词"每一个""唯一确定"，帮助学生从正例和反例两个角度深入理解函数的概念。第三个问题则是生活中的实例，帮助学生进一步巩固函数的概念，同时这个问题也蕴含着初中阶段重要的函数类型，有助于学生学习后续的知识。该教学设计通过三个例子，在巩固知识的基础上，引导学生深层次地理解变量与函数的概念，并通过新知的应用适当渗透后续所要学习的知识。

4. 反思悟学

该教学设计中教师首先要求学生从知识、方法和思想三个层面对这节课进行总结，再引导学生对知识进行整合，形成知识结构框架，然后通过学长的现身说法，为学生展现不同阶段对同一概念的认知差别，进一步为后续学习做好铺垫，最后通过课后作业，巩固对概念的理解。整个环节承接学生所学，为后续学习提供启发，促进了学生的深入思考。

本教学设计还在教学之后给出了教学反思，不仅肯定了自己教学的优势，还总结了一些问题以及问题的改进措施，这样更方便教师正视自己的问题，优化教学，不断提升自身的教学素养。这是教师专业成长和学生更好地经历深度学习的关键步骤。

▌案例5-3 "分式"单元教学设计

基于指向深度学习的初中数学教学设计，以人民教育出版社《数学》(下文简称"人教版")八年级上册"分式"单元为例进行单元教学设计，其中教学预设环节以"整数指数幂"课时为例进行教学设计，如表5-3所示。

表5-3 "分式"单元教学设计

教学基本信息					
单元/主题名称	分式				
学科	数学	学段	初中	年级	八年级上
"分式"单元主题规划解读					

"分式"单元选自人教版初中《数学》八年级上册第十五章。全章围绕分式进行，首先从实际问题引入，并借助分数的概念推导出分式的概念，完成了由"数"到"式"的知识建构；分式性质前承分数，后启分式运算和分式方程，为分式主题的学习建立了重要的理论基础和方法指导，故分式的运算与方程是此章学习的重点所在；将含有分式的代数式以等号连接，将分式引向分式方程，实现从

(续表)

"分式"单元主题规划解读

"式"到方程的知识建构。通过分式的学习，学生能够提升数学运算素养与数学建模能力。"分式"单元知识结构如图1所示。

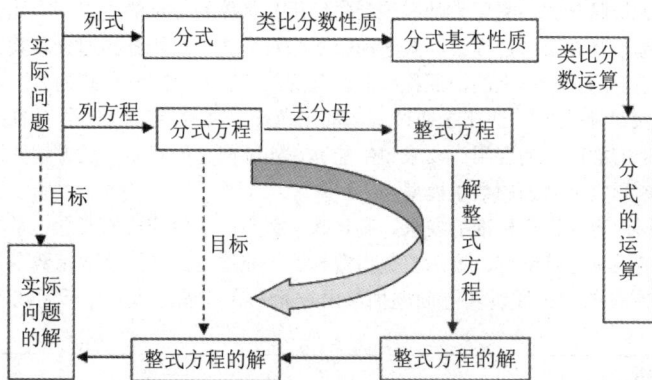

图1 "分式"单元知识结构

"分式"单元要素分析

1. "分式"单元教学内容剖析

"分式"这一章包括分式的概念、性质、分式的运算和分式方程，其遵循"概念—性质—应用"的基本研究路线。其中，分式的运算和分式方程可以看作分式概念和性质的应用，包括数学和现实世界的应用。

结合《义务教育数学课程标准(2011年版)》，本文将选取北京师范大学出版社《数学》(下文简称"北师大版")八年级下册"分式与分式方程"与人教版《数学》八年级上册"分式"部分进行对比分析。从"分式"单元课程目标来看，两者皆基于《义务教育数学课程标准(2011年版)》进行编写，注重知识间的联系和对比。从两者的课程安排看来，人教版《数学》本单元内容包括分式、分式的运算(阅读与思考)、分式方程、数学活动、小结、复习题。北师大版《数学》本单元内容包括认识分式、分式的乘除法、分式的加减法、分式方程、回顾与思考、复习题。从两版教材的编排来看，人教版教材更注重对比分数研究分式及其性质，而北师大版教材则更注重问题情境的引入和探究。

分式是描述实际问题中两个量之比的一类代数式。分式是继整式之后对代数式的进一步研究。从代数的角度看，分式在化简、计算上与整式内容紧密相关，从形式上看，分式与分数类似，且具有相似的基本性质和运算法则，因此，可类比分数研究分式，体现特殊与一般的关系。方程、不等式部分与分式方程和分式不等式直接相关[1]；函数部分则与反比例函数高度相关。从实际问题解决的角度来看，对于某类问题的解决，更适合建立分式方程的数学模型。因此，对分式的学习在整个中学数学、大学数学乃至未来社会生活中都具有重要的作用[2]。

《义务教育数学课程标准(2011年版)》对分式主题教学做出如下要求：了解分式和最简分式的概念，能利用分式的基本性质进行约分和通分；能进行简单的分式加、减、乘、除运算；能解一元一次方程、可化为一元一次方程的分式方程。

[1] 陆祥雪，张秋. 内外兼顾，理解分式[J]. 中国数学教育，2015(3)：12-15.

[2] 刘辰. 基于初中数学核心概念及其思想方法的概念教学：以"分式的意义(1)"的教学设计为例[J]. 上海中心数学，2016(Z2)：94-96.

"分式"单元要素分析

从《义务教育数学课程标准(2011年版)》对分式的要求我们得知：其一，对于分式和最简分式概念的要求仅仅处于了解层次，这是学生学习分式主题单元的基础。其二，要求学生能够对分式进行通分和约分，将其化为最简分式，需要教师引领学生经历从具体到抽象的过程，类比分数的性质引出分式的基本性质，再基于其性质通过提公因式法和公式法对分式进行约分和通分。其三，分式的四则运算是建立在约分和通分的基础之上的，课程标准对分式的运算并未提出较高的要求，此部分是教学的重点，也是难点，突破难点的方法在于通过例题的示范和必要的练习强化学生的数学运算能力。其四，分式方程是基于前面所学的应用，要求学生能够在实际问题中建立分式方程并进行求解和检验，进一步体会方程是刻画实际问题的数学模型。

综上，基于教材内容和课程标准的要求，确定教学重点：了解分式的概念，掌握分式的基本性质及应用；掌握分式的四则运算法则；展示整数指数幂的扩充过程，掌握整数指数幂的运算性质；能解决可化为一元一次方程的解；通过实际问题抽象出一元一次方程，体会生活问题数学化和数学建模思想

2. 学习情况分析

"分式"这一单元研究分式的概念、基本性质、分式的运算以及分式方程。在小学阶段，学生学习了分数和分数的运算，初中又学习了有理数、整式以及整式的运算、因式分解等，这些都为学生学习分式奠定了知识基础，提供了学习经验。同时，此阶段的学生具备了"观察、分析、归纳"的基本能力，为分式的探究奠定了能力基础。另外，此阶段学生的数学思维正处于从具体运算到形式运算过渡的时期，学生整体的数学抽象能力还处于较弱的水平，因此，分式的概念、性质和运算也就成为学生发展抽象思维能力的重要载体。

综上，基于学情分析，确定教学难点为：应用分式的基本性质进行分式的恒等变形；分式的混合运算；掌握整数指数幂的运算性质；了解用去分母的方法解分式方程产生增根的原因

3. "分式"单元教学方法分析

从人教版数学八年级上册的分析来看，"分式"单元的学习以分式的概念和运算为主，在此基础上研究一些分式方程的解法，并利用分式方程的知识解决一些实际问题。对于分式的概念和运算的学习，大多类比分数来进行，因此在教学中应多渗透类比思想，发展学生的类比归纳能力；四则运算能够发展学生的数学运算素养以及转化与化归思想；利用分式方程解决实际问题则渗透着模型思想，故此部分可着重发展学生的数学建模能力。分式与实际问题息息相关，因此，在教学中可多创设实际生活情境，帮助学生从实际情境中深度感知数学。"分式"单元的知识并不难，因此，在教学中应多让学生在教师的引导下进行探究、总结和归纳，鼓励他们大胆猜想，小心求证，细心体会分数与分式的联系与区别，体会数学思想方法，加快数学素养的发展

"分式"单元目标定位	
"分式"单元 教学目标	教学目标1：经历从实际问题中抽象出分式的概念的过程，了解分式的概念并能用分式表示实际问题中的数量关系，发展数学抽象等核心素养。 教学目标2：通过类比分数的基本性质探究分式的基本性质，能用分式的基本性质进行分式的恒等变形，感悟类比等思想方法。 教学目标3：掌握分式的加、减、乘、除四则运算法则，并会应用到具体的情境之中进行分式加、减、乘、除四则运算，培养转化思想与化归能力，提升数学运算能力。 教学目标4：经历从正整数指数幂的运算扩充到整数指数幂的运算的过程，了解整数指数幂的运算性质，能够熟练进行转化与混合运算，能用科学计数法表示小于1的正数。

(续表)

"分式"单元目标定位	
"分式"单元 教学目标	教学目标5：了解分式方程的概念，能够把实际问题转化为数学模型，学会列方程式解决实际分式方程，体会化归思想和程序思想的渗透。 教学目标6：通过利用分式方程解决实际问题，提高分析问题、解决问题的能力，发展数学建模等核心素养
"分式"单元 学习目标	学习目标1：能够了解分式的概念，能够用分式表示实际应用问题中的数量关系，知道分式是一类应用广泛的重要代数式。 学习目标2：能够了解分式的基本性质，知道什么是最简分式，能进行分式的约分和通分。 学习目标3：能够掌握分式的加、减、乘、除运算法则，进行分式的加、减、乘、除四则混合运算。 学习目标4：能够理解负整数指数幂的意义，知道整数指数幂的运算性质，能够熟练进行混合运算，能用科学计数法表示小于1的正数。 学习目标5：能够掌握可化为一元一次方程的分式方程的解法，知道一些方程会出现增根的情况，在方程得到解决后能够对方程进行检验。 学习目标6：能够根据实际问题列出分式方程，并用分式方程解决问题

"分式"单元活动设计

　　"分式"单元涉及的内容较多，包括分式的概念与性质、分式的四则运算以及分式方程等。如果不能以明确的分式核心概念将分式主题单元教学统领起来，那么学生将会进行片段式的学习，不利于知识的整合与联结，无助于学生深度学习的发生。所以，我们需要站在整体的角度对分式主题的学习任务和情境进行梳理和分析。

1."分式"单元课时划分

　　此单元以分式为引领，突出分式的概念与基本性质、分式的运算以及分式方程之间知识的内在联系。"分式"单元分为6部分学习内容，每部分学习内容对应一个学习目标，目标以及课时分配如图2所示。

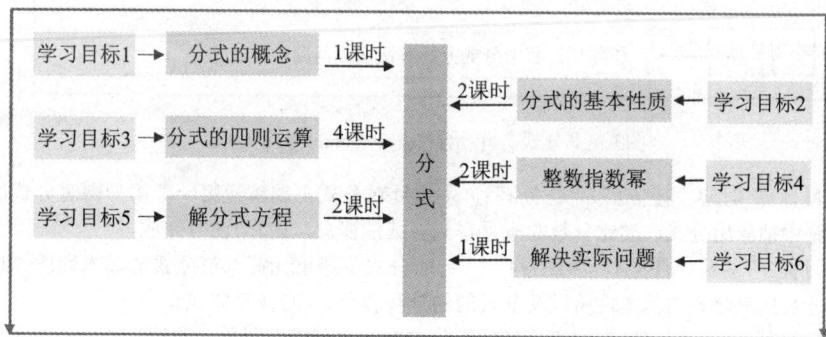

图2　"分式"单元知识内容课时划分

2."分式"单元学习任务设计

　　梳理"分式"单元的核心内容后，就需结合学习目标，将目标划分为具体的学习任务，帮助教师明确每个阶段学生所需完成的学习任务。在分式主题中，一个学习目标可对应一个或多个学习任务，具体的单元目标与任务的对应关系如图3所示。

(续表)

"分式"单元活动设计

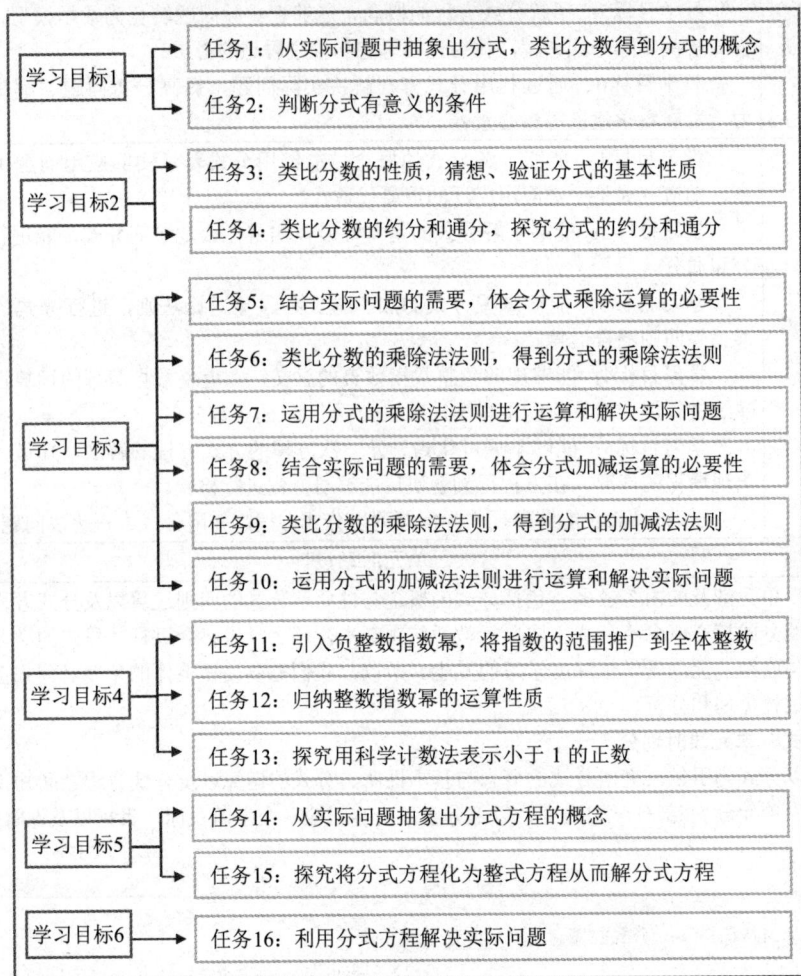

图3 "分式"单元目标与任务的对应关系

"学习目标1"对应"任务1""任务2",主要针对分式主题单元第一节第一课时分式的概念,即从实际问题中抽象出分式,类比分数的概念得到分式的概念,由1个课时完成。

"学习目标2"对应"任务3""任务4",针对分式主题单元第二节分式的基本性质,这一节需要学生类比分数探究分式的基本性质以及分式的约分和通分,由2课时完成。

"学习目标3"对应"任务5"～"任务10",主要针对分式主题单元的第二节分式的运算中的加减乘除四则运算,因分式的乘除运算和加减运算各两个任务,故共由4个课时来完成。

"学习目标4"对应"任务11"～"任务13",此目标针对分式主题单元中第二节分式的运算中的整数指数幂,整数指数幂又具体分为两个知识点——整数指数幂的运算性质和用科学计数法表示小于1的正数。因运算性质的研究由两个任务构成,故共由2课时完成。

"学习目标5"对应"任务14""任务15",此目标主要针对分式主题单元的最后一节分式方程制定,这一节主要内容是解方程问题,由2课时完成。

"学习目标6"对应"任务16",此目标依然是针对分式方程制定的,就是运用分式方程解决简单的实际问题,由1课时完成

(续表)

	举例：整数指数幂教学设计
创设导学情境	(1) 复习正整数指数幂的运算性质： ① 同底数幂相乘：$a^m \cdot a^n = a^{m+n}$（m，n是正整数）； ② 幂的乘方：$(a^m)^n = a^{mn}$（m，n是正整数）； ③ 积的乘方：$(ab)^n = a^n \cdot b^n$（n是正整数）； ④ 同底数幂相除：$a^m \div a^n = a^{m-n}$（$a \neq 0$，m，n是正整数，$m > n$）； ⑤ 商的乘方：$\left(\dfrac{a}{b}\right)^n = \dfrac{a^n}{b^n}$（$n$是正整数）。 (2) 我们之前学习过$a^n$（$a \neq 0$），其中，指数$n$可以取哪些数？可以是负整数吗？如果可以，那么负整数指数幂a^n表示什么？它又有什么样的运算性质？带着这些问题，我们进入今天的学习
新知自主探究	【问题1】计算下列算式（$a \neq 0$）。 ① $a^5 \div a^3$；② $a^5 \div a^5$；③ $a^3 \div a^5$；④ $m^3 \div m^6$。 【设计意图】引导学生用同底数幂除法和分式除法两种方法计算。 【探究过程】学生计算①式：$a^5 \div a^3 = \dfrac{a^5}{a^3} = \dfrac{a^3 \cdot a^2}{a^3} = a^2$或$a^5 \div a^3 = a^{5-3} = a^2$。 学生用分式除法计算②式：$a^5 \div a^5 = \dfrac{a^5}{a^5} = 1$；学生讨论是否能用同底数幂的除法进行计算。事实上，同底数幂相除的运算性质$a^m \div a^n = a^{m-n}$（$a \neq 0$，m，n是正整数，$m > n$）在$m = n$的条件下依然成立，即$a^5 \div a^5 = a^{5-5} = a^0$，而$a^0 = 1$，即同底数幂相除的运算性质对$m \geq n$也成立。 用分式除法计算③式：$a^3 \div a^5 = \dfrac{a^3}{a^5} = \dfrac{a^3}{a^3 \cdot a^2} = \dfrac{1}{a^2}$，是否还有其他方法？为何与分式除法所计算的结果不一样呢？到底谁才是正确的结果呢？ 在③式计算完成后，引导学生直接用同底数幂的除法计算④式。 师生互动：你们发现了什么？事实上，不管是$m > n$，$m = n$或是$m < n$，只要是同底数幂相除，其结果就是底数不变，指数相减。 我们将$a^{-2} = \dfrac{1}{a^2}$的规定一般化：当n为正整数时，$a^{-n} = \dfrac{1}{a^n}$。你能举出一些这样的例子吗？也就是说，a^{-n}（$a \neq 0$）与a^n互为倒数
例题变式练习	【例1】将下列各式中的指数化为正数并将式子化简。 ① 2^{-1}；② $(-3)^{-2}$；③ $\left(\dfrac{3}{2}\right)^{-2}$；④ $(-a)^{-3}$。 在此，可以为学生提供顺口溜——"倒底反指"，方便学生理解和转化负整数指数幂。 今天我们学习了负整数指数幂，将指数的范围扩充到了整数。从上面的探究中可知，同底数幂的除法法则在整数范围内是适用的。若指数的取值范围加入了负数，那么正整数指数幂的其他几条性质是否依然适用呢？请同学们小组内合作，自行探究。 【设计意图】将正整数指数幂的运算性质扩充到了整数指数幂。

举例：整数指数幂教学设计	
例题变式练习	【例2】计算： ① $a^{-2} \div a^5$；　② $\left(\dfrac{a^3}{b^2}\right)^{-2}$；　③ $a^{-2}b^2 \cdot \left(a^2b^{-2}\right)^{-3}$； ④ $\left(2xy^{-1}\right)^2 \cdot xy \div \left(-2x^{-2}y\right)$；　⑤ $-\left(3 \times 2^{-4}\right)^0 + \left(-\dfrac{1}{2}\right)^{-3} - 4^{-2} \times \left(-\dfrac{1}{4}\right)^{-3}$。 在解答这些题目时，学生的运算顺序可能不同。此时教师不应过多干涉，可以让学生进行合作交流，选择最优的解题顺序。教师引导学生得出规律，当因数是整数且指数为负数时，为了降低运算的难度，应该先用运算性质进行计算，最后将负整数指数幂转化为正整数指数幂。对于同底数幂的除法或者商的乘方，可以将其转化为同底数幂的乘法或者积的乘方进行计算。如此，便可将原有的5个性质进行整合，最终归结为整数指数幂的三条运算性质： (1) $a^m \div a^n = a^{m-n}$（m，n是整数）； (2) $(a^m)^n = a^{mn}$（m，n是整数）； (3) $(ab)^n = a^n b^n$（n是整数）； (4) 多个同底数幂的乘法或者除法，可直接进行计算。 【例3】已知a是大于1的实数，且有$a^3 + a^{-3} = p$，$a^3 - a^{-3} = q$，若$p + q = 4$，求$p - q$的值
学习系统小结	师生互动：本节课主要学习了哪些内容？(答案见图4) 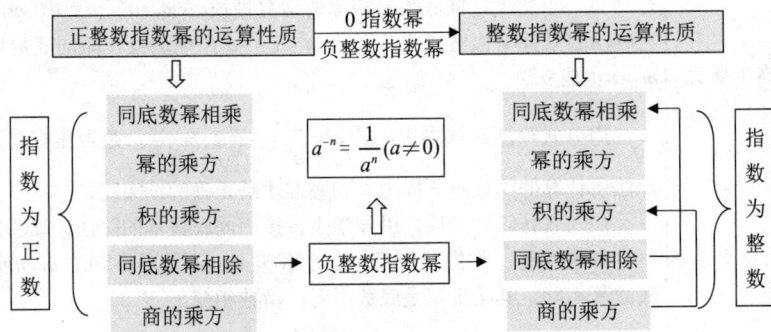 图4　整数指数幂教学内容 师生互动：进行整数指数幂的运算时我们需要注意什么？

"分式"单元评价反思

针对"分式"主题各个阶段的知识，评价的标准和方式如表1所示。

表1　"分式"单元持续性评价

评价目标	评价题目	评价标准	评价方式
了解分式的概念	判断下列式子哪些是分式？哪些是整式？ $\dfrac{8m+n}{3} + m^2$；$\dfrac{2x^2}{x}$；$\dfrac{3x-1}{2\pi}$；$\dfrac{1}{x}$；$\dfrac{2}{x^2+2x+1}$； $\dfrac{a^2b+ab^2}{2}$；$\dfrac{x^2-1}{x+1}$	能正确归类	课堂练习

(续表)

"分式"单元评价反思

表1 "分式"单元持续性评价 (续表)

评价目标	评价题目	评价标准	评价方式
掌握分式值有意义和分式值为零的条件	① 下列分式中的字母满足什么条件时分式有意义？ $\dfrac{1}{3x+1}$；$\dfrac{x+2}{x-2}$；$\dfrac{x^2-1}{(x-1)(x-3)}$ ② 当x为何值时，分式$\dfrac{|x|-1}{x+1}$的值为0？	①能够计算出分母不为0时x的取值；②知道分式有意义的条件	课堂练习
分式性质的理解	类比分数的性质，猜想分式有什么性质？	说出分式的性质	课堂问答
灵活应用分式基本性质解决问题	填空：$\dfrac{x^3}{xy}=\dfrac{(\ )}{y}$；$\dfrac{3x^2+3xy}{6x^2}=\dfrac{x+y}{(\ )}$； $\dfrac{1}{ab}=\dfrac{(\ )}{a^2b}$；$\dfrac{2a-b}{a^2}=\dfrac{(\ )}{a^2b}$	正确填空	课堂练习
理解分式的约分和最简分式并会约分	①联想分数的约分，由填空你能想出如何对分式进行约分吗？ ②约分：$\dfrac{x^2-9}{x^2+6x+9}$；$\dfrac{-25a^2bc^3}{15ab^2c}$；$\dfrac{6x^2-12xy+6y^2}{3x-3y}$	①能够说出什么是分式的约分和最简分式；②能够正确约分，将其化为最简分式	课堂问答 例题讲练
理解分式的通分和最简公分母并会通分	①联想分数的通分，由上面的填空你能想出如何对分式进行通分？ ②通分：$\dfrac{3}{2a^2b}$与$\dfrac{a-b}{ab^2c}$；$\dfrac{2x}{x-5}$与$\dfrac{3x}{x+5}$	①能够说出什么是分式的通分和最简公分母；②能确定出最简公分母，对分式进行通分	课堂问答 例题讲练
理解分式约分通分的本质	分数和分式在约分和通分的做法上有何共同点？这些做法的依据是什么？	能够说出约分和通分都是基于基本性质进行的	课堂问答
掌握分式的乘除法法则并用式子进行表示	分数的乘除法法则是什么？类比分数你能说出分式的乘除法法则吗？你能用式子进行表示吗？	能够说出分数的乘除法法则，并类比此说出分式的乘除法法则，根据法则用字母进行表示	课堂问答
进行简单的分式乘除法运算	计算：$\dfrac{4x}{3y}\cdot\dfrac{y}{2x^3}$；$\dfrac{ab^3}{2c^2}\div\dfrac{-5a^2b^2}{4cd}$ $\dfrac{a^2-4a+4}{a^2-2a+1}\cdot\dfrac{a-1}{a^2-4}$；$\dfrac{1}{49-m^2}\div\dfrac{1}{m^2-7m}$	能够正确计算，并将运算结构化为最简分式	例题讲练
能够根据实际问题列式并计算结果	小麦试验田是边长为$a(a>1)$(单位：m)的正方形去掉一个边长为1m的正方形蓄水池后余下的部分，丰收二号小麦试验田是边长为$(a-1)$的正方形，两块试验田的小麦均收获了500kg，哪种小麦的单位面积产量高？高的单位面积产量是低的单位面积产量的多少倍？	正确列式，并计算	例题讲练

(续表)

"分式"单元评价反思

表1 "分式"单元持续性评价 (续表)

评价目标	评价题目	评价标准	评价方式
掌握分式的乘方运算	计算：$\left(\dfrac{-2a^2b}{3c}\right)^2$，$\left(\dfrac{a^2b}{-cd^3}\right)^3 \div \dfrac{2a}{d^3} \cdot \left(\dfrac{c}{2a}\right)^2$	正确计算，并理解混合运算顺序	课堂小测
掌握分式的加减法则并用式子进行表示	观察异分母分数的加减运算，你发现了什么？你能将他们推广进而得到分式的加减法法则吗？你能用式子来表示这些法则吗？	计算分数的加减，理解实质，说出分式的加减法法则，用式子表示	课堂练习 课堂问答
进行加减法运算	计算：$\dfrac{5x+3y}{x^2-y^2} - \dfrac{2x}{x^2-y^2}$，$\dfrac{1}{2p+3q} + \dfrac{1}{2p-3q}$	正确计算	例题讲练
能进行混合运算	计算：$\left(\dfrac{2a}{b}\right)^2 \cdot \dfrac{1}{a-b} - \dfrac{a}{b} \div \dfrac{b}{4}$	正确计算	课堂练习
掌握规定 $a^{-n} = \dfrac{1}{a^n}(a \neq 0)$	将下列各式中的指数化为正数并化简 2^{-1}；$(-3)^{-2}$；$\left(\dfrac{3}{2}\right)^{-2}$；$(-a)^{-3}$	能够将负整数指数幂化成正整数指数幂	课堂小测
理解整数指数幂的运算性质	① 计算下列各式：$a^5 \div a^3$；$a^5 \div a^5$；$a^3 \div a^5$；$m^3 \div m^6$；② 选择其他运算性质举例进行验证	①理解整数同底数的乘法运算；②能举出具体数值的例子进行验证	课堂讲练 课堂练习
掌握小于1的正数的科学计数法	用科学计数法表示下列各数 0.000 000 001，0.000 000 345 0.000 000 010 8，0.000 000 507	能够用负整数指数幂的形式表示	课后完成
熟练掌握分式方程的解法	解下列方程：$\dfrac{5}{x} = \dfrac{7}{x-2}$，$\dfrac{2}{x+3} = \dfrac{1}{x-1}$	能够正确解分式方程	课堂练习
理解部分分式方程无解	计算：$\dfrac{2}{x-3} = \dfrac{3}{x}$，$\dfrac{x}{x-1} - 1 = \dfrac{3}{(x-1)(x+2)}$	解方程并检验。方程1有解，方程2无解	课堂讲练
用分式方程解决实际问题	例：某次列车平均提速v(单位：km/h)。用同样的时间，列车提速前行驶s(单位：km)，提速后比提速前多行驶50km，提速前列车的平均速度为多少？	正确列出和求解分式方程	课堂练习

综上，结合案例5-1、5-2、5-3，指向深度学习的数学单元教学设计可概括为6个环节：主题规划、要素分析、目标定位、活动设计、教学预设以及评价反思，教学预设又可具体分为创设导学情境、新知自主探究、例题变式练习以及学习系统小结等，具体如图5-5所示。

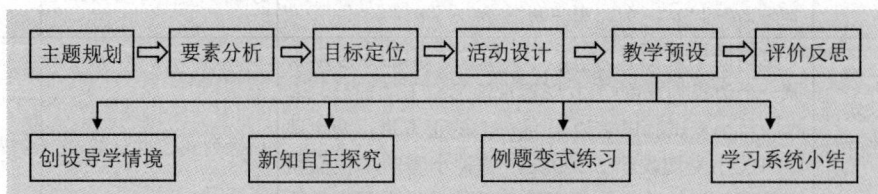

图5-5 指向深度学习的数学单元教学设计环节

第六章 中学数学专题复习课教学设计

专题复习课是中学数学教学中一类重要课型，其实施目的是在系统掌握基础知识和基本技能基础上，进一步提升学生综合运用知识发现问题、提出问题、分析问题、解决问题的能力。本章主要结合初三、高三年级总复习的教学实践，说明如何进行专题复习教学设计。

第一节 中学数学专题复习课教学设计概述

初、高中三年级复习是在有计划地学习完课程标准规定的教学内容后，通过系统复习，将已有的知识系统化、结构化，帮助学生整体掌握初、高中阶段的数学知识和思想方法，提高学生灵活运用知识分析问题、解决问题的能力。一般来说，学生的复习都会经历三个阶段：基础复习阶段、专题复习阶段、综合模拟训练阶段。在教学实践中，这三个阶段称为三轮复习。其中，一轮复习的重点是系统梳理整个初中或高中阶段的基础知识、基本方法，建构知识结构；二轮复习就是专题复习，在巩固基础练习基础上，围绕教学的重难点及教材的主干知识进行提高性强化练习，使学生的认识从感性上升到理性，是提高学科综合素养的过程；三轮复习的主要任务是综合训练，即通过模拟考试进行强化训练，使学生逐渐熟悉中、高考对学生的各项要求，学会融会贯通，提高综合运用知识分析问题、解决问题的能力。本节重点介绍数学专题复习课的教学设计方法。

一、专题复习课教学要求

初、高中数学专题复习课的教学设计要立足于课程标准的教学要求，整合中、高考高频考点及与其他知识有着广泛联系的重点知识，帮助学生学会灵活运用有关理论知识分析相关重点、热点问题，积累解题经验，以提高题型辨识能力、数学模型建构能力、创新思维能力和实践操作能力。为此，在教学中专题复习课教学应满足以下要求。

(一) 注重知识的整体性、系统性、联系性

专题复习课要区别于一轮复习教学，需要在知识回归与整合的层次上下功夫，以更好地帮助学生进一步理解掌握核心概念、基本原理，并指导学生构建知识网络，帮助学生从整体上掌握知识。在教学实践中，专题复习课往往以问题为载体，在分析典型题目的同时让学生在具体的问题中体会知识之间的联系，构建知识结构网，运用与深化知识。例如，在九年级"图形的性质与变化"专题中，可选取如下例题。

【例1】 如图6-1(a)，在□$ABCD$中，$AB=10$，$AD=15$，$\tan A=\dfrac{4}{3}$，点P为AD边上任意点，连接PB，将PB绕点P逆时针旋转90°得到线段PQ。

(1) 当$\angle DPQ=10°$时，求$\angle APB$的大小；

(2) 当$\tan\angle ABP：\tan A=3：2$时，求点$Q$与点$B$间的距离(结果保留根号)；

(3) 若点Q恰好落在□$ABCD$的边所在的直线上，见图6-1(b)，直接写出PB旋转到PQ所扫过的面积。(结果保留π)

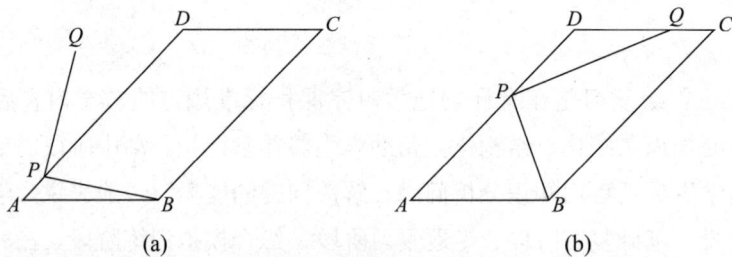

图6-1　例1图及备用图

本例题是关于四边形的综合题，通过练习，学生可梳理出平行四边形的性质、全等三角形的判定和性质、锐角三角函数、解直角三角形、勾股定理、扇形的面积公式等知识；认识到解决几何问题的关键，即学会添加常用辅助线，构造全等三角形；用分类讨论的思想思考问题及利用设未知数构建方程解决问题。这个例题兼具知识的基础性与应用性，有利于巩固基础知识、训练基本技能、提炼基本方法、积累基本活动经验。

(二) 注重一类问题解题思路与方法的归纳整合

专题复习课一般是针对某些核心知识、某类典型问题、某种思想方法的专题性复习。通过系列问题的解决，学生能够体会数学思想方法的应用，明确解题的思路和方法，掌握解决一类问题的基本策略，并能进行类化、迁移。因此，在教学实践中，学生要在教师的引导下，通过基本问题的解决，归纳一类问题的解题方法，建立适当的解题模型，做到有章可循，有法可依。在此基础上，通过相应的巩固反馈练习，学生能够根据自己的体会去尝试解决问题，提高转化、迁移、触类旁通的能力，进一步积累数学经验。

(三) 注重学科综合能力的培养和提升

专题复习课要着眼于发展学生的核心素养，切实提高学生综合运用知识发现问题、提出问题、分析问题和解决问题的能力。一方面，在注重系统掌握基础知识的同时，要注重引导学生运用知识和数学思想方法解决实际问题，使知识的应用更具综合性和灵活性，在学生牢固掌握知识的同时，培养学生的综合应用能力；另一方面，在开展教学时要重点关注学生的学习过程，运用独立思考、自主探究、合作学习等多种学习方式，引导学生对问题进行自我叙述、自我阐述、自我表达的主动学习，真正达成认识学科思想、提高学科能力的要求。

在专题复习课中，最重要的是学生能够积极参与课堂教学，有效进行学习。教师可通过探究式学习、研究性学习开展教学，设计独立思考、生生合作、师生互动、研究反思等活动，从而提高学生参与度、主动性，使其积极反思，自主建构知识系统和方法系统。因此，在专题教学中教师不妨教得慢一点、讲得少一些，让学生多一点探究、多一些思考。

(四) 注重问题的精心选择与设计

数学问题浩如烟海，因此专题复习课要以典型问题为抓手，精心选择适合学生的"好题"。章建跃博士认为，"好题"应具有以下品质：与重要的数学概念和性质相关，体现基础知识的联系性，解题方法自然、多样，具有自我生长的能力等；问题是自然的，对学生的智力有适度的挑战性，题意明确、不纠缠于细枝末节，表述形式简洁、流畅、好懂等。"好题"不仅能让学生掌握方法技巧，发展数学思维，还能使学生认识数学的多样性与统一性，增强他们探索和创新的信心。

二、专题复习课教学设计流程

由于教学内容不同、学情不同，专题复习课设计在不同学段可能有所不同，但总体上，专题教学的目的是一致的，因此其在设计流程上具有共同特点。一般来讲，专题复习课应包含以下几个主要环节：精准确定教学专题、教学目标分析、确定重点难点、教学过程。

(一) 精准确定教学专题

数学课程标准即考纲，教学专题的确定首先要依据课程标准，系统分析数学教学内容及各部分知识间的重要联系，分析学生学习过程中存在的问题，由此明确复习的重点，这是确定专题题目的基本出发点。

例如，初中数学内容主要包括四个模块，分别是数与代数、图形与几何、统计与概率、综合与实践。中考试卷中有较大比例的单独的几何、代数、概率知识，但也有需要综合运用知识解决的综合实践类题目。另外，结合中考试卷结构的分析，数与代数、图形与几何及统计与概率所占分数的比例与其教学中所占课时的比例大致相同，一般是5∶4∶1(以上三部分均包含了适量的综合与实践的内容)，再结合中考高频考点(它们往往也是知识体系中的重点)，于是可以确定初中数学专题复习的题目：数与式；方程与不等式；直线型几何综合(三角形和四边形)；圆的综合；函数图象与性质的应用；函数的实际应用；统计与概率；综合应用等。当然，也可以根据学情穿插一些小专题，如三角形全等、相似、解直角三角形等。

高中数学专题既可以是综合性较强的思想方法专题，如"函数与方程思想专题""数形结合思想专题""分类讨论思想专题""转化与化归思想专题"，也可以围绕教材的主干内容、考试的重点及热点，设置一些对不同基础的学生都适用的小专题，如"二次函数的最值问题""利用从特殊到一般的思想解决数列问题""从函数的角度思考数列问题""利用导数研究恒成立的问题""圆锥曲线离心率的问题""解析几何中的定点、定值问题""解向量问题的思维出发点问题"等，这类小专题设置灵活，具有极强的生成性、针对性、实效性，能较好地培养学生的综合能力，培育学生的数学核心素养。

(二) 教学目标分析

根据专题复习课的功能和特点，专题复习课的教学目标一般着眼于以下几个方面：①对本专题知识进行系统整理，形成知识网络，完善认知结构；②掌握本专题主要应用题型，归纳总结解题规律与方法；③查漏补缺，解决学生在本专题中存在的知识与认知短板以及疑难问题；④运用所学知识方法对主要题型进行延伸拓展，提高学生分析问题与解决问题的能力。

(三) 确定重点难点

专题复习课的重点是对本专题复习内容进行条理化、系统化总结，找到主要题型的规律方法，巩固深化基础知识，培养学生解题能力，提升数学综合素养。在确定教学重难点时，一方面应参照近几年中高考试卷中考查相对稳定的主体内容、知识、方法和能力，并结合下一年可能出现的新的命题趋势来设计教学重点；另一方面应考虑学生学习中可能存在的疑惑与困难。例如，初中教学中的一次函数关系在日常生活和社会实践中很常见，通过从实例中抽象出数学模型，既体现了数学建模思想，也体现了数学的抽象性和广泛应用性，同时一次函数的研究方法也为研究其他函数提供了完整的研究范例，甚至为高中学段的学习奠定了方法论基础，因此"一次函数"是初中学段学习的重点。这个专题的难点是如何进行实际应用，需要根据具体条件获取各种有用的信息，认真分析探究这些信息，即经历一般规律的探索过程，在此基础上发现 x 与 y 两个变化实数间的内在联系，构建出一次函数或正比例函数的解析式，并解决这个数学问题。有的学生无法从实例中抽象出函数的解析式，揭示不出其中蕴含的关系；有的学生不知利用待定系数法求函数解析式，不能归纳出求解析式的一般方法；还有的学生在利用一次函数的图象归纳性质时缺乏思维的深刻性及完备性，对概念的理解存在难点。因此，这些都是确定一次函数专题复习重点、难点的依据。

(四) 教学过程

为了有效促进学生的数学学习，需要认清学生思维认知发展过程，设计逻辑有序的教学活动，帮助学生经历由浅层次学习到深度学习的过渡。在专题复习教学过程中一般应包括以下教学环节，具体教学过程如图6-2所示。

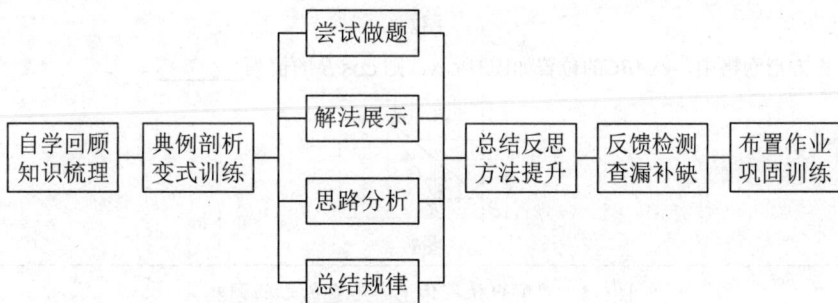

图6-2 教学过程

1. 自学回顾，知识梳理

这个环节往往由学生自己完成。教师可通过设计系列诊断题，帮助学生回忆相关的数学基础知识，尤其是基本概念以及由基本概念衍生的性质、公式、定理、法则等，从理解概念入手进行课前预热，了解学生对将要复习内容的掌握情况，确定教学重心。如进行"解直角三角形"专题教学时，教师可以围绕复习内容，布置具体复习任务，选好课前练习题目，如图6-3所示。

(1) 在 Rt△ABC中，已知∠C=90°，∠A=40°，BC=3，则AC的值为（　　）。

A. 3sin40°　　　　　　B. 3sin50°　　　　　　C. 3tan40°　　　　　　D. 3tan50°

(2) 在 Rt△ABC中，已知∠C=90°，BC=15，$\tan A = \dfrac{15}{8}$，则AB的值为_____。

(3) 在△ABC中，已知$AB = 12\sqrt{2}$，AC=13，$\cos B = \dfrac{\sqrt{2}}{2}$，则BC边长为（　　）。

A. 7　　　　　　B. 8　　　　　　C. 8或17　　　　　　D. 7或17

(4) 如图1所示，△ABC中，已知∠A=30°，∠B=45°，AB=100，求△ABC的面积。

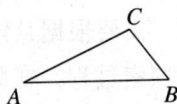

图1

图6-3　"解直角三角形"专题教学问题1

在学生练习、反思的基础上，再进行课上知识回顾、概念点拨，设置如图6-4所示问题。

(5) 分别说说一个角的正弦、余弦、正切的意义。

(6) 如何获得任意锐角的三角函数值？不借助计算器，你能直接说出的三角函数值有哪些？

(7) 如图2，Rt△ABC中，∠ACB=90°，CD⊥AB，请用图中的线段之比来表示：$\sin A = $_____。

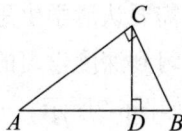

图2

(8) 在正方形网格中，△ABC的位置如图3所示，则$\cos B$的值为_____。

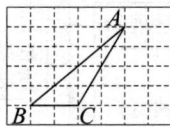

图3

图6-4　"解直角三角形"专题教学问题2

处理这一环节题目有以下几种策略：由学生说答案、讲思路，其他同学订正或补充；对于没有把握的问题，学生可与同学展开讨论、相互交流、集体攻关，然后由教师点评；学生在教师的指导下，完成对知识的梳理，进一步完善知识网络。

教师在这一环节要注意以下三个方面的问题：第一，设置的问题能够引起学生"情景再现"。问题的提出重在启发学生进行"知识回顾"，教师可从知识的发展脉络、重要概念的产生和发展过程、基本方法的来龙去脉等方面去设计问题，让学生感觉到新授课时的"情景再现"，使问题具体化，形成有效铺垫，让学生有针对性地去思考、回忆，避免没有思考价值的问题的简单罗列。第二，适时引导学生，使学生对复习专题进行系统总结。通过问题引导，学生能够积极开展自主梳理知识、自主寻找规律、自主剖析错误的学习活动，加深对所学内容的认识，对已有专题的知识框架有自己的初步思考。教师在此过程中要注重评价和指导，尤其要对学生的疑惑给予点拨，帮助学生对其思考的知识主线进行提炼、总结。第三，有利于学生对相关专题联系、整合。通过对知识的回顾，学生能够从知识联系性、方法相似性等角度，发现本专题复习知识、方法与其他章节知识的融合，逐步把相关的知识点有机联系起来，不断地把知识微结构组合成中结构、大结构，最终组合成一个系统的整体。

2. 典例剖析，变式训练

典例剖析与变式训练是专题复习课的核心。"典型例题"一般具有包容多个知识点、体现重要数学思想、体现典型解题方法的特点。例题的设置要有层次性，由浅入深、循序渐进，同时还要符合学生实际，不能过易或过难。在教学中，教师要重点讲述切入点、讲方法、讲规律，从而教给学生分析和解题的方法和技巧；要善于在问题的解决过程中培养和训练学生的创造性，注意对解题方法进行总结和概括。在这一环节，主要有两个策略；一是在学生解答之后不失时机概括解题思路、模式，并指导学生运用这一模式去解决同类型的问题；二是能将解题模式运用到变式问题中去，使学生能够达到举一反三的效果。

特别需要指出的是，这一环节的主要任务要围绕"联系""变化"两个关键词来展开。首先，问题的设置要重在促进学生将前后知识联系起来，要抓住基本概念和基本方法这两个切入点，通过问题引导学生将基本知识、方法串联起来，形成完整的认知结构。其次，教师对学生探索过程中可能出现的问题和困难适当搭建"阶梯"，让学生"想探索、能探索"，激活学生的思维，并注重引导学生积极参与讨论，敢于发表自己不同见解，力争使学生自己解决问题。即使没有探索出结果，也要鼓励学生充分思考，这样才能在讲解过程中加深学生对知识和方法的理解。最后，教师要认真对学生的解题方法进行评价。学生经过艰苦探索发现的方法，其特点是什么，有何启发性，运用到了哪些数学思想，或者为何探索受阻，问题的根源是什么，教师要适时给予点评，帮助学生总结规律。这一环节对学生认识题目之间的差异、形成解题经验、提高解题能力有重要意义。

3. 总结反思，方法提升

这一环节要求学生自己首先回顾复习的内容，总结方法规律，最后由教师指导完善，使之系统化。总结的内容包括题目类型、解题步骤、解题常用方法、解题一般规律、应注意的事项、容易出现的问题等。教师要在常规思路和方法的基础上，启发学生新思路，探索一题多解的新思路、新方法，还要引导学生深入挖掘习题内涵，进一步拓展知识，使学生做到融会贯通。

教师在这一环节要注重三个层面的问题：一是要简明扼要地归纳教学的核心内容，包括重要知识点的内涵和外延、探索过程中运用到的主要数学思想方法、学生存在的主要问题等，做到总结精练，画龙点睛，易于理解、记忆和掌握。二是合理总结归纳知识网络，引导学生分析课上复习的知识与其他知识点的相互联系、其在教材中的地位和作用、所涉及的数学思想方法运用上的特点与研究范围。教师要注意将学生的个体归纳与全体归纳相结合，让学生既有思维的独立性，又有彼此的相互借鉴，因为学生对自己总结归纳出来的结论往往很珍惜，容易牢记这些"成果"。三是注重抽象、概括的过程。教师要及时引导和纠正学生在自主归纳总结中的局限性和不完整性，既要注意全班普遍性的薄弱环节，又要兼顾个别学生存在的问题，将完整的知识体系和数学思想方法呈现给学生。这个环节对培养学生思维的全面性和深刻性有着重要作用。

4. 反馈检测、查漏补缺

反馈检测、查漏补缺即当堂检测、反馈、落实复习内容。这一环节能够充分发挥数学思想对解题的定向、联想和转化功能，不断完善并丰富学生头脑里的数学解题经验，完成本节课复习目标。检测试题的命制原则是依据复习目标，针对复习内容，注重基础，突出重点和疑点。当堂检测的设计还要注意以下几点：一是要注重有效性，题量、难度适宜。二是要强调规范性，明确要求。三是要明确阶段性，不做超前题，不做滞后题；明确做题解决什么问题，达到什么要求，做到基础知识扎实练、新旧知识结合练、关键知识突出练、易混内容对比练、举一反三创造练、基本技能循序练、重点内容反复练、难点内容分步练、同类知识典型练、因材施教区别练。

5. 布置作业，巩固训练

设置这个环节有三个目的：一是通过有针对性、典型性、层次性、切中要害的强化练习，让学生的知识和能力得到巩固和训练，二是检验复习的效果，三是为后续复习做铺垫和准备。因此，布置的作业可分为两部分：一部分是本节的巩固练习，另一部分是下节课的前置问题。为了让不同层次的学生都有所收益，作业的布置要有层次，练习量和侧重点不可一刀切，有的侧重基础知识的掌握，设置常规练习题；有的侧重能力的培养，可将常规练习题改造、变式、减去条件或隐去结论，设计成探索性问题、开放性问题。

三、专题复习课教学设计的策略

一堂好的专题复习课要求教师能够根据教学目的，以学生为中心，平衡好知识梳理与能力提升，进行整体分析与策划，提供有效的学习支点，诱发、促进、维持学生合适的学习行为，提高复习的效果，因此，教师在教学设计中要注意以下几点。

(一) 如何确定专题教学内容

首先，重视对课程标准的研读。课程标准即课标，课标体现了国家对人才培养规格的直接要求,对教学内容的规定是最科学、最权威的,因此专题立根之本在于课标研读。以二次函数为例,初中第三学段主要学习一次函数、二次函数和反比例函数的性质及其应用。一般来说,函数的性质主要包括单调性(增减性)、奇偶性、周期性以及最大(小)值、极大(小)值等。但义务教育阶段对函数性质的研究是初步的,没有明确提出单调性(增减性)的严格概念,而用"随着x增大,y也增大(或反而减小)"的方式描述相关函数的单调性(增减性);也不讨论函数的奇偶性与周期性,只是用函数图象具有的对称性暗含了函数的奇偶性;对于二次函数,要求利用函数图象的顶点,体现出二次函数具有最大(小)值的性质。尽管义务教育阶段对函数性质的研究只是初步的,是不完整、不系统、不全面的,但已经体现出从函数的代数特征以及图象的几何特征来研究具体函数的思想方法,表6-1是课标对"二次函数"的教学要求。由表6-1可以看出,函数的类型、性质与相关的方程、不等式有着密切的联系,揭示函数与方程及不等式的内在联系,应是学习函数的重要内容。同时,数形结合是研究每一类函数的基本思路和方法,应引起足够的重视。

表6-1 课标对"二次函数"的教学要求

考点	课标要求	知识与技能目标			
		了解	理解	掌握	灵活应用
二次函数	理解二次函数的意义		√		
	会用描点法画出二次函数的图象			√	
	会确定抛物线开口方向、顶点坐标和对称轴			√	
	通过对实际问题的分析确定二次函数表达式			√	
	理解二次函数与一元二次方程的关系	√			
	会根据抛物线$y=ax^2+bx+c(a\neq0)$的图象来确定a、b、c的符号				√

其次,要契合中高考要求。任何一个数学复习专题的呈现都要与中高考试题检测类型高度匹配,要根据试题的类型、形式、难度、侧重点、高频点等合理确定专题,高效分配课堂教学时间,选择层次适合、难度适中的习题进行讲解,使专题具有目标性、针对性。在实践中,我们可从学生学情和试卷数据两个方面进行分析。一方面可以进行问题调查,通过数据统计,分析学生学习现状,对多数学生反馈的未掌握好的知识领域设计专题复习;另一方面充分利用阅卷系统的数据统计和阅卷情况分析报告,进行认真的分析,有针对性地确定专题。在这个过程中,要重点考虑以下几个因素:根据出错率较高题目的解题关键知识点设计专题,扫清学生思维的障碍;优化一题多解的题目,提炼出专题,带领学生归纳出最佳解题方案;优化易于变式的题目,提炼出专题,培养学生的逆向思维、合理迁移、拓展推广的能力。

最后,专题教学设计应体现小而精的特点,逐级分层提高。学生因视野、经验和能力所限,专题复习不宜探究那种大而泛的论题,而应立足探究角度新、论题开口小的专题。在专题教学过程中,要促使学生动手、动脑,让各个层次的学生都有所收获,因此在一部分专题教学设计中可采用挖掘课本资源、循序渐进、变式教学的模式。例如，在高中微专题"距离公式的分析与处理"教学设计中，先给出一道课本题让学生练习：

【例题】求两条平行直线$3x+4y-10=0$与$3x+4y=0$之间的距离。

然后，在学生熟练掌握两平行线间距离公式的基础上，设计系列变式探究：

【变式1】两直线$x+y-2=0$和$2x+2y-3=0$的距离等于_____。

【变式2】已知两直线$x+y-2=0$与$6x+my+1=0$互相平行，则它们之间的距离等于_____。

【变式3】已知直线l_1：$mx+8y+n=0$与l_2：$2x+my-1=0$互相平行，且l_1与l_2之间的距离为$\sqrt{5}$，求直线l_1的方程。

【变式4】两平行直线l_1，l_2分别过$A(1, 0)$与$B(0, 5)$，若l_1与l_2的距离为5，求这两条直线方程。

【变式5】两平行直线l_1，l_2分别过$A(1, 0)$与$B(0, 5)$，若l_1与l_2的距离最大，求这两条直线方程。

其中，【变式1】意在强化在求两平行线间距离时，直线方程中的x，y项的系数要一致。【变式2】引入参数，提升难度，培养学生公式逆运用的能力，初步探究两平行直线系数之间的关系。【变式3】旨在培养学生综合运用公式的能力，探究两平行直线系数之间的关系，在【变式2】的基础上进一步提升。【变式4】纠正学生常见的错误：如设l_1的方程为$y=k(x-1)$，即$kx-y-k=0$，则点B到l_1的距离为$\dfrac{|5+k|}{\sqrt{k^2+1}}=5$，所以$k=0$(舍去)或$k=\dfrac{5}{12}$。$l_1$的方程为$5x-12y-5=0$，由此可得$l_2$的方程为$y=\dfrac{5}{12}x+5$，故所求两直线方程分别为$l_1$：$5x-12y-5=0$，$l_2$：$5x-12y+60=0$，从而漏了$y=0$，$y=5$这两条直线方程。【变式5】通过学生构建分别经过两个不同定点的平行直线模型，既可以从几何角度探究出两平行直线与AB垂直时距离最大，并合理选用点斜式求解直线方程，也可以以斜率为变量建立函数关系，用求函数最值的方法解决问题，综合运用知识与方法。

在数学复习过程中，由于学生知识建构不全面，大多学生解题时不能做到触类旁通，而通过在专题教学过程中设计变式题组，可以帮助学生进行知识建构，节省复习时间，提高复习效率。

(二) 如何选择典型例题

在专题复习中，选择本专题的基本问题和典型题目进行训练是教学的关键。问题与题目选择得是否恰当取决于教师对学情的了解程度以及对学科知识的整体把握能力。选准问题和题目是提高专题复习质量的第一步。

选择例题时，要针对重点内容与概念，充分体现本专题的主要知识点、思想与方法，这样的例题才有利于学生掌握基础知识、基本技能，不要过于追求难度。问题设置需要能够通过适当的变式引申和变式训练，达到夯实双基、举一反三之效。具体要求有以下几点。

1. 选题要有综合性、探究性

专题复习课的例题要精，要有研究性。一般来说，可以从多个角度认识和解决的问题才有深入探究的价值，并且有一定的思维含量，能够体现专题的核心思想与方法。例如，解析几何中求圆锥曲线离心率的范围问题是圆锥曲线的高频考点，例题涉及的考点越多，解法的切入点越广，其代表性就越强，为此可选用下面这样两道例题：

【例1】已知椭圆 $\dfrac{x^2}{a^2}+\dfrac{y^2}{b^2}=1\,(a>b>0)$ 的左、右焦点分别为 F_1、F_2，若椭圆上存在点 P 使得 $\angle F_1PF_2=90°$，求椭圆离心率的范围。

【例2】已知抛物线 $y^2=4x$ 的焦点为 F，直线 l：$y=2x-4$ 与该抛物线交于 A、B 两点，则 $\cos\angle AFB$ 的值为_____。

【例1】的求解可以从几何意义、代数角度、方程思想、基本不等式角度分别进行探讨，解决此类问题的关键是建立含参数的不等关系，而建立不等关系的条件可以是问题的代数条件，也可以是图形的几何性质。

【例2】的解题切入点很多，可以从以下4个方面解决问题：一是利用解三角形的知识点，通过余弦定理求出结论，在解题的过程中利用直线与圆锥曲线的知识，通过方程思想求出直线与抛物线的交点；二是利用向量的数量积夹角公式得出结论，涉及平面向量的坐标运算；三是利用解三角形知识及三角函数的诱导公式求出结论，涉及平面几何、解三角形及三角函数的诱导公式；四是由三角形的面积公式求出角的正弦，再利用三角函数的平方关系式求出结论，涉及三角形面积公式和同角三角函数的平方关系式。

以上两个例题的综合性较强，将知识点的联系性特征很好地呈现了，能够有效促进学生数学知识网络的构建，强化学生解题的策略选择能力。

2. 选题要注重变式的延伸性

美国著名数学家波利亚曾说："一个专心的认真备课的教师能够拿出一个有意义的但又不太复杂的题目，去帮助学生挖掘问题的各个方面，使得通过这道题，就像通过一道门户，把学生引入一个完整的理论领域。"专题课的初始例题要精，不要过于追求难度，要有可变、可拓展、可延伸的研究性，应在学生会的"最近发展区"内进行选择。例如，高中"直线与圆位置关系"专题设计可从如下初始问题入手：

【例3】已知直线 l：$x-y+m=0$ 与圆 $x^2+y^2=1$，求实数 m 的取值范围，使得直线和圆：(1)有两个公共点；(2)有一个公共点；(3)没有公共点。

上述例题是动直线与定圆位置关系问题，属常规题，难度不大，但作为初始母题可以产生一系列的变题，从而围绕通性、通法，突出知识间的联系，建构知识网络，提高课堂效率，提升学生解决问题能力。上述例题可以设计如下三个探究：

【探究1】已知直线l：$x-y+m=0$与曲线C：$y=\sqrt{1-x^2}$有两个公共点，求实数m的取值范围。

【探究2】已知直线$mx-y+2m=0$与曲线C：$y=\sqrt{1-x^2}$有两个公共点，求实数m的取值范围。

【探究3】关于x的方程$x+m=\sqrt{1-x^2}$有两个不等的实数解，求实数m的取值范围。

【探究1】由单位圆变化为半圆，【探究2】由平行直线系变化为中心直线系，【探究3】由形(几何)的问题变化为方程解(代数)的个数问题。这些题的共同特点是均可以"以形助数"来轻松解决，同时要善于联想、类比、迁移，抓住问题的本质去解题，渗透函数方程思想、数形结合思想。

在完成探究题的基础上，可尝试让学生完成以下变式题：

【变式1】若直线$ax+by=1$与圆$x^2+y^2=1$相交，则$P(a,b)$与圆的位置关系为_____。

【变式2】若直线$y=k(x-2)+4$与曲线$y=1+\sqrt{4-x^2}$有两个不同的交点，则k的取值范围是什么？

【变式3】已知两点$A(-2,0)$，$B(0,2)$，点C是圆$x^2+y^2-2x=0$上任意一点，则$\triangle ABC$面积的最小值是_____。

以上三道变式题，包括了直线与圆的三种位置关系，【变式1】已知直线与圆相交，判断点$P(a,b)$与圆的位置关系；【变式2】已知直线与半圆相交，求参数k的取值范围；【变式3】本质是与直线AB平行的直线和圆相切时，切点C满足题意。这三道题都是在数形结合的基础上进一步研究。利用变式练习可以让学生把握问题的本质特征和解决问题的核心思路和方法，加深对问题的理解。

对学有余力的同学，还可预留如下探究延伸题作为课后思考和扩展：

【探究延伸1】对任意$x\in[-1,1]$，不等式$x+m>\sqrt{1-x^2}$恒成立，求实数m的取值范围。

【探究延伸2】关于x的不等式$x+m>\sqrt{1-x^2}$有解，求实数m的取值范围。

探究延伸题可作为课后训练，是课堂教学的延伸和补充，主要从内容上进行变式：直接判断位置关系、求弦长、求切线方程、求最值、求参数，通过变化条件、变化结论、条件与结论互换等使学生更好把握题目中所涉及的数形结合法。

探究题的设计应注意小坡度、密台阶，层层推进、螺旋上升。探究题的设置既要注重横向拓展，又要注重纵向深入，使例题充分发挥辐射作用，促进学生技能思维定式的正迁移，达到通一类、带一串、建构知识网络、揭示解题规律的效果，使教学更高效。

3. 选题要源于教材，又高于教材

选择例题时，要关注学生以往学习相关知识的原有基础，关注相关课本中例题、习题的价值。事实上，中高考命题的基本原则就是"以考纲为准，以教材为本"，许多考题就是教材例题和习题的改编题或拓展题。只有加强对教材例题和习题的延伸、迁移研

究，才能使复习走出"题海"，做到温故知新，从而开展高效的教学活动。因此在专题复习课中，教师要根据学生已有认知，精心设计和挖掘课本例题，根据课本例题、习题进行二次加工，设计一些相关"问题串"，提高学生灵活运用知识解决问题的能力，帮助学生从中找出规律与方法，达到解一题而通一类、带一串、提升一大步的目的。

(三) 如何设计专题复习课教学活动

1. 重视激趣引思的课堂导入的设计

在专题复习课教学活动中，要基于学情，设计激励探索、诱发反思、启迪思维的导入活动，引发学生积极的情感体验，从而促进学生深度参与。例如，在进行"平面直角坐标系和函数"专题时，可以创设如下问题情境：

请你谈谈你心目中的"平面直角坐标系"。关于"它"，你有哪些了解？试着举出几个和"它"相关的问题。

这里结合学生的实际，设置的问题能够激活学生的问题意识和发散思维，使所有学生在上课伊始就集中精力，从不同角度总结反思自己对"平面直角坐标系"的认识，为知识梳理做好铺垫。

2. 重视合作交流、自主探索活动的设计

学生是学习的主体，在专题复习中，教师更要敢于"放"，让学生在自主学习中获得知识体系的建构、数学解题能力的提升和数学活动经验的积累，教师在整个教学环节中真正地担当起组织者、引导者的角色。例如，在进行"一次函数"专题时，可以开展如下问题的探究：

【例4】从图6-5中你能读到哪些信息，能解决什么问题？再增加一条直线又能解决什么样的问题？

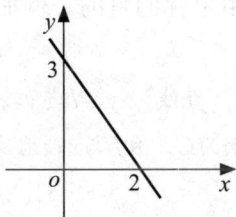

图6-5 函数图象

这样的问题设置由重知识传授向重学生发展转变，既关注学生个体差异，又尊重学生的创造性。教学设计中设置这样的交流、讨论、合作等形式，能够让学生学会与他人合作，有利于与他人交流思维的过程和结果，从而通过有效参与达到共同发展。

专题复习还要突出算法的多样化、思维的多样性，尊重学生在解决问题过程中所表现的不同水平。通过对学生原有认知水平的分析，设计富有挑战性、探索性及开放性问题，拓展思路，不墨守成规，发扬创新精神。例如，在进行"平面直角坐标系和函数"

专题时，可以设置以下典型例题：

【例5】如图6-6，直线$l_1 \perp l_2$，在某平面直角坐标系中，x轴$// l_2$，y轴$// l_1$，点A的坐标为(2，3)，点B的坐标为(-4，-1)，则点C所在象限是第_____象限。

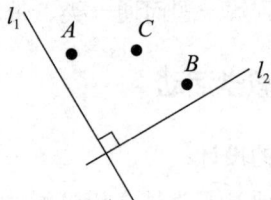

图6-6　直线与点位置

在解答本题时，教师要引导学生多角度、多策略地思考问题，让学生在探索中掌握概念和方法，为学生创新能力的增长提供滋生的土壤。专题复习课要真正以学生的发展为本，把思考的空间和时间留给学生，实现"不同的人学不同的数学"的目的。

专题教学中既要重视独立探究活动的设计，也要重视学生合作探究学习的设计。在实践教学中可以采用如下具体做法：学生按照一定方式组成研究小组；教师根据学情分析给予若干专题以供各研究小组选择；教师围绕每一个专题准备一定的素材提供给学生参考；学生围绕自己小组的专题，研究教师所提供的材料，并进一步收集整理相关材料，提炼解法，总结规律，形成展示报告，期间教师适时给予一定的帮助与指导；各小组根据抽签顺序依次在班上进行展示交流。

重视合作交流、自主探究的专题复习题不仅使专题研究更加具有针对性，还使学生对这类问题的解题思路与方法有更加深刻的领悟。

3. 重视学习任务的设计

设计的学习任务要激发学生主动思考的意识，同时还要促进不同学生的不同发展，达成让弱生提中、中等生优、优生更优的目的。例如，在进行初中"二次函数"专题时，可以设置如下例题：

【例6】如图6-7，若b是正数，直线l：$y = b$与y轴交于点A；直线a：$y = x - b$与y轴交于点B；抛物线L：$y = -x^2 + bx$的顶点为C，且L与x轴右交点为D。

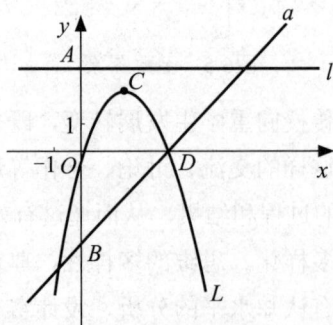

图6-7　例题

(1) 若$AB=8$，求b的值，并求此时L的对称轴与a的交点坐标；

(2) 当点C在l下方时，求点C与l距离的最大值；

(3) 设$x_0 \neq 0$，点(x_0, y_1)，(x_0, y_2)，(x_0, y_3)分别在l，a和L上，且y_3是y_1，y_2的平均数，求点$(x_0, 0)$与点D间的距离；

(4) 在L和a所围成的封闭图形的边界上，把横、纵坐标都是整数的点称为"美点"，分别直接写出$b=2019$和$b=2019.5$时"美点"的个数。

本例题从不同层次进行考查，侧重培养学生的创新能力；可引导不同层次的学生深入探索、求解；以学生为中心，可通过激发学生学习的兴趣，突出学生在学习过程中的主体地位和自主探究的意识。

在专题复习中，为了系统化掌握知识结构和提高解题能力，学习任务往往采用问题串的方式，在问题串的引领下，通过进行系列、连续的思维活动，让学生的思维达到新的高度。问题串不是几个问题简单的组合，而是指在一定的学习范围和主题之内，与学情、教学目标、教学内容或主题设计具有较强逻辑关联、逐步深入的问题。例如，在高中二次曲线专题复习中，设计如下系列问题：

【初始问题】已知圆C的方程是$x^2+y^2=r^2$，求经过⊙C上一点$M(x_0, y_0)$的切线方程。

以此题为基本题，可以设计以下问题串引导学生深入思考：

【问题1】(变圆为非标准圆)已知C的方程是$(x-a)^2+(y-b)^2=r^2$，求经过⊙C上一点$M(x_0, y_0)$的切线方程。

【设计意图】通过改变圆心位置，巩固初始问题学习的数学思想方法，检查学生的掌握情况，培养正向迁移能力。

【问题2】(变点不在圆上)点$M(x_0, y_0)$不在⊙C: $x^2+y^2=r^2$上，探寻直线$x_0x+y_0y=r^2$与⊙C的位置关系。

【设计意图】通过改变点$M(x_0, y_0)$的位置设置，培养学生思维的批判性，强化学生对已学知识的熟练运用程度，加以辨别分析，防止负迁移，同时总结解法中蕴含的数学思想方法，重视通性通法训练。

【问题3】当点$M(x_0, y_0)$在圆上时，$x_0x+y_0y=r^2$是圆上过点$M(x_0, y_0)$的切线。那么，可以研究当点$M(x_0, y_0)$在圆外时，直线$x_0x+y_0y=r^2$的几何意义是什么？

【设计意图】本题难度较大，当学生苦苦思考而不能得到解答时，教师的点拨就显得尤为重要。教师提示和引导可以先从特殊情况入手，找到解题方法，再证明一般情况，渗透特殊到一般的思想。先解决以下具休的问题：

【问题4】过⊙O: $x^2+y^2=4$外一点$M(4, -1)$引圆的两条切线，求过这两个切点的直线方程。

【设计意图】问题的设置要让学生"跳一跳，够得到"，在学生的"最近发展区"，并让大多数学生能轻松解决。此外，设置的问题应以一些"小问题"为主，不宜过大、偏难，应做到循序渐进、层层设问，激发学生探究的兴趣和欲望。"大胆猜想，小心求证"是我们研究数学问题的一种基本思路，让学生先猜想后证明，让学生学会研究数学问题的一般思路，培养学生的理性思维及正向迁移能力。

【问题5】当点$M(x_0, y_0)$在圆内时，直线$x_0x+y_0y=r^2$的几何意义是什么？

学生课后证明：若点M在$\odot C$内(不是圆心)，过点M任作直线交$\odot C$于点A，B，求证：$\odot C$过点A，B的两条切线的交点的轨迹方程是$x_0x+y_0y=r^2$。

追问：前面我们研究了当点$M(x_0, y_0)$在圆$x^2+y^2=r^2$上和在圆内、圆外时，直线$x_0x+y_0y=r^2$与圆的位置关系。那么，对于点$M(x_0, y_0)$不同的位置，类比点在圆上的情况，你还可以提出什么问题？

【问题6】当点$M(x_0, y_0)$在圆外时，结论在圆锥曲线中是否成立？

【设计意图】学生经历了点在圆上和圆内的情况探索，自然会想到点在圆外的情况。而椭圆可以视为由圆压缩而来，两者有着千丝万缕的联系，因此可以将圆的有关结论延伸到圆锥曲线中(详细的证明过程可酌情补充)，让学生对此类问题的来龙去脉真正了解和掌握。教学过程中，对学生遇到的思维障碍均以问题串的形式给出，以问代教，使得学生的认知逐步深入，达到新的深度。

总之，专题复习不是对学过知识的简单重复，而是让学生在复习中达到螺旋上升的目的，既能巩固相应知识、方法，又能建构相关的知识体系，用联系、统一的眼光看待数学，并养成好的学习习惯。教师的职责是引领学生站在新高度、新视角对所学知识进行梳理、分类、对比，进而延伸拓展，完善认知体系，解决存在问题，弥补缺欠，发展思维能力，从"会解题"到"会解决问题"。

⊕ 第二节　中学数学专题复习课教学设计案例

上一节介绍了中学数学专题复习课教学设计的一般方法，本节将分别以"一次函数"和"圆锥曲线与直线关系"为例展示初中和高中专题复习课的具体设计范例。

■ 案例6-1　"一次函数"专题复习教学设计

"一次函数"专题复习教学设计由河北省石家庄外国语学校范字勇老师编写，具体内容如表6-2所示。

表6-2 "一次函数"专题复习教学设计

教学基本信息			
单元/主题名称	一次函数		
学科	数学	学段	初中

教学专题分析
专题是在巩固已学基本知识基础上,研究一次函数的应用,并渗透数形结合、函数模型等重要思想方法。它既是前面所学知识的延伸,也是后面学习二次函数、反比例函数的重要知识储备,因此本节课具有承上启下的重要作用,可以进一步培养学生的观察能力、分析能力、逻辑推理能力和归纳能力

教学目标及教学重点、难点
教学目标: (1) 了解正比例函数与一次函数的定义,进一步认识待定系数法; (2) 复习并理解一次函数的图象和性质; (3) 体会数形结合的思想方法,能运用数形结合的思想方法解决生活中的实际问题。 **教学重点:** 一次函数的图象、性质及其应用。 **教学难点:** 运用一次函数数形结合的思想分析、解决数学问题

教学策略分析
通过列举贴近学生生活的实例,让学生感知生活中处处有数学;通过引入学生感兴趣的问题,提高学生的学习乐趣;通过发现问题、提出问题、分析问题和解决问题的教学过程让学生回顾一次函数的知识点;通过开展小组讨论等活动,探究、发现、应用一次函数的图象和性质,渗透数形结合的思想方法,在探究活动的过程中发展学生的创新思维能力

教学过程

1. 创设情境,回顾旧知

【问题1】如图1所示,甲骑自行车由A地到B地行驶,两地之间的距离是60km,请你利用一次函数的相关知识提出问题并解答。

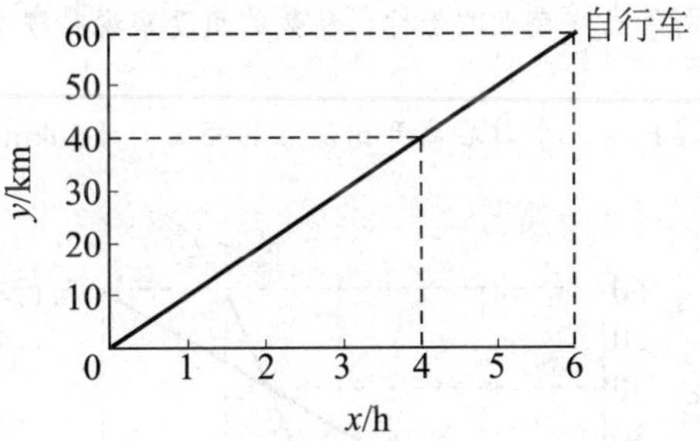

图1 问题1

  设计说明: 该问题为开放性问题,但起点低,能让所有同学参与,学生可以多角度提出问题并思考,如:

(1) 甲骑自行车的速度是多少?

(2) 甲骑自行车行驶的路程y(km)与行驶时间x(h)的关系式是什么?

(3) 若甲行驶4.5小时,则离开A地多少km?

(4) 若甲离开A地50km,则需行驶多少小时?

(续表)

教学过程

(5) 若甲的速度提高到15km/h，请你画出它的变化图象。

(6) 若乙骑摩托车3小时后出发，速度是甲的速度的4倍，写出y(km)与时间x(h)的关系式，并画出它的图象。

【设计意图】让学生主动进行基础知识的回顾与整理，为此可以在学生展示的基础上梳理出以下问题：

(1) $y_1=10x$是什么函数？正比例函数是一次函数吗？

(2) $y_2=40x-120$是什么函数？一次函数是正比例函数吗？请说明理由。

(3) 求一次函数解析式的方法叫什么？一次函数图象的性质有哪些？

2. 典例剖析，问题再认识

【问题2】如图2所示，如何求交点A的坐标，并说明点A的实际意义。

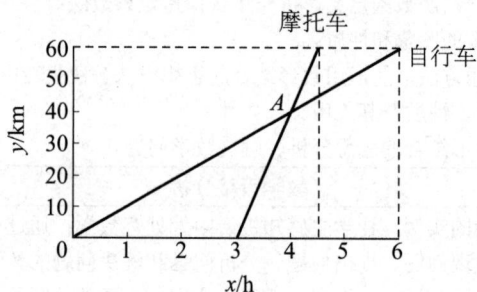

图2　问题2

【问题3】(1) 该问题运用了数学中哪个重要的思想方法？从数的角度，本题可以转化为求什么？从形的角度呢？

(2) 求两条直线交点的坐标可用什么方法？

【设计意图】设计【问题3】的目的是让学生理解、掌握解决一次函数问题的基本思想和方法——从形的角度来说是求两条直线交点的坐标，从数的角度来说是联立方程组求解，借助数形结合的思想可实现两者的转化。

【问题4】如图3所示，摩托车几小时后离开出发点的距离大于30km？几小时后两人相距10km(或大于10km)？

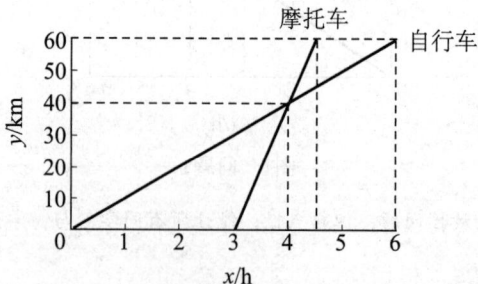

图3　问题4

进一步思考：从数的角度，本题可以转化为求什么？从形的角度呢？

(续表)

教学过程

【设计意图】让学生进一步体会利用数形结合的思想方法解决一次函数与方程(组)、不等式的问题。

【问题5】求出图4中函数解析式，并画出一次函数$y=-x$的图象、函数$y=-x-2$的图象，并思考：

(1) 函数$y=-x$的图象经过怎样的平移得到该函数图象？

(2) 函数$y=-x$的图象经过怎样的平移得到函数$y=-x-2$的图象？

(3) 函数$y=-x-2$的图象经过怎样的平移得到该函数图象？

(4) 该函数有哪些性质？

【设计意图】此环节设置的目的是让学生们掌握图形的变换规律。

图4　问题5

3. 归纳概括，总结提升

【问题6】通过本节课的学习，你有什么收获？

学生先进行独立思考，然后让几个学生(不同水平)谈谈想法，教师总结：

甲：掌握了一次函数的图象是直线及k，b的几何意义；会用待定系数法求直线解析式；掌握了一次函数图象性质。

乙：当两条直线相交，可以通过联立两直线解析式形成的方程组求交点。

丙：认识到了一次函数和方程、方程组及不等式的关系。

丁：借助于函数图象，利用数形结合能有效解决一些实践问题。

【设计意图】这个环节可以让学生对刚才获取的零散知识进行系统的整理归类，进一步理解一次函数的图象和性质。随着复习的逐级推进，学生对一次函数相关知识点已基本掌握，巩固了一次函数的相关知识，也激发了学生的好奇心。同时通过复习、探究、归纳，学生经历研究一次函数的图象和性质全过程，体会到数形结合思想，形成对本专题的系统认识(见图5)，培养了学生实事求是的科学态度和勇于探索的科学精神。

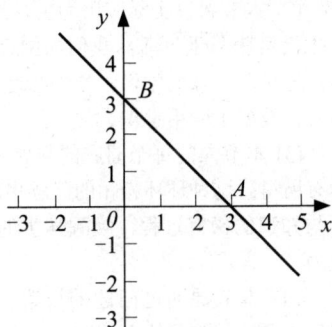

一次函数(复习课)

图5　系统认识

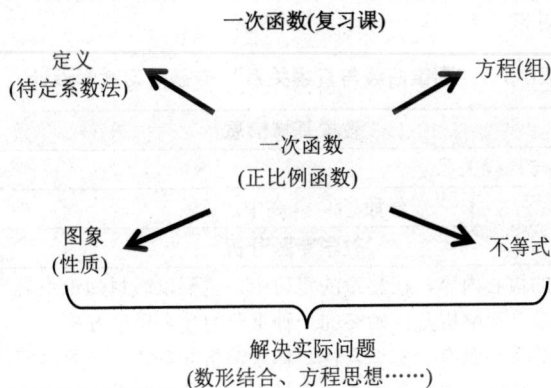

4. 布置作业，巩固练习(略)

(续表)

教学反思

(1) 本节课采用逆向的复习探究方式，启发学生通过更深层次思维和更高视角来回顾已学知识，在巩固一次函数的图象和性质相关知识的同时，让学生对数形结合思想理解得更加透彻。

(2) 本节课以实际应用为主，通过一次函数性质在生活中的应用，让学生明白：数学知识既来源于生活又服务于生活，我们周围存在着许许多多有趣的数学知识，等着我们去观察、去发现、去探索。通过本节课的学习，学生在运用数学知识解决问题的活动中获得成功的体验，逐步建立学习的自信心，发展了应用意识。

(3) 本节课的每个问题的问题串都具有一定的梯度，这样可以面向全体学生，让各层次的学生均学有所得。这种环环相扣的问题串的设计也活跃了学生的思维，加强了教师和学生的沟通，鼓励学生参与知识的探究过程，唤醒学生的求知欲，给学生展示自己"才华"的机会，锻炼学生探究问题的能力。

(4) 本节课通过问题的设置，突出解决问题的方法与思想，如"待定系数法""数形结合思想""函数与方程的思想"。学生通过归纳一次函数的图象和性质，积累了解决此类问题的经验，为后续函数学习打下坚实基础。学生经历知识的"再发现"过程，领会了探究学习方法；探究活动过程发展了学生创新思维能力，提升了学生的学习能力。

(5) 本节课的第一个问题及最后小结部分都以开放的形式出现，给学生提供一个交流的平台。学生对本节课学到的内容进行总结，实现了自我反馈，从而积累自己的知识和经验，形成自己的见解；教学中鼓励学生进行小组合作探究，运用学到的知识进行分析讨论，在知识得到应用的同时，也培养了学生发散思维、探究问题的能力；通过小组合作，学生体会到小组合作的必要性，从而培养了辩证思维能力、协作学习的精神和语言表达能力。在课堂上，深入落实教师是引导者、学生才是真正的学习主体的教学理念

案例6-2 "圆锥曲线与直线关系"专题复习教学设计

"圆锥曲线与直线关系"专题复习教学设计由河北省邯郸市第三中学郭瑞老师编写，具体内容如表6-3所示。

表6-3 "圆锥曲线与直线关系"专题复习教学设计

教学基本信息			
单元/主题名称	圆锥曲线与直线关系		
学科	数学	学段	高中
教学专题分析			

圆锥曲线是解析几何的核心内容，在整章的复习中，主要以教材知识系统为线索，要求全面、深刻地掌握解析法。解析法是贯穿解析几何始终的一种重要的数学思想方法。

直线与圆锥曲线位置关系是具有一定综合性、体现解析法解决一类数学问题的有力素材，充分反映了代数与几何不可分割的特征。在教学中需要让学生充分体会数形结合思想，了解曲线与方程的对应关系，研究曲线与直线的几何特征，综合运用知识解决直线与圆锥曲线的位置关系、相交弦长、中点弦、对称等问题。"圆锥曲线与直线关系专题"的教学设计要求学生在原有认识的基础上，形成对"圆锥曲线与直线关系"的整体和理性认识，特别是对解析法有一个更清晰的了解与认识，熟练"运用代数方法解决几何问题"

(续表)

教学目标及教学重点、难点

教学目标：

(1) 熟练运用方程(组)研究直线与圆锥曲线的位置关系，解决有关弦长及直线与圆锥曲线的有关最值和范围问题；

(2) 解决圆锥曲线上的点关于直线对称的问题，通过"消参"解决解析几何与向量结合的综合问题。

教学重点：

深入体会解决直线与圆锥曲线的位置关系的基本方法。

教学难点：

通过直线与圆锥曲线位置关系的复习进一步体会数形结合的思想、函数与方程的思想、转化与化归的思想

教学策略

本专题教学通过从定义的本质出发，挖掘定义的内涵，揭示圆锥曲线定义本质；从一题多变、一题多思、一题多解，让学生领悟圆锥曲线定义、解决综合问题时的基本思路、基本方法和基本思想；通过问题的深入探究，加深对圆锥曲线定义的理解，总结圆锥曲线一些结论和解决问题的一般途径，提高综合解决问题能力，提高专题复习课的有效性

教学过程

1. 自学回顾，知识梳理

【问题1】已知椭圆C：$\dfrac{x^2}{2}+y^2=1$，直线l：$y=kx+b$。请给出k、b的一组值，使直线和椭圆相交。

【设计意图】作为引例，该题目小巧、灵活、开放，相较于传统机械式的复习，这种开篇更具趣味性与创新性，有助于学生主动参与探究，能够激发学生的学习积极性，有助于引导学生从数、形两个角度观察和思考"圆锥曲线与直线关系"，有助于学生回顾知识要点及解题的基本方法。教师留给学生充分思考、尝试、探究的时间和空间，使学生都能从他们各自的角度认识问题。同时，教师鼓励学生选择不同的方法和思路思考问题，提出不同的问题解决方案，体现出教师尊重差异、鼓励学生主动参与、促进思维创新的教学原则。

【问题2】通过反思探究过程，你如何判断直线和椭圆的位置关系？

【设计意图】通过反思探究的过程对原来已学过的知识进行再现和深化。教学中，学生从不同角度思考问题，畅所欲言，充分展现自己的观点，这有利于培养学生多角度分析问题的能力。同时，学生通过多角度分析来找到解决问题的最佳途径，最大限度地投入学习探索中，使其思维水平在不断交流与碰撞中得到发展。

2. 典例剖析，变式训练

【问题3】若$b=\sqrt{2}$，且直线l与椭圆C交于A、B两点，试求k的取值范围。

【设计意图】对引例进行变式，承上启下。本题既是对基本思想方法的运用，又是对后面问题串教学环节的铺垫，为学生学习本节课提供知识、能力和心理上的准备，唤醒学生的积极思维，使其主动参与到探索新知的活动中来。

进一步设置问题串，引发学生思考：若直线l：$y=kx+\sqrt{2}$和椭圆C：$\dfrac{x^2}{2}+y^2=1$相交于A、B两点，按照下列条件，求出直线l的方程。

(1) 弦AB中点的横坐标为$-\dfrac{4}{5}$；

(2) 使$|AB|=\dfrac{4}{3}$；

(续表)

教学过程

(3) 使以 AB 为直径的圆过原点；

(4) 设直线 l 与 y 轴交于点 P，使 $\overrightarrow{PA}=3\overrightarrow{PB}$。

【设计意图】此题的设计主要是从学生知识可接受性的实际出发，确定合理的难度和适当的思维强度，力求促进学生思维的发展，引导学生进行思考、比较、辨析。本题设置的问题由浅入深，纵横交错地对常规问题进行变式处理，其中第(4)问是解析几何与向量结合的综合问题，主要体现"消参"的方法，具有一定挑战性。这样设计可以满足各层次学生的需求，培养学生分析和解决问题的能力，有助于增强复习课的教学效率。

3. 总结反思，方法提升

【问题4】请你总结一下解决"圆锥曲线与直线关系"问题的主要思想方法。

【设计意图】通过这一问题，学生能够编织以问题与实例引领的知识网络，总结所涉及的主要数学思想和方法。复习课不是以教师为主体的讲题过程，而是以学生为主体的整理、提高、整合知识、提升能力的过程。

4. 反馈检测，查漏补缺

【问题5】椭圆 C：$\dfrac{x^2}{2}+y^2=1$ 上存在不同的两点关于 $y=x+m$ 对称，试确定 m 的取值范围。

【设计意图】此题的实质是中点、垂直问题，是前一个问题的综合、延伸。在专题教学中，要注意问题的发展和迁移。问题的发展是指进行问题解决教学时，在情境创设中的问题已经获解的情况下，发现新问题、新知识，是教学的进一步延伸或升华。

5. 布置作业，巩固训练

将"问题串"再变式，留作课后思考：

(1) 过椭圆 $\dfrac{x^2}{2}+y^2=1$ 的一个焦点 F 作直线 l 交椭圆于 A、B 两点，中心为 O，当 $\triangle AOB$ 面积最大时，求直线 l 的方程。

(2) 已知椭圆 $\dfrac{x^2}{2}+y^2=1$，点 $D(0,2)$，点 M 和 N 在椭圆上，且满足 $\overrightarrow{DM}=\lambda\overrightarrow{DN}$，求实数 λ 的取值范围。

(3) 已知椭圆 $\dfrac{x^2}{2}+y^2=1$ 的左焦点为 F，点 O 为坐标原点，设过点 F 且不与坐标轴垂直的直线交椭圆于点 A、B，线段 AB 的垂直平分线与 x 轴交于点 G，求点 G 横坐标的取值范围。

(4) 根据以往的学习体会，结合今天的学习过程，总结"圆锥曲线与直线关系"专题的核心思想与方法，通过 $2\sim3$ 个例题总结解题规律，并写出自己对此专题的总结与认识

教学反思

(1) 教师引导学生"综合考点，把握重点，关注热点，查找漏点"，通过创设开放性问题情境，激发学生的探究兴趣，通过一题多变、一题多思、一题多解等方式，让学生在感悟解析法的过程中，进一步形成对数学理性思维的认识，激发学生自主探究的激情。

(2) 通过巧妙设置引例变式，合理设置问题串，引发学生思考辨析，让学生亲身体验和感悟，在问题解决过程中学会利用坐标法、方程思想等解决一类问题的方法和策略。本节课特别注重灵活运用数形结合、函数与方程、分类讨论等数学思想方法，力求优化解题思维，提高解题能力。

(3) 在教学过程中，学生思维受阻是正常现象，而本节课通过设计一环扣一环的巧妙追问，剖析条件，引导学生向正确的方向思考，解难释疑，拓展思路；通过"问题串"的拓展，使数学思想方法的渗透落到实处，使知识的应用更具综合性和灵活性，在学生牢固掌握知识的同时，培养学生的综合应用能力